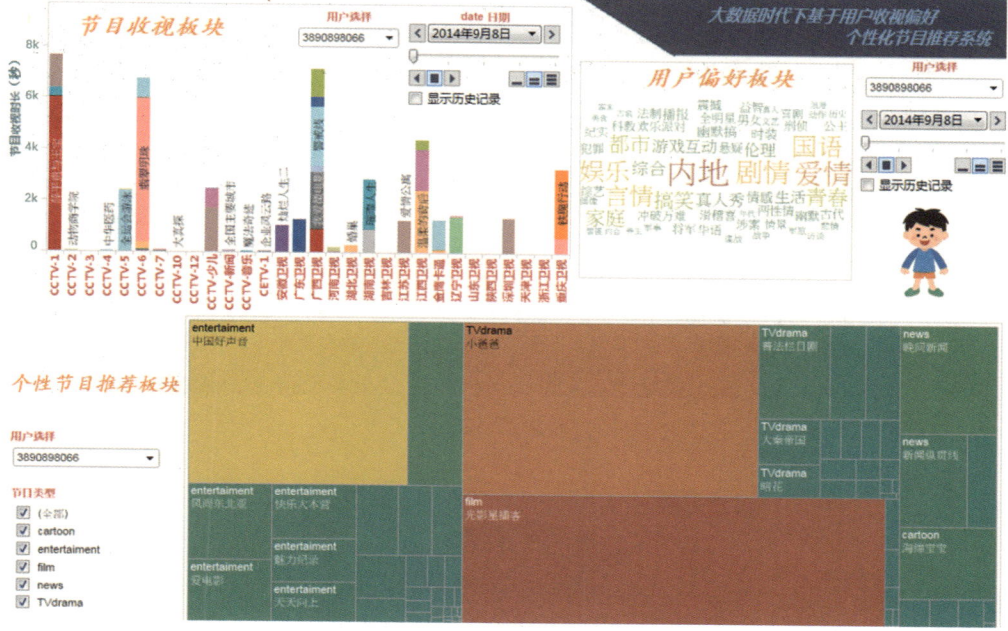

图 2.7

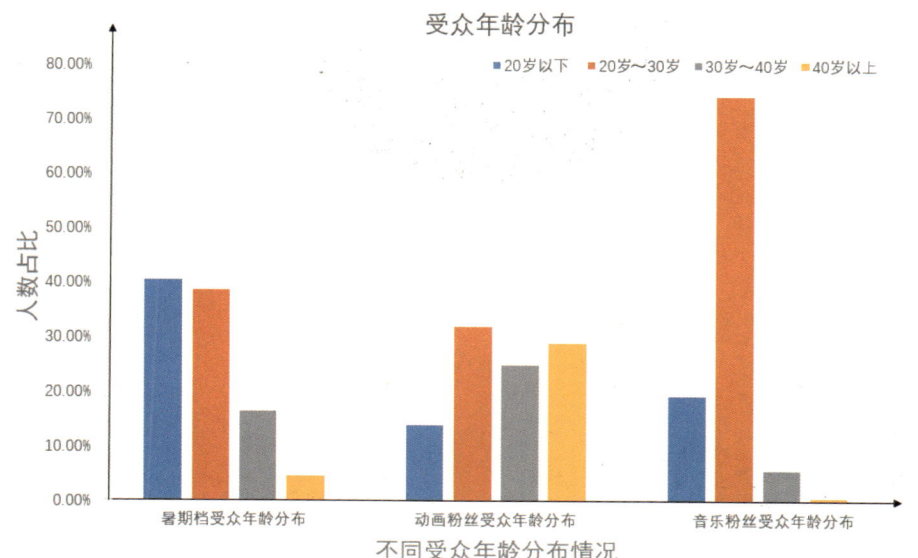

图 2.9

电商零售－双十一数据看板

将双十一当天的交易数据与城市地理信息结合，主视觉是城市楼宇，楼房的颜色代表该楼房内订单金额的大小，颜色越红代表订单金额越高，右侧的面板展示用户的人群画像等信息。

图 2.12

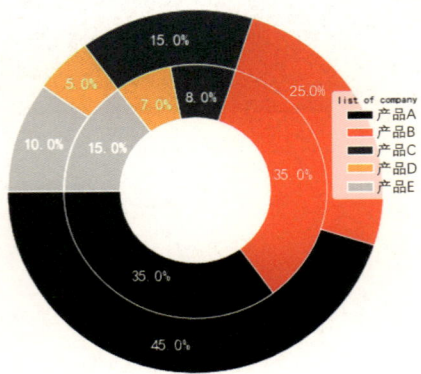

图 3.44

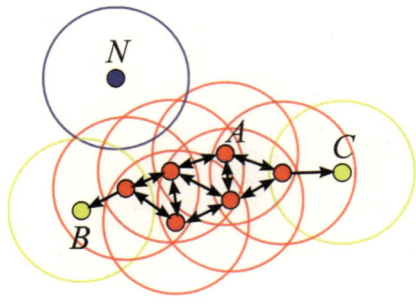

图 4.17

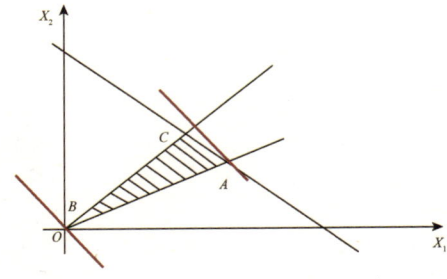

图 5.13

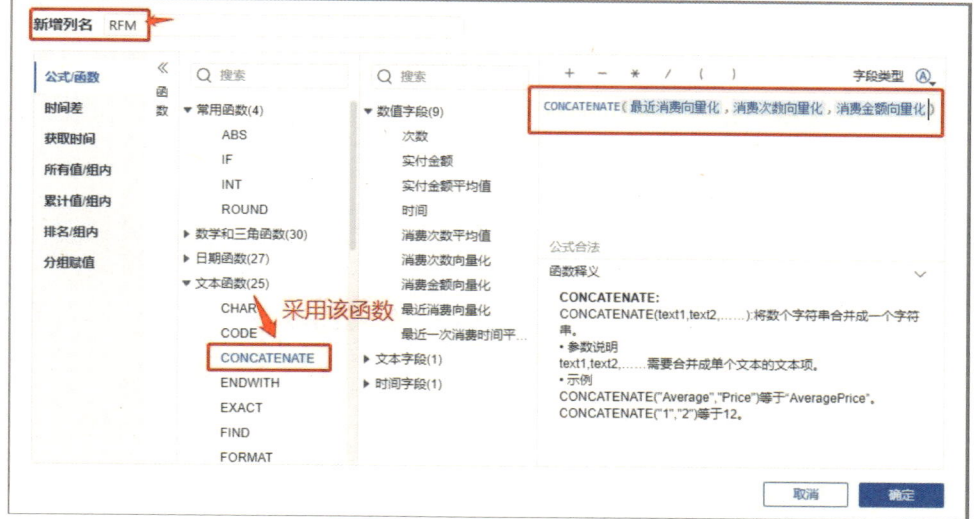

图 6.21

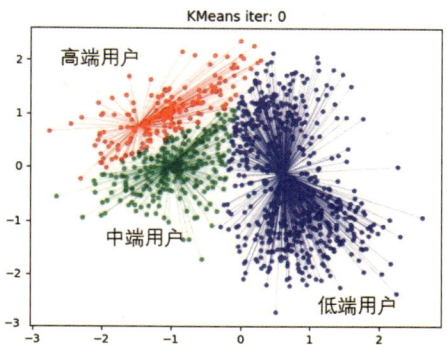

图 6.26

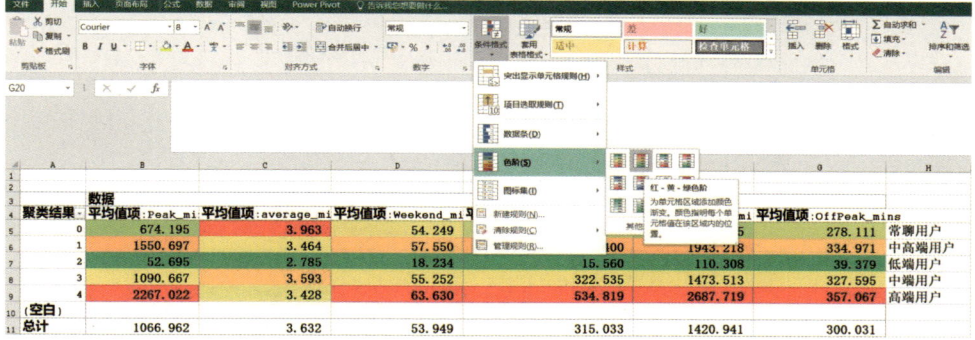

图 6.30

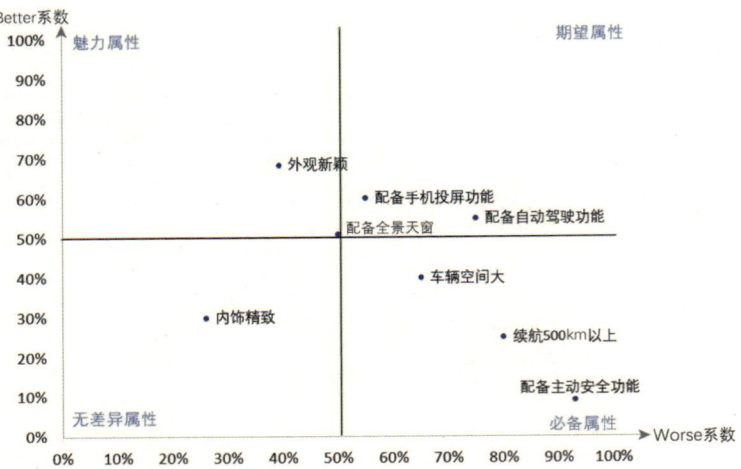

图 7.11

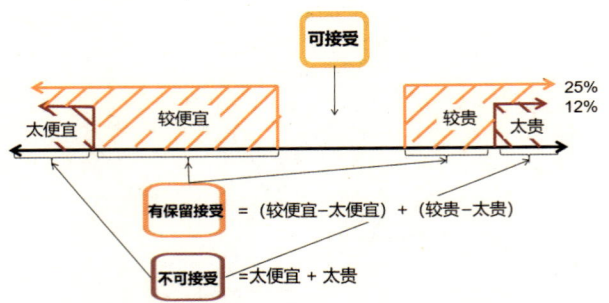

图 7.13

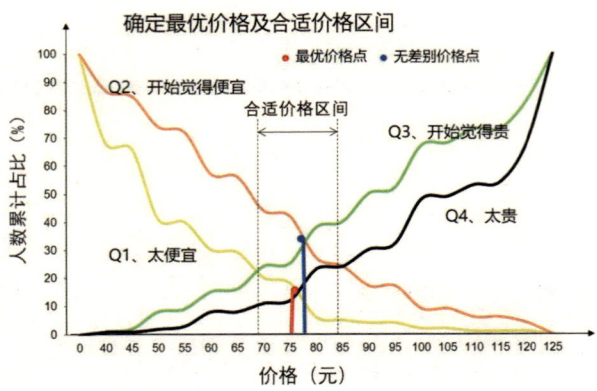

图 7.14

CDA数字化人才系列丛书

商业智能数据化运营实战

王鑫 / 著

电子工业出版社
Publishing House of Electronics Industry
北京·BEIJING

内 容 简 介

企业每天都会生成大量种类繁多的数据，为了做出更明智的决策、发现问题并实现盈利，往往需要通过一些方法和工具将数据转化为可行的方案。随着大数据时代的到来，数据化运营已经成为商业智能中必不可缺的一个重要环节。在数据化运营过程中，需要数据分析师进行数据采集、数据清洗、数据建模、数据可视化和数据商业决策 5 项工作。

本书结合企业商业数据，分数据化运营基础、企业中的数据化运营、数据化运营的业务流程、辅助决策式数据化运营、数据驱动式数据化运营、客户数据化运营、产品数据化运营 7 章，讲述如何进行商业智能数据化运营。

本书既可作为数据分析和数据挖掘人员的参考书，也可作为对数据化运营感兴趣的企业运营人员和管理人员的参考书。

未经许可，不得以任何方式复制或抄袭本书之部分或全部内容。
版权所有，侵权必究。

图书在版编目（CIP）数据

商业智能数据化运营实战 / 王鑫著. —北京：电子工业出版社，2022.5
（CDA 数字化人才系列丛书）
ISBN 978-7-121-43300-9

Ⅰ．①商… Ⅱ．①王… Ⅲ．①企业管理－数据管理Ⅳ．①F272.7

中国版本图书馆 CIP 数据核字（2022）第 064780 号

责任编辑：李利健　　　　特约编辑：田学清
印　　刷：北京雁林吉兆印刷有限公司
装　　订：北京雁林吉兆印刷有限公司
出版发行：电子工业出版社
　　　　　北京市海淀区万寿路 173 信箱　　邮编：100036
开　　本：720×1000　1/16　印张：19.5　字数：339 千字　彩插：2
版　　次：2022 年 5 月第 1 版
印　　次：2022 年 5 月第 1 次印刷
定　　价：79.00 元

凡所购买电子工业出版社图书有缺损问题，请向购买书店调换。若书店售缺，请与本社发行部联系，联系及邮购电话：(010) 88254888，88258888。
质量投诉请发邮件至 zlts@phei.com.cn，盗版侵权举报请发邮件至 dbqq@phei.com.cn。
本书咨询联系方式：(010) 51260888-819，faq@phei.com.cn。

前 言

商业智能，又被称为商业智慧或商务智能，是一种将商业价值变现的重要手段。传统商业智能基于数据仓库、数据挖掘等大数据技术进行数据抽取、展示与分析，从而为企业实现商业价值提供支撑。新型商业智能在基于数据维度进行商业分析的层面上，通过将人工智能核心技术（机器学习、计算机视觉、自然语言处理、智能语音交互、知识图谱）与大数据、机器人流程自动化（RPA）、运筹学等技术相结合，围绕商业活动中各典型关键环节进行洞察分析，并通过完整的解决方案级应用，推动产品创新与服务升级。

在商业智能时代下，信息化是辅助企业管理的一种重要形式，一家成规模的公司必然有一套信息管理机制来维护企业运营。信息化管理的实质就是数据管理，随着数据分析和可视化技术的发展，可视化的数据运营模式逐渐受到越来越多人的追捧。数据化运营是指通过数据化的工具、技术和方法，对运营过程中的各个环节进行科学分析，为数据使用者提供专业、准确的行业数据解决方案，从而达到优化运营效果、降低运营成本、提高效益的目的。

全书分为 3 个部分，共 7 章。本书第 1 部分——开启数据化运营之旅，分成 2 章，包含数据化运营基础和企业中的数据化运营。通过对第 1 部分的学习，读者将了解什么是商业智能时代、商业智能时代下为何数据化运营至关重要、如何进行数据化运营、企业怎样进行数据化运营、掌握数据化运营技术以后可以从事哪些相关工作等一系列问题，进入学习数据化运营的旅程。本书第 2 部分——数据化运营思维，分成 3 章，包含数据化运营的业务流程、辅助决策式数据化运营和数据驱动式数据化运营。通过对第 2 部分的学习，读者将掌握数据化运营思维与数据化运营的业务流程，进一步掌握企业数据化运营的两种主要方式，即辅助决策式数据化运营与数据驱动式数据化运营。本书第 3 部分——数据化运营核心，分成 2 章，包含客户数据化运营：挖掘用户需求，产品源于需求，以及产品数据化运营：人人都能做数据产品经理。通过对第 3 部分的学习，读者将掌握客户数据化运营与产品数据化运营的思路与方法，并学习到客户数据化运营与产品数据化运营中的重要模型，掌握数据化运营实战。

  本书作者具有多年的大数据、信息可视化、信息存储与云计算等方向的项目经验，在和企业合作过程中深入挖掘企业需求，将商业需求与解决方案转化为实战案例融入本书，读者不仅可以了解商业智能数据化运营的理论内容，还可以通过案例实战掌握关键技术的应用方法，在工作场景中学以致用。

  商业智能数据化运营技术仍在不断发展之中，书中难免有疏漏和不足之处，热忱欢迎各位专家、学者和广大读者批评、指正。

作　者

目 录

第 1 部分 开启数据化运营之旅

第 1 章 数据化运营基础 ... 3
- 1.1 商业智能时代 ... 3
  - 1.1.1 商业智能的历史发展 ... 5
  - 1.1.2 商业智能的研究领域 ... 7
- 1.2 数据化运营的概念与意义 ... 8
- 1.3 数据化运营的四个层次 ... 12
- 1.4 数据化运营应掌握的技能与工具 ... 13
  - 1.4.1 数据化运营的五种能力 ... 13
  - 1.4.2 数据化运营的常见工具 ... 15

第 2 章 企业中的数据化运营 ... 23
- 2.1 企业数据化运营必要性 ... 23
  - 2.1.1 市场营销策略 ... 24
  - 2.1.2 数据化运营误区 ... 29
- 2.2 企业数据化运营场景 ... 30
  - 2.2.1 数据化运营在传统行业中的应用 ... 31
  - 2.2.2 数据化运营的主要应用场景 ... 33
  - 2.2.3 数据化运营的应用案例 ... 34
- 2.3 企业数据化运营岗位职责 ... 43
  - 2.3.1 数据化运营企业组织架构 ... 44
  - 2.3.2 数据化运营岗位类型 ... 46

第 2 部分　数据化运营思维

第 3 章　数据化运营的业务流程 56
 3.1　数据化运营流程图 56
 3.2　业务问题的定义与拆解 59
 3.3　数据获取与网络爬虫 63
  3.3.1　数据获取方法 64
  3.3.2　网络爬虫实战 68
 3.4　数据探索与预处理 72
  3.4.1　数据探索 73
  3.4.2　数据预处理 75
 3.5　数据分析与挖掘 86
  3.5.1　机器学习发展历程 86
  3.5.2　机器学习分类 88
  3.5.3　机器学习应用场景 92
  3.5.4　Python 常用机器学习库 93
 3.6　数据可视化与数据决策 95
  3.6.1　统计图表的正确使用方法 95
  3.6.2　Python 常用的图表呈现模块 101

第 4 章　辅助决策式数据化运营 108
 4.1　基于回归的数据化运营模型 108
  4.1.1　回归分类与基本步骤 111
  4.1.2　一元线性回归模型 113
  4.1.3　多元线性回归模型 116
  4.1.4　非线性回归模型 119
  4.1.5　含哑变量回归模型 123
  4.1.6　逻辑回归模型 125

目录

    4.1.7 Python 回归分析案例 128
  4.2 基于分类的数据化运营模型 132
    4.2.1 常见的准确率检验方法 133
    4.2.2 决策树算法 135
    4.2.3 朴素贝叶斯算法 139
    4.2.4 KNN 算法 141
    4.2.5 支持向量机算法 142
    4.2.6 神经网络算法 144
    4.2.7 Python 分类分析案例 147
  4.3 基于聚类的数据化运营模型 149
    4.3.1 聚类算法的分类 150
    4.3.2 Python 聚类分析案例 156

第 5 章 数据驱动式数据化运营 162
  5.1 层次分析最优解思维应用 162
    5.1.1 层次分析法步骤 163
    5.1.2 层次分析法优缺点 176
    5.1.3 Excel 层次分析法分析案例 178
  5.2 线性规划最优解思维应用 182
    5.2.1 线性规划法分析案例 184
    5.2.2 Excel 线性规划法求解 190
  5.3 节约里程最优解思维应用 199
    5.3.1 节约里程法分析案例 200
    5.3.2 Excel 节约里程法求解 207

第 3 部分 数据化运营核心

第 6 章 客户数据化运营：挖掘用户需求，产品源于需求 213
  6.1 数据获客，快速锁定目标用户 213

6.1.1 传统用户行为数据获取 214
6.1.2 互联网用户行为数据获取 220
6.1.3 用户行为数据获取方式对比 222
6.2 用户画像，精准定位用户需求 223
6.2.1 用户画像分析建模与应用场景 223
6.2.2 基于 RFM 的个体用户画像分析 228
6.2.3 基于聚类算法的群体用户画像分析 237
6.3 用户运营，覆盖完整生命周期 245
6.3.1 基于 AARRR 模型的用户运营方法 246
6.3.2 用户生命周期与用户价值体系 251
6.3.3 用户运营方法与典型案例分析 253

第 7 章 产品数据化运营：人人都能做数据产品经理 258
7.1 产品定位与产品设计 259
7.1.1 市场分析与企业战略分析 260
7.1.2 基于 KANO 模型的产品功能设计 268
7.1.3 基于 PSM 模型的产品价格设计 274
7.2 产品运营与产品优化 282
7.2.1 基于巴斯模型的产品销售量预测 282
7.2.2 基于漏斗模型的产品运营分析 292
7.2.3 基于 A/B 测试的产品优化评估 298

参考文献 303

开启数据化运营之旅

自人类诞生以来,人类社会至少已经经历了四次意义重大的信息传播革命,每次信息传播革命的起因都是信息量的海量增长需要用新的技术去处理,每次信息传播革命都把人类文明推向一个新的发展阶段。第一次信息传播革命是语言传播的诞生,提高了人类信息传播的质量、速度与效率。第二次信息传播革命是文字传播的诞生,人类的信息传播革命第一次突破时间、空间的限制,得以广泛流传和长期保存。第三次信息传播革命是印刷传播的诞生,报纸、杂志、书籍等印刷品大众媒介迅速普及。第四次信息传播革命是模拟式电子传播的诞生。20世纪以来,伴随着信息化、互联网、移动互联、物联网的发展,生成数据的基础设施、采集数据的基础设施和连接数据的基础设施大幅增加,产生了超过以往历史总和的海量的数据,为了更好地从数据中获得知识,这个时代发明了"各种大数据技术+人工智能算法"来处理庞大的数据。

在数字化时代,时间轴大大缩短。以前,企业变革可以慢慢去做,因为时间轴相对较长,但是如今不能用原有的方法去做了。因为如今所有的变化已经不能用过去的经验去把握,也不能用过去的标准去衡量,如果按照过去的标准去衡量,就会发现时间是不够的。在数字化时代,企业寿命、产品生命周期、争夺用户的时间窗口都在以前所未有的速度缩短。很多人认为互联网技术带来了各种各样的挑战，但那些挑战不是可怕的，可怕的是变化的速度。变化的速度会导致各个行业被重新定义，甚至对于大部分事物的理解都要换个角度。我们必须要有不一样的战略思维，如果沿用原有的思维方式去应变，一定会被淘汰。

互联网流量红利时代已经结束，整个社会已经进入存量时代，存量时代显著的特点是企业对现有客户和私有流量池进行精细化管理和维护。数据化更多地强调的是人们如何使用"数据+技术"来推动商业。推进数据化的核心是人，数据由基本的业务"元"组成，如业务数据、价格数据、评估数据等。因此，数据化并不是从技术开始的，其真正的核心是以"连接客户，提升服务"为目标，对企业进行创新和变革，将一些非标准的业务流程标准化，将非量化业务数据化，并对不可控因素加以控制。数据化运营的终极目标是通过数据化提升服务水平，洞察消费者，从而提高企业盈利能力、增强企业核心竞争力。

对于本书第1部分——开启数据化运营之旅，我们分成2章，数据化运营基础和企业中的数据化运营。第1章将讲述商业智能的历史发展和研究领域、数据化运营的概念与意义、数据化运营的四个层次，以及数据化运营应掌握的技能与工具；第2章将讲述企业数据化运营必要性、企业数据化运营场景、企业数据化运营的岗位职责。通过本部分内容的学习，读者将了解什么是商业智能时代、商业智能时代下为何数据化运营至关重要、如何进行数据化运营，以及企业怎样进行数据化运营、掌握数据化运营技术以后可以从事哪些相关工作等一系列问题。下面大家一起进入学习数据化运营的旅程。

第 1 章 数据化运营基础

在商业智能时代下,信息化是辅助企业管理的一种重要形式,一个成规模的公司必然有一套信息管理机制来维护企业运营。信息化管理的实质就是数据管理,随着数据分析和可视化技术的发展,可视化的数据运营模式逐渐受到越来越多人的追捧。从企业内部来看,制定决策不再依靠直觉,企业开始将分析融入客户、合作伙伴和员工们所接触到的一切,包括管理方法、分析流程、日常决策和工作任务。从企业外部来看,企业会考虑把外部数据与组织内部已经存在的数据相结合,并汲取更多来自社交媒体和移动设备的数据。对于大数据与分析的使用,企业需要进行战略思考,高瞻远瞩,提前规划。本章将从商业智能时代、数据化运营的概念与意义、数据化运营的四个层次、数据化运营应掌握的技能与工具几个角度对数据化运营基础进行全面介绍。

1.1 商业智能时代

1980 年,美国著名未来学家阿尔文·托夫勒(Alvin Toffler)最早在《第三次浪潮》一书中提出了大数据(Big Data)的概念,并将其赞颂为第三次浪潮的华彩乐章。大数据又称巨量数据或海量数据,从字面意思来看,其非常庞大,在功能上远远超过了典型数据库软件的收集、存储、管理分析等能力。大数据作为一种新型的生产要素,具有规模大、流通快、类型多和价值密度低这四个显著的特征。之后,人工智能逐渐深入社会的各个角落,大数据时代登上了历史舞台。

大数据时代是以信息时代为根本的，通过互联网途径，大量收集数据资源，并对数据资源进行存储和提取，让所有人都可以从数据中获取需要的信息，包括事物内部的规律信息和数据表现出来的知识价值。在疯狂的大数据时代，大数据已经不仅仅是单纯的数据，而是一种思维和方法，即以海量数据为基础，通过数据挖掘、分析和应用等方法来获取事物的价值，从而达到智能化水平或实现智慧化。在大数据时代下，数据是公开的，信息是可知的，所有的事物趋于透明化的状态，这极大改变了人类的思维方式，促进了产业的转型升级，对社会各个领域和行业的进步产生了深刻的影响。

随着数据驱动思维的运用，新型的商业逻辑变革悄然到来。数据能够告诉我们，客户的行为特征和消费偏好，简单来说就是他们想要什么，喜欢什么，每个人的需求有哪些区别，哪些可以被集合到一起来进行分类。大数据的应运而生让企业与社会步入一个多元化的时代，大数据时代的到来提高了市场的活力，给不同需求的公司及竞争伙伴带来了更多的商业竞争机会，这将完全颠覆传统商业模式。首先，从企业层面来看，商业智能化变革是通过大数据在企业各个流通环节中的充分运用实现的，包括彰显企业价值、实现企业创新、构建企业价值网络；其次，从大数据产业链层面来看，商业智能化变革是立体的，随着大数据产业链的横向延伸，缩短产业链的长度，减少不确定性，降低成本损耗，同时随着产业链的纵向扩展，将纵向定位与整体行业外部环境结合起来，提供完整的解决方案，实现商业模式创新；最后，从行业层面来看，商业智能化变革是平台商业模式与数据驱动跨界模式的连接与融合，以大数据为基础，搭建平台化商业模式，实现跨境经营。

那么究竟什么是商业智能呢？商业智能的概念最早在 1996 年由加特纳集团（Gartner Group）提出，加特纳集团将商业智能定义为：商业智能描述了一系列的概念和方法，通过应用基于事实的支持系统来辅助商业决策的制定。商业智能技术提供使企业迅速分析数据的技术和方法，包括收集、管理和分析数据，将这些数据转化为有用的信息后，分发到企业各处。传统商业智能（Business Intelligence，BI）是指基于数据仓库、数据挖掘等大数据技术进行数据抽取、展示与分析，从而为企业实现商业价值提供支撑。2019 年，艾瑞咨询研究院发布的《中国商业智能研究报告》对商业智能的概念进行了新的定义，融入了机器学习、自然语言处理等人工智能技术，提出：新型商业智能（Business Artificial Intelligence，BAI）是指在基于数据维度进行商业分析的层面上，通过将人工智能核心技术（机器学习、计算机视觉、自然语言处理、智能语音交互、知识图谱）与大数据、云计算、区块链等技术相结合，围绕商业活动中各典型关键环节进行洞察分析，并通过完整的解决方案级应用，推动产品创新与服务升级。商业智能概念如图 1.1 所示。

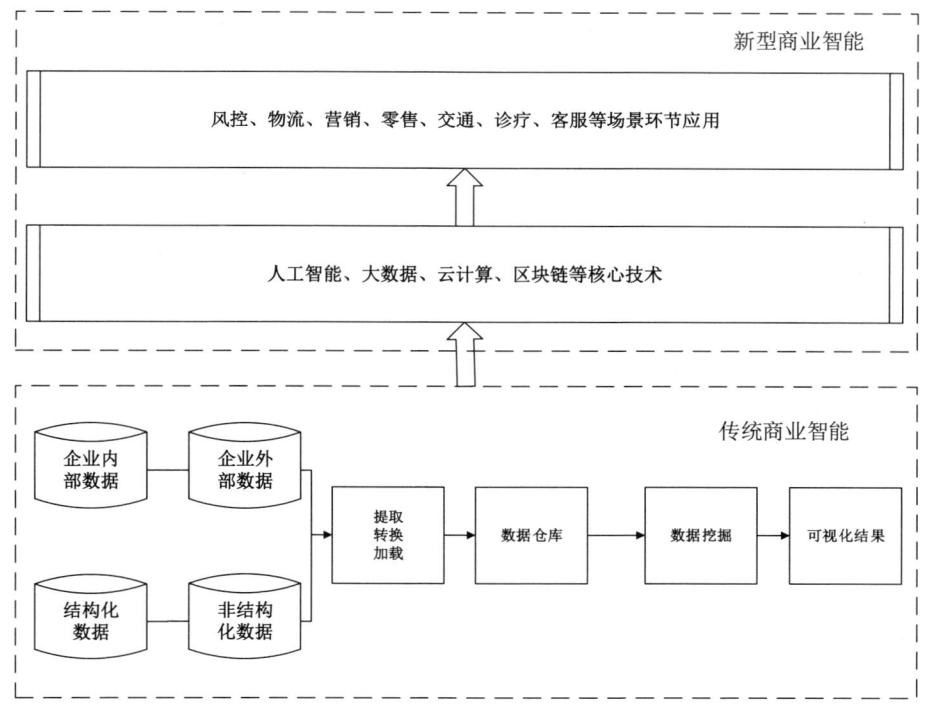

图 1.1　商业智能概念

1.1.1　商业智能的历史发展

围绕数据分析与智能化技术的不断迭代创新，商业智能至今共经历四次发展变革，实现由传统商业智能向新型商业智能的转变。商业智能发展阶段如图 1.2 所示。

（1）商业智能初级阶段（2005 年—2013 年）：这个时期企业上线适应自己

业务的应用系统，类似 ERP、CRM、OA、HIS 等。市场主要被 SAP、Oracle、IBM 等老牌巨头占领，主要用户群体集中于大型企业，产品智能化程度低且部署成本高。

（2）可视化数据分析阶段（2013 年—2016 年）：随着基础设施建设的日益完善与可视化产品的出现，大量国内外商业智能厂商涌现并迅速发展，推动商业智能技术普及应用，进入商业智能发展的第二阶段。这个阶段的主要特点是可视化数据产品出现，企业项目中原有的商业智能初期产品逐步下线，此消彼长，可视化的数据分析产品集中进入市场，国内外厂商处于快速成长期。同时，随着 IT 基础设施逐步完善，更多企业拥抱商业智能。

（3）浅层决策智能阶段（2016 年—2018 年）：自 2016 年开始，大数据、人工智能、云服务技术的革新发展推动浅层决策智能技术走向成熟，云端部署能力吸引了更多的中小企业用户，新型商业智能时代逐步开启。我们把这一阶段称为商业智能发展的第三阶段。

（4）多维决策智能阶段（2018 年至今）：随着 2018 年人工智能技术的全面商业化落地，集合人工智能、大数据、云服务、PRA、运筹学等技术的新型商业智能开始为企业客户提供多维决策的智能服务。融合技术、打磨场景、优化解决方案的部署成本是现阶段商业智能企业的发展重点。

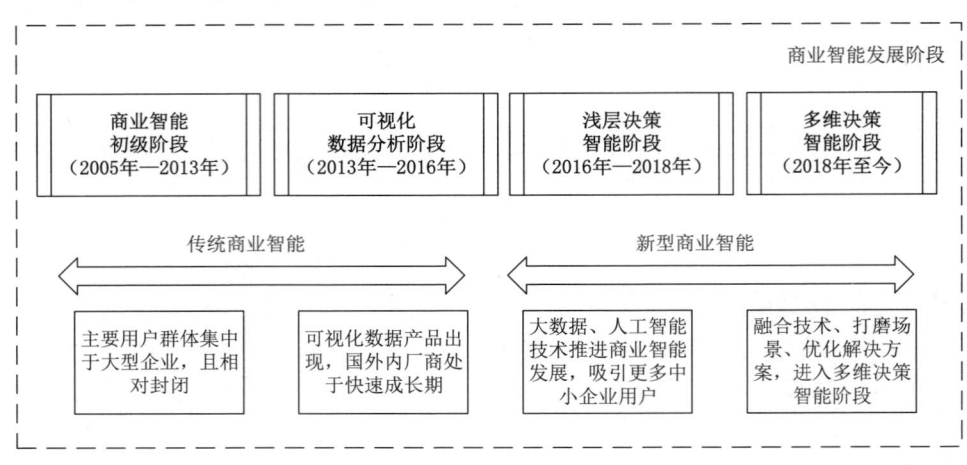

图 1.2　商业智能发展阶段

1.1.2 商业智能的研究领域

商业智能研究的架构一直都以"价值"为核心进行不断建构。商业智能对企业的价值及产生价值的路径和过程不断地被运用到实践领域，对组织竞争优势和组织绩效具有重要影响。研读我国学者马俊、周建波发表的《国外商业智能创新研究进展与展望》一文，不难发现商业智能的研究范畴主要集中在组织绩效提升、商业智能影响力、竞争过程、商业智能资产、商业智能使用过程、商业智能投资、商业智能管理水平七个领域。

（1）组织绩效提升：商业智能系统一直与产品质量、供应链和竞争优势等紧密联系在一起，商业智能系统对组织减员增效、降本促效、管理决策、提升决策有效性、提升组织决策能力都具有重要的作用。组织获得稀缺资源的能力，并把稀缺资源转化为价值产出，是衡量商业智能效果的一个主要因素。

（2）商业智能影响力：商业智能是提升组织绩效的必要条件，而商业智能影响力受到诸多因素影响，如运营效率、改进新产品或服务、组织智能、组织结构动态性等。商业智能是通过哪些内部和外部因素去实现商业价值或创造价值的，是商业智能的一个重要的研究方向。

（3）竞争过程：商业智能与组织绩效提升之间的关系受竞争定位、行业因素和动态性竞争因素的影响。一个具有较强竞争优势的企业，更容易将商业智能转化为组织绩效，其中竞争定位是一个不可忽视的因素。企业在设计商业智能系统时，基于竞争动态性，应该实时评估商业智能影响力，同时对商业智能资产进行重新估计。竞争过程是商业智能的一个重要影响因素。

（4）商业智能资产：商业智能资产主要由商业智能技术、人力资源和各种运用组合构成。商业智能资产能够成为组织的重要资产，取决于商业智能对组织绩效提升的实现过程，如新产品开发、商业流程再造、决策优化及商业过程绩效改善等。商业智能资产是商业智能实现的最终结果。

（5）商业智能使用过程：商业智能使用过程决定了商业智能资产的实现路径与变现效率。商业智能使用过程伴随着时间问题，商业智能系统会有周期性失效或失调问题，只有保证商业智能系统在组织内部正常运转，商业智能对组织的重要性才能持续显现。商业智能使用过程是商业智能最终能否变现的一个关键性因素。

（6）商业智能投资：商业智能投资主要包括信息技术的硬件、软件、技术设施、人力资源和管理能力。研究表明，很多组织在使用商业智能的过程中，由于硬件、软件和信息技术等设施的更新跟不上，因此商业智能没有发挥应有的作用。对商业智能投资力度不断加强，将有助于商业智能的进一步实现。

（7）商业智能管理水平：在考虑商业智能投资之前，管理者必须要考虑非商业智能投资及商业智能的管理、转化活动。过去的商业智能研究表明，在将商业智能投资转化为商业智能资产的经典路径模型中，几乎都考虑到了商业智能管理、转化活动及非商业智能投资这三个因素。商业智能管理水平是商业智能影响力不断提升的重要主导因素。

商业智能研究领域如图 1.3 所示。

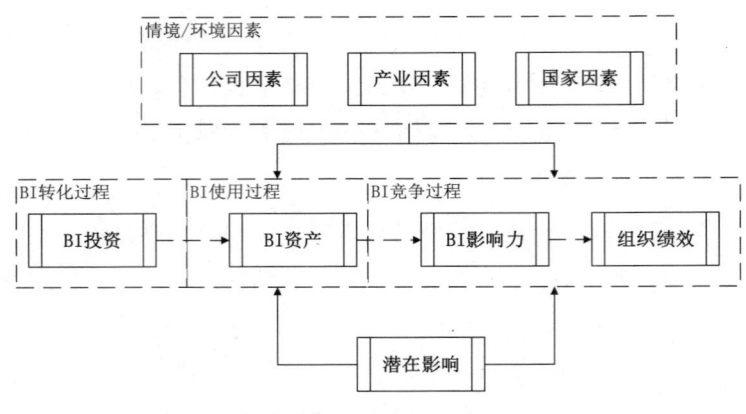

图 1.3　商业智能研究领域

1.2　数据化运营的概念与意义

大数据时代到来后，商业智能成为当下企业转型升级寄予厚望的利器，数据化运营模式成为流行模式被追捧。一方面，我们确实看到不少先锋企业在数据化运营上的成功实践；另一方面，我们观察到仍有不少企业在数据化运营上存有困境，他们投入了大量资金，但收获甚少。我们不免开始怀疑：数据化运营模式是一个值得期待的经典运营模式吗？在这种模式下，企业陷入困境的原因究竟是什么呢？数据化运营之路的关键在何处呢？本节将对数据化运营的基本概念和现实意义进行诠释。

数据化运营的定义如下：数据化运营是指通过数据化的工具、技术和方法，对运营过程中的各个环节进行科学的分析，为数据使用者提供专业、准确的行业数据解决方案，从而达到优化运营效果和效率、降低运营成本、提高效益的目的。在这里，我们对定义中的几个关键词进行解释，什么是数据化、什么是运营，以及什么是数据化运营。

首先，我们来看数据化这个概念。数据化是指用符号化的语言对客观世界进行测量和记录。对于企业或商业组织来讲，数据化通常指的就是业务数据化。业务数据化是指将业务进行数据化、在线化的表达和重构后，同用户建立新的连接和互动关系，如图1.4所示。数据化并未改变业务的底层核心逻辑，只是在时空上重构了业务的应用场景，并以数据为线索来重新表达和解释业务。数据化运营从业务数据化开始，业务数据化为我们提供了数据基础，是我们后续开展数据化运营的前提。

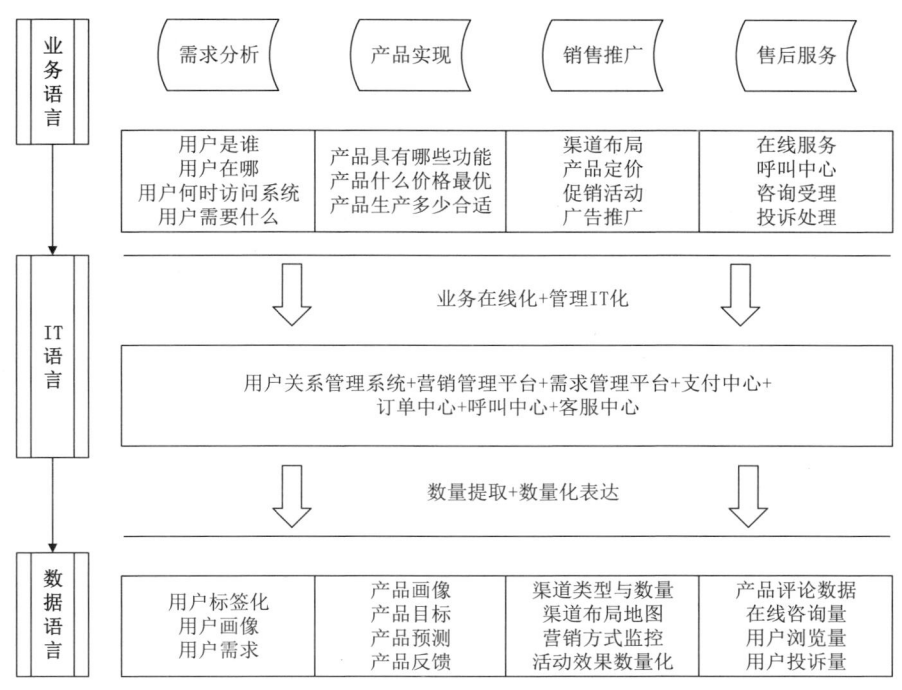

图1.4　业务数据化

其次，我们来看什么是运营。通常我们所说的运营，是指对运营过程的计划、组织、实施和控制，是与产品生产和服务创造密切相关的各项管理工作的总称。在企业运营的过程中，我们往往会遇到一系列问题：怎么才能让更多的用户知道并使用我们的产品，怎么才能基于用户反馈改进我们的产品功能，如何做才能给用户更好的使用体验，如何才能让使用产品的用户更活跃，如何才能让更多的用户愿意付费等。因此，对于运营概念的理解，我们可以从以下几个方面来思考。

（1）业务问题不同，运营工作的侧重点会不同。当问题涉及的是产品功能时，我们要重点做的就是产品运营；当问题涉及的是服务方面的不足时，我们要重点做的就是服务运营；当问题涉及的是用户活跃度低、用户反馈差时，我们要重点做的就是用户运营。

（2）运营工作需要长期做、持续做、循环迭代地做。产品有生命周期，产品在不断更新和迭代，产品与用户之间的问题会层出不穷。因此，运营工作是需要常态化地、专人专岗地去落实的。

（3）运营需要精细化，精细化离不开数据化。运营涉及的工作内容琐碎复杂，会有很多脏活儿、累活儿，事无巨细都要一一去落实。因此，运营工作要做好，精细化是少不了的。如何做到精细化呢？数据化就是很好的手段。将运营工作数量化、精确化，无疑是对运营的精细化大有益处的。

运营的概念如图1.5所示。

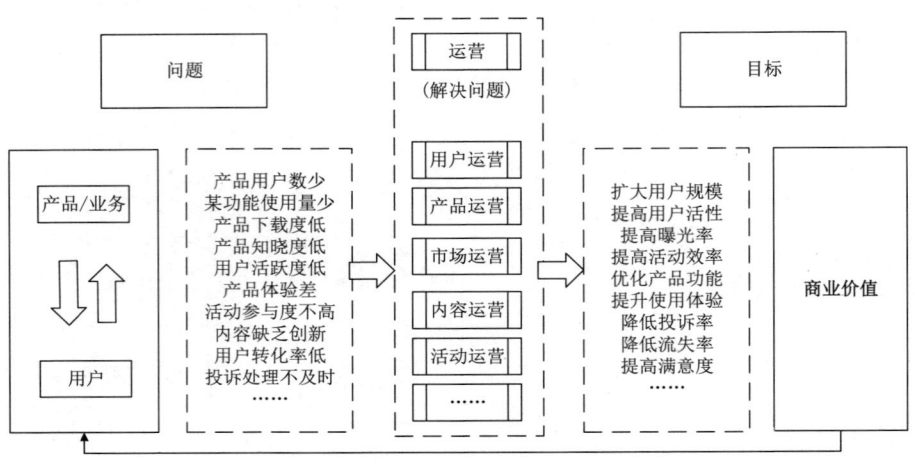

图1.5 运营的概念

最后,我们来讲数据化运营。数据化运营从字面上理解就是将运营工作数据化。数据化运营是指从数据的角度来分析和解决业务运营工作中存在的问题或不足,以实现商业目标的过程。数据化运营的内在机制是:"数据化"是方法和手段,"运营"是核心和目标,将数据化的方法和手段运用到运营场景中,通过问题指标化、指标定量化、问题定量化、分析模型化等数据化处理动作,数据作用于用户运营、产品运营等场景中,指导业务运营的决策,实现运营的数据化落地,完成两个闭环——数据的闭环和业务的闭环,最终用数据化的方法解决业务运营的问题,达到业务的商业目标,如图1.6所示。

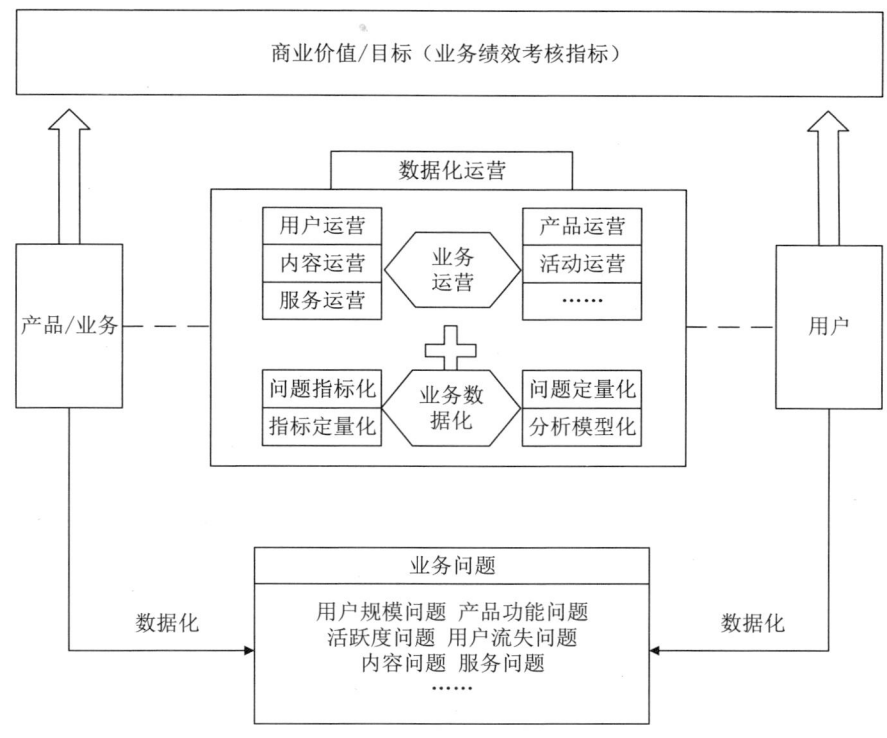

图1.6 数据化运营的概念

在商业智能时代,企业纷纷开启数据化战略转型,将业务逐步线上化和数据化,并以数据为关键生产要素,采取数据化运营的方式驱动业务的发展,提升用户体验和企业的竞争力,数据化运营对企业发展具有重要意义。数据化运营是现代企业竞争白热化、商业环境变成以消费者为主的"买方市场"等一系列竞争因素所呼唤的管理革命和技术革命。中国有句古语"穷则思变",当传统的营销手段、运营方法已经被同行普遍采用,当常规的营销技术、运营方式已经很难明显提升企业的运营效率时,数据化运营登上了商业智能时代企业运营的大舞台,并在舞台上绽放出耀眼的光芒。

1.3　数据化运营的四个层次

数据化运营是对数据化管理和数据化驱动的具体实践,是数据在企业经营和产品运营中的具体应用。根据业务逻辑,数据化运营分为数据监测、数据分析、数据智能、数据创新四个层次,如图 1.7 所示。

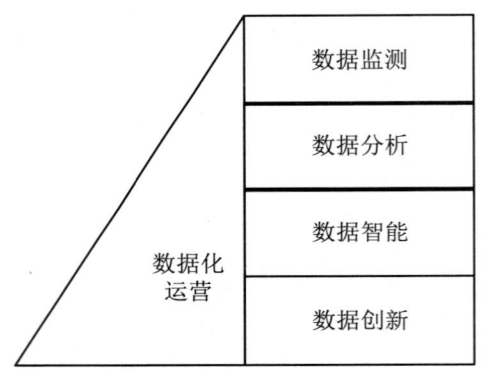

图 1.7　数据化运营的四个层次

(1)数据监测:在企业经营过程中,业务部门的数据需求往往是伪需求,我们更应该了解其背后的根本目标,如搞促销、进行用户维护等,业务部门根据这些目标提出的数据需求很多时候无法解决自身问题。这就需要我们基于对数据的了解,修正数据需求,避免无效工作。

(2)数据分析:针对业务需求进行个性化、专题化的数据分析,我们需要具备一定的统计分析和统计工具知识,以及对商业和具体业务的理解能力。数据分析可以归结为四种场景,即对监测数据进行解读并产出结论性知识、对事物机理及变化原因的理解、基于数据和分析对未来进行预测、基于数据分析和业务逻辑提出针对性决策建议。

（3）数据智能：利用机器学习等人工智能关键技术，解决商业领域的业务问题，利用自身掌握的海量数据进行智能开发。数据智能区别于数据监测和数据分析的关键在于，数据智能是一套自主决策系统，而非仅供参考的数据呈现，能够直接输出决策或行动。

（4）数据创新：创新式的数据驱动方式、创新式的数据管理方式、创新式的数据经营方式。在企业经营过程中，要对上述内容不断创新，基于用户需求进行产品设计与研发，根据客户满意度变化进行产品推广与后期改进，时刻做到以人为本，并坚持进行数据创新。

以上四方面是对数据的全方位应用，在层次上存在递进关系。应该说，数据智能和数据创新是数据本身的业务化，能够直接创造价值，但门槛相对较高，需要一定的技术和数据储备，关键是并非每个行业或企业都适用。而数据监测和数据分析，门槛相对较低，但不意味着其对实际业务没有推动作用，在某些场景下，数据监测和数据分析的驱动业务潜力或许更强。总之，数据化运营正是通过数据监测、数据分析、数据智能、数据创新来实现的，只是运用的范围和层次不同。

1.4　数据化运营应掌握的技能与工具

数据化运营需要业务人员通过数据化的工具、技术和方法，对运营过程中的各个环节进行科学的分析，为数据使用者提供专业、准确的行业数据解决方案，从而达到优化运营效果和效率、降低运营成本、提高效益的目的。"工欲善其事，必先利其器"，这里对数据化运营过程中的所需技能和常用工具进行介绍。

1.4.1　数据化运营的五种能力

作为一名合格的数据化运营人员，需要具备数据处理能力、数据分析能力、数据呈现能力、数据决策能力、计算机及数据分析信息技术五种能力，如图 1.8 所示。

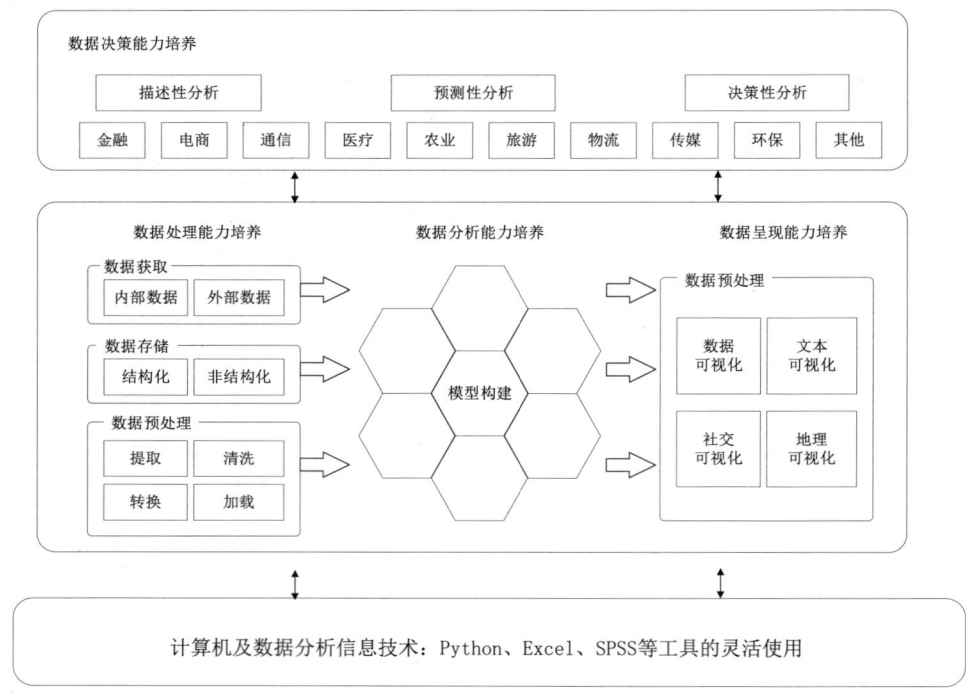

图 1.8　数据化运营人员知识体系架构图

（1）数据处理能力：数据化运营人员应该灵活掌握数据获取、数据存储与数据预处理的技能。其中，在数据获取方面，要求业务人员能够认知数据产生的时间、条件、格式、内容、长度、限制条件等，能针对性地实施和控制数据产生和采集的过程，加深对数据的理解程度；在数据存储方面，要求业务人员掌握数据存储基本理论，了解云端数据存储和本地数据存储，掌握 MySQL、Oracle、SQL Server 等数据存储系统，了解数据存储内部的工作机制和流程；在数据预处理方面，要求业务人员熟知数据处理规则，能实际解决数据分散、不清洁问题，具备与业务需求相结合的能力，保证动态和迭代更新的数据存储和处理达到及时、完整、有效、一致、准确。

（2）数据分析能力：数据化运营人员应该掌握数据挖掘和模型构建技术，明确业务场景、确定分析目标、构建分析体系、梳理核心指标，并通过评估标准衡量模型的效果，能够进行商业运行和模型解释。业务人员需要做的是，明确业务场景，对于不同的业务场景，分析体系随之不同；结合业务问题确定分析目标，列出核心指标，搜集整理所需要的数据。

（3）数据呈现能力：数据化运营人员应该掌握数据呈现工具，能够运用图表和图形将业务信息与决策方案清晰、明确地展现出来，使分析结果一目了然。图表设计是门大学问，如何选择图形，如何进行版式设计，颜色怎样搭配等，都需要掌握一定的设计原则。

（4）数据决策能力：数据化运营人员应该对分析结果进行业务应用和解读，将数据分析结果反馈到业务操作过程中。通过业务场景确定受众和了解受众的需求和习惯，能及时从相关的数据库中搜索挖掘出信息以满足特定时间、地点、场景的需求，最终基于业务驱动的数据化运营方法，为业务需求提供解决方案。

（5）计算机及数据分析信息技术：在商业智能时代，任何业务运营都将以底层数据为支撑，数据化运营人员需要掌握一定的计算机及数据分析信息技术，才能灵活地运用数据，相关工具既包括集搜客、SQL 数据库、OpenRefine 等数据处理工具，又包括 Python、R 语言、Excel 等数据分析工具，还包括 Tableau、Gephi、水晶易表、ECharts 等数据可视化工具。

1.4.2 数据化运营的常见工具

正如上文所讲，数据化运营人员需要具备五种核心能力，其中的计算机及数据分析信息技术可以将数据灵活运用，解决业务问题，为企业提供解决方案。一款功能强大的数据化运营工具，将极大地提升数据化运营人员的工作效率。这里，我们针对数据处理、数据分析和数据可视化几种能力的实现，介绍一些常见的数据化运营工具。

1. 数据处理工具

集搜客：集搜客网页数据抓取软件是一款专业的网页数据采集/信息挖掘处理软件，能够轻松抓取网页文字、图片、表格、超链接等多种网页元素，并得到规范化的数据。通过集搜客网页数据抓取软件，整个 Web 都可以成为用户的数据库，有效降低数据获取成本，得到全面、灵活的多维度行业数据，界面如图 1.9 所示。

图 1.9　集搜客网页数据抓取软件界面

　　SQL 数据库：SQL（Structured Query Language）是具有数据操纵和数据定义等多种功能的数据库语言，这种语言具有交互性特点，能为用户提供极大的便利，数据库管理系统可以充分利用 SQL 语言特点提高计算机应用系统的工作质量与效率。SQL 不仅能独立应用于终端，还可以作为子语言为其他程序设计提供有效帮助，在这些程序中，SQL 可与其他程序语言一起优化程序功能，进而为用户提供更多、更全面的信息。SQL Server 数据库包括 Microsoft SQL Server 和 Sybase SQL Server 两个子数据库，该数据库能否正常运行直接关系着整个计算机系统的运行安全。SQL 数据库软件界面如图 1.10 所示。

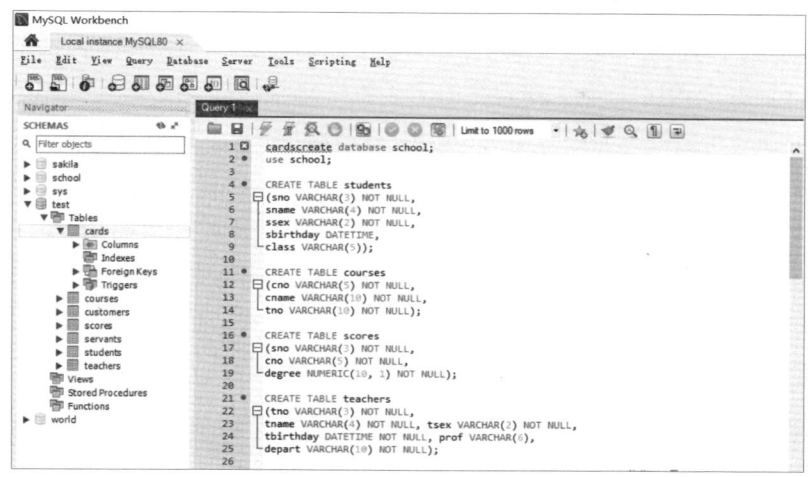

图 1.10　SQL 数据库软件界面

OpenRefine：OpenRefine 软件前身是谷歌公司开发的数据清洗工具 GoogleRefine，随后于 2012 年开放源代码，改为现在的 OpenRefine。该软件是一款基于计算机浏览器的数据清洗软件，在数据清洗、数据探索及数据转换方面非常有效，可以在计算机中直接运行，这样可以避免上传指定信息到外部服务器的问题。OpenRefine 软件类似于传统 Excel 处理软件，但是工作方式更像数据库，以列和字段的方式工作，而不以单元格的方式工作。OpenRefine 软件界面如图 1.11 所示。

图 1.11　OpenRefine 软件界面

2．数据分析工具

Microsoft Excel：这款大家熟悉的电子表格软件已经被广泛使用 20 多年了，以至于现在有很多数据只能以 Microsoft Excel 表格的形式获取到。在 Microsoft Excel 中，让某几列高亮显示、做几张图表都很简单，用户很容易对数据有大致的了解，然而 Microsoft Excel 局限在它一次所能处理的数据量上，因此用 Microsoft Excel 来进行全面的数据分析或制作公开发布的图表会有难度。Microsoft Excel 软件界面如图 1.12 所示，在 Microsoft Excel 中内置图表工具，利用这个工具可以方便快捷地插入已有的图表。

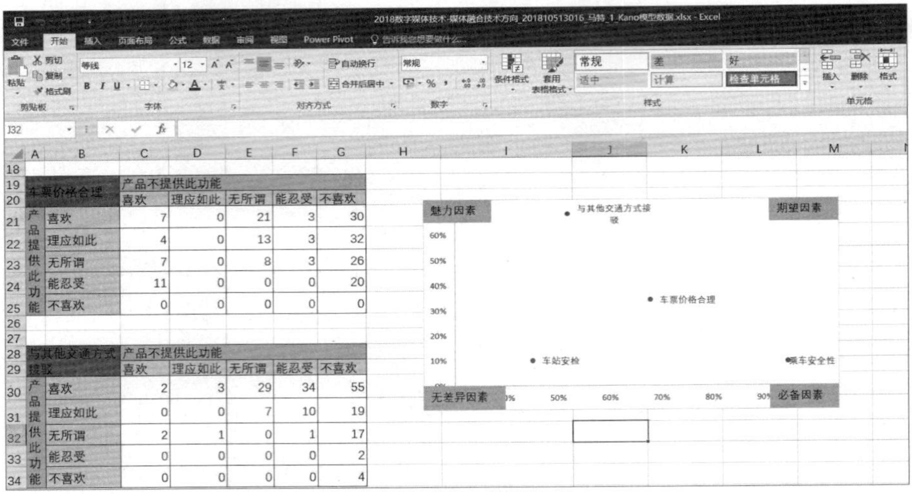

图 1.12　Microsoft Excel 软件界面

Python：Python 由荷兰数学和计算机科学研究学会的 Guido van Rossum 于 1990 年代初设计，作为 ABC 语言的替代品。Python 提供了高效的高级数据结构，还支持简单有效的面向对象编程。Python 简洁的语法、动态的数据类型，以及解释型语言的本质，使它成为多数平台上写脚本和快速开发应用的编程语言。随着版本的不断更新和语言新功能的添加，Python 逐渐被用于独立的、大型项目的开发。Python 解释器易于扩展，可以使用 C 或 C++（或者其他可以通过 C 调用的语言）扩展新的功能和数据类型。Python 丰富的标准库提供了适用于各个主要系统平台的源代码或机器代码。Python 软件界面如图 1.13 所示。

第1章 数据化运营基础

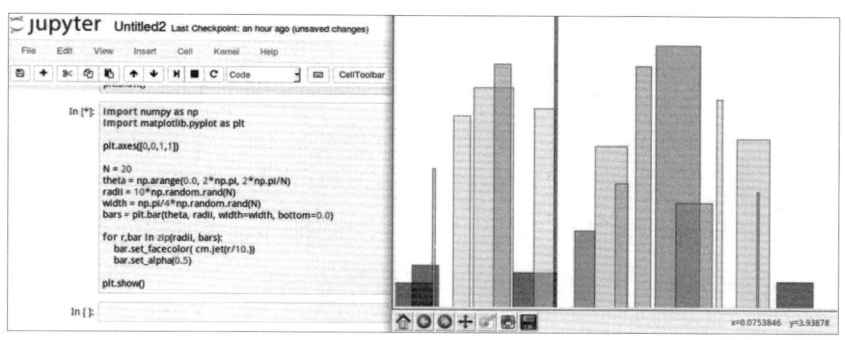

图 1.13 Python 软件界面

R 语言：R 语言是用于统计分析、绘图的语言和操作环境。R 语言属于 GNU 系统的一个自由、免费、源代码开放的软件，是一个用于统计计算和统计制图的优秀工具。R 语言是一套由数据操作、计算和图形展示功能整合而成的套件，包括有效的数据存储和处理功能、一套完整的数组（特别是矩阵）计算操作符，拥有完整体系的数据分析工具，可以为数据分析和显示提供强大的图形功能，是一套（源自 S 语言）完善、简单、有效的编程语言（包括条件、循环、自定义函数、输入输出功能）。R 语言软件界面如图 1.14 所示。

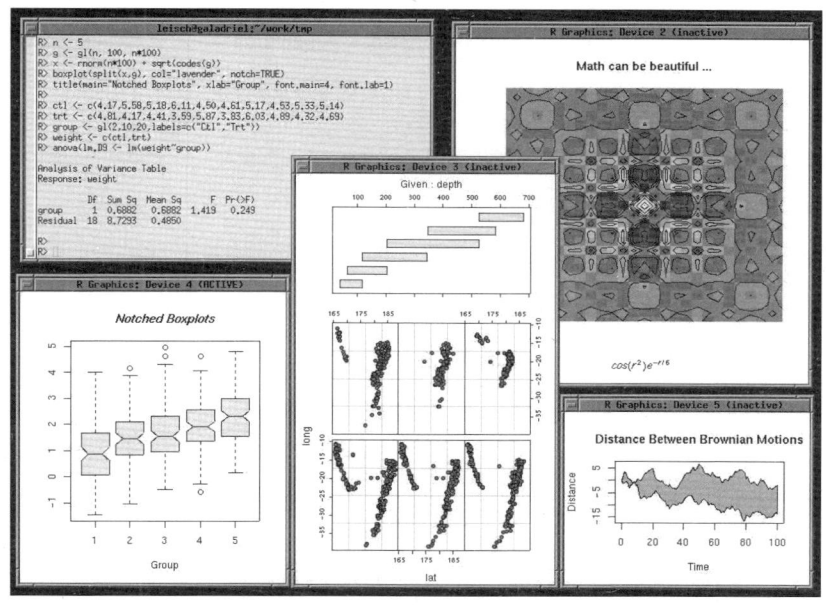

图 1.14 R 语言软件界面

3．数据可视化工具

Tableau：Tableau 致力于帮助人们查看并理解数据。Tableau 可以帮助任何人快速分析、可视化并分享信息，如图 1.15 所示。Tableau 的程序很容易上手，各公司可以用它将大量数据拖放到"画布"上，转眼间就能创建好各种图表。这款软件的理念是，界面上的数据越容易操控，公司对自己在所在业务领域里的所作所为到底是正确的还是错误的，就能了解得越透彻。

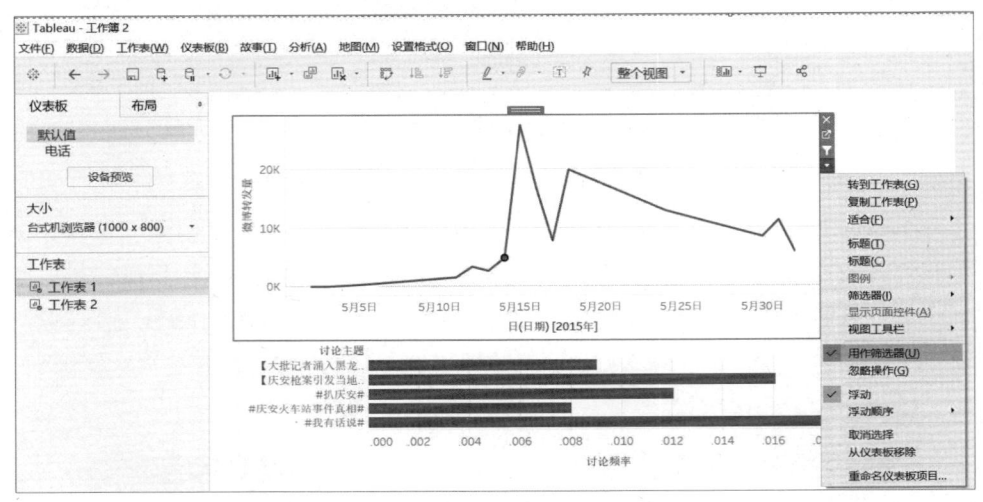

图 1.15　Tableau 软件界面

Gephi：Gephi 是一款开源免费跨平台基于 JVM 的复杂网络分析软件，主要用于各种网络和复杂系统，是动态和分层图的交互可视化与探测开源工具，具有探索性数据分析、链接分析、社交网络分析、生物网络分析等功能。Gephi 软件界面如图 1.16 所示，其窗体中的图形是一个典型的由节点和连线生成的 Gephi 图形。

水晶易表：水晶易表（Crystal Reports）是一款商务智能（BI）软件，主要用于设计及产生报表。水晶易表是专业的报表系统，具有强大的报表功能，包括使用各种资料来源制作报表、功能强大的设计与格式设定能力、具有弹性的分析能力、快速的报表处理能力、灵活的报表传送作业能力、可扩充的 Web 报表制作能力，可以将精巧报表的制作能力结合到用户的 Windows 及 Web 应用程序上，让用户享用前所未有的弹性与操控能力。水晶易表软件界面如图 1.17 所示。

第1章 数据化运营基础

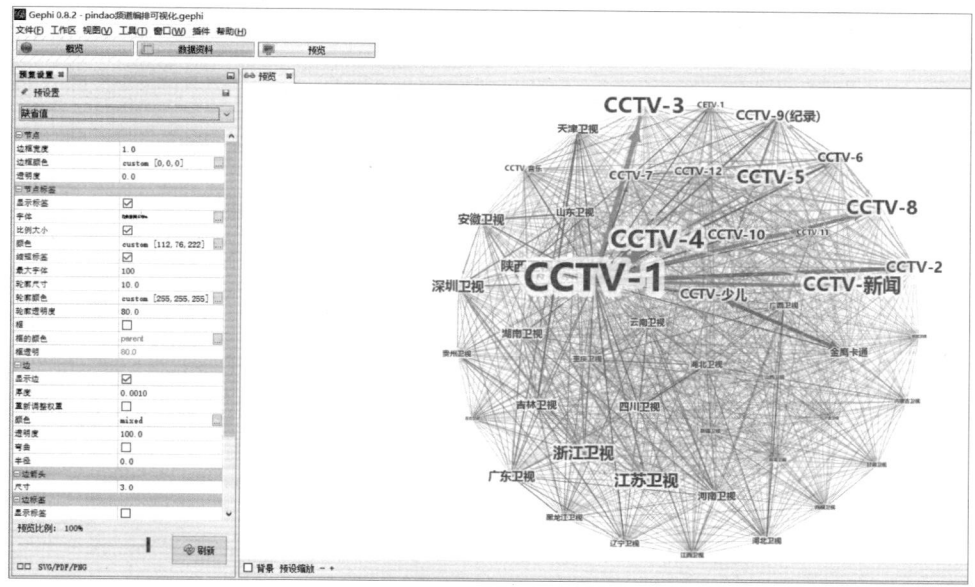

图 1.16　Gephi 软件界面

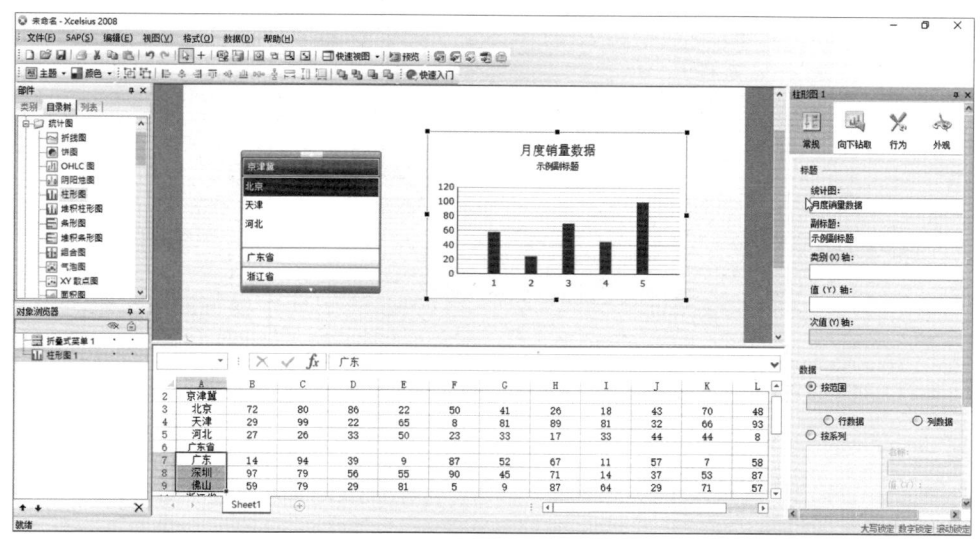

图 1.17　水晶易表软件界面

ECharts：ECharts 是国内百度公司开发的 JavaScript 的图表库，兼容性好、使用简单，提供了大量直观、生动、可交互的数据可视化图表，其底层基于 ZRender 创建了坐标系、图例、提示、工具箱等基础组件，并在此基础上构建出

21

了折线图（区域图）、柱状图（条状图）、散点图（气泡图）、K线图、饼图（环形图）、地理坐标/地图、热力图等，同时支持任意维度的堆积和多图表混合展现。ECharts软件界面如图1.18所示。

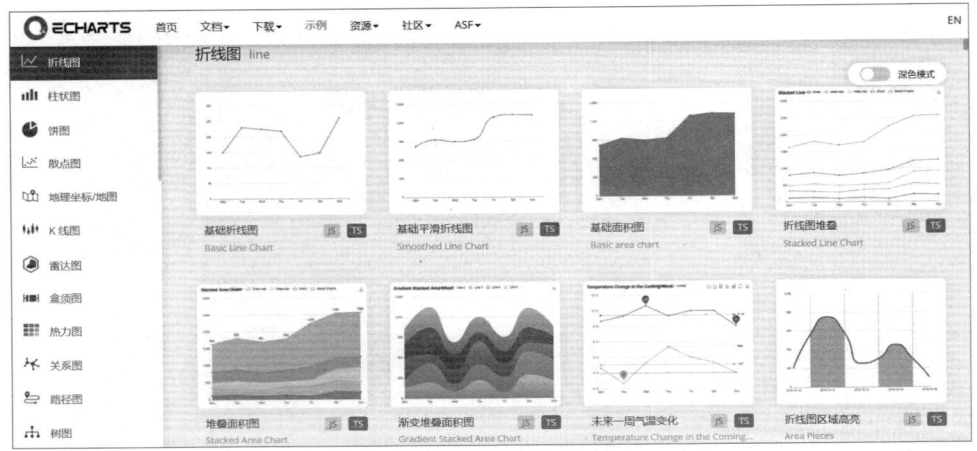

图1.18　ECharts软件界面

第 2 章

企业中的数据化运营

商业智能时代的到来，既给传统企业提供了机遇，又带给其沉重的竞争压力与生存挑战，任何一家企业都要比以往更快地将数据处理完毕。爆炸般激增的数据量被公司信息部门收集，庞大的数据量足以令数据产品经理手忙脚乱。因为大量的数据将不会再以结构化的形式显示，而是一种将文字、图片、视频与其他稀少的结构化数据混合在一起的形式。数据化运营人员必须强化自身的数据驱动能力，才能迎合日益增长的需求。举个简单的例子，在过去，当你定期向董事会汇报关键金融指数的时候，你可以按照预先制定的规则进行准备，这种传统的模式已经一去不复返了。如今，管理者对商业流程的快捷、灵活性强的分析倍感兴趣，尤其当这些商业流程在运转时，管理者更乐意对其进行分析，管理者要求决策的制定有更坚实的支撑，尤其要根据现有信息进行决策。本章将从企业数据化运营必要性、企业数据化运营场景、企业数据化运营岗位职责三个方面进行介绍。

2.1 企业数据化运营必要性

想要了解企业为何进行数据化运营，就要先清楚企业竞争的本质，企业竞争的本质是资源配置效率的竞争。在当今时代，客户需求和竞争环境在不断变化，如何提高资源配置效率，适应和跟上这一快速变化，在不确定的环境中进行决策是企业面临的巨大挑战。针对上述问题，市场营销策略进行了完美诠释。

2.1.1 市场营销策略

市场营销策略是企业以消费者需求为出发点，有计划、有组织地进行各项经营活动的策略，包括产品策略、价格策略、渠道策略和促销策略。通过市场营销策略，企业可以为消费者提供满意的商品和服务。市场营销策略最早的研究可以追溯到 1960 年，美国密歇根州立大学的杰罗姆·麦卡锡教授在其《基础营销》一书中将资源要素概括为 4 类（4P），即产品（Product）、价格（Price）、渠道（Place）、促销（Promotion），如图 2.1 所示。

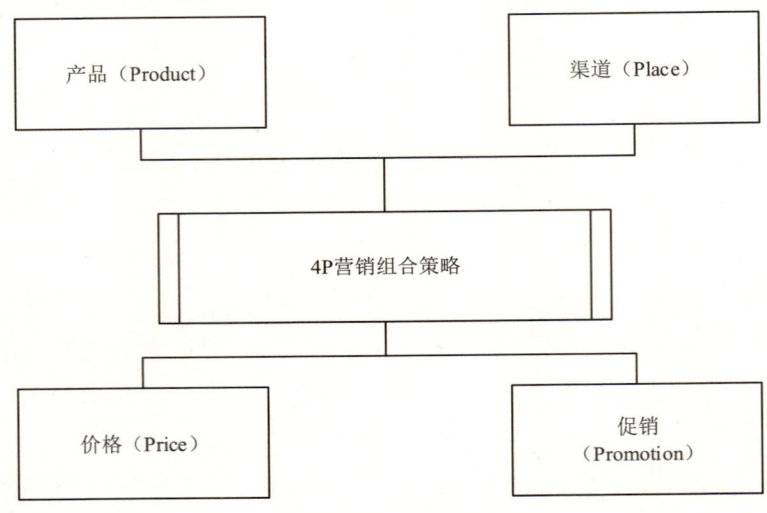

图 2.1　4P 营销组合策略

其中，

（1）产品（Product）：是指注重开发的功能，要求产品有独特的卖点，具体包括产品的实体、服务、品牌、包装。产品是指企业提供给目标市场的货物、服务的集合，包括产品的效用、质量、外观、式样、品牌、包装和规格，还包括服务和保证等因素。

（2）价格（Price）：是指根据不同的市场定位，制定不同的价格策略，具体包括基本价格、折扣价格、付款时间、借贷条件等。价格是指企业出售产品所追求的经济回报。

(3)渠道（Place）：是指企业并不直接面对消费者，而注重经销商的培育和销售网络的建立，企业与消费者的联系是通过经销商来进行的，具体包括分销渠道、储存设施、运输设施、存货控制。渠道代表企业为使产品进入和达到目标市场而组织、实施的各种活动，包括途径、环节、场所、仓储和运输等。

(4)促销（Promotion）：是指企业通过改变销售行为来刺激消费者，以短期的行为（如让利、买一送一、调动营销现场气氛）促成消费的增长，吸引其他品牌的消费者来消费，或者促进老主顾前来消费，从而达到消费增长的目的，具体包括广告、人员推销、营业推广与公共关系等。

4P 理论的核心是产品（Product），因此，以 4P 理论为核心营销思想的营销战略又可以称为"以产品为中心"的营销战略。4P 理论的营销理念是以生产者为导向的，营销模式是推动型的，主要依靠满足消费者相同或相似的需求来获得目标利润最大化，进行规模营销。4P 理论的出发点是企业，考虑的主要是企业经营者想要生产什么产品和期望获得怎样的利润而制定相应的价格，关注产品怎样进行卖点传播和促销，并以怎样的路径选择销售。对于消费者沟通，4P 理论采取"一对多"单向沟通，营销人员根据企业生产的产品和期望获得的利润而制定相应的价格，将产品的卖点介绍给客户。4P 理论的优点是具有直观性、可操作性和易控制性，能清楚直观地解析企业的整个营销过程，紧密联系产品，从产品的生产加工到交换消费体现了商品交易的整个环节，企业容易掌握与监控，无论哪个环节出现了问题，都容易及时地诊断与纠正；缺点是以企业为中心，以追求利润最大化为原则，忽略了消费者作为购买者的利益特征，忽略了消费者是整个营销服务的真正对象，易与消费者产生矛盾，不利于企业长期发展。

随着市场竞争日趋激烈，媒介传播速度越来越快，4P 理论受到越来越多的挑战。1990 年，美国学者罗伯特·劳朋特教授在其《4P 退休 4C 登场》专文中提出了与传统营销的 4P 理论相对应的 4C 理论，即消费者（Consumer）、成本（Cost）、便利（Convenience）和沟通（Communication），如图 2.2 所示。

```
        消费者                    成本
       (Consumer)               (Cost)
           │                      │
           └──────────┬───────────┘
                     │
              ┌──────┴──────┐
              │ 4C营销组合策略 │
              └──────┬──────┘
                     │
           ┌─────────┴─────────┐
           │                   │
         便利                 沟通
      (Convenience)      (Communication)
```

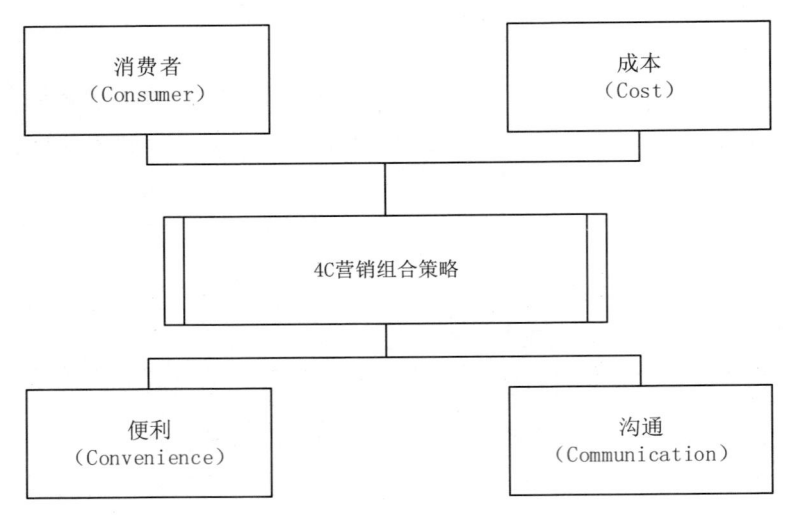

图 2.2　4C 营销组合策略

（1）消费者（Consumer）：主要指消费者的需求。企业必须首先了解和研究消费者，根据消费者的需求来提供产品。同时，企业提供的不仅仅是产品和服务，更重要的是由此产生的客户价值（Customer Value）。

（2）成本（Cost）：成本不仅是企业的生产成本，或者说 4P 理论中的价格（Price），还包括消费者的购买成本，同时意味着产品定价的理想情况，应该既低于消费者的心理价格，又能够让企业有所盈利。此外，这中间的消费者购买成本不仅包括消费者的货币支出，还包括消费者为此耗费的时间、体力和精力，以及购买风险。

（3）便利（Convenience）：指为消费者提供最大的购物和使用便利。4C 理论强调企业在制定分销策略时，要更多地考虑消费者的便利，而不是企业自己的便利，要通过好的售前、售中和售后服务来让消费者在购物的同时，享受到便利。便利是客户价值不可或缺的一部分。

（4）沟通（Communication）：被用以取代 4P 理论中对应的促销（Promotion）。4C 理论认为，企业应通过同消费者进行积极有效的双向沟通，来建立基于共同利益的新型企业/消费者关系。这不再是企业单向地促销和劝导消费者，而是在双方的沟通中找到能同时实现各自目标的通途。

4C 理论的营销理念是消费者导向的，采用拉动型营销模式。4C 理论注重消费者个性化需求，运用差异化营销方式，核心是消费者战略，基本原则是以消费者为中心进行企业营销活动规划设计，从产品到如何实现消费者需求的满足，从价格到综合权衡消费者购买所愿意支付的成本，从促销的单向信息传递到实现与消费者的双向交流与沟通，从通路的产品流通到实现消费者购买的便利性，培养消费者的忠诚度。在消费者沟通方面，4C理论采用的是"一对一"的双向沟通。营销人员需要先研究客户需求，发现真实需求，再制定相应的需求战略，从而影响企业的生产过程。4C理论的优点有：瞄准消费者需求；尽量贴近消费者所愿意支付的成本；能为消费者提供便利性；与消费者沟通。但4C理论也有很多不足之处，首先，4C理论以消费者为导向，着重寻找与满足消费者需求，忽视了市场经济竞争；其次，4C理论虽然已融入营销策略和行为中，但企业营销会在新的层次上同一化，不能形成营销个性或营销特色，不能形成营销优势；再次，4C理论以消费者需求为导向，企业被动适应消费者的需求，往往令他们失去了自己的方向，不能将消费者需求与企业长期获得利润结合起来。4C理论仍然没有体现既赢得客户，又长期地拥有客户的关系营销思想。

以消费者战略为核心的4C理论，随着时代的发展，显现了局限性，当消费者需求与社会原则相冲突时，消费者战略是不适应的，从而4R理论应运而生。2001年，美国学者艾略特·艾登伯格在其《4R营销》一书中提出4R理论，即关联（Relevance）、反应（Reaction）、关系（Relationship）、报酬（Reward），如图2.3所示。

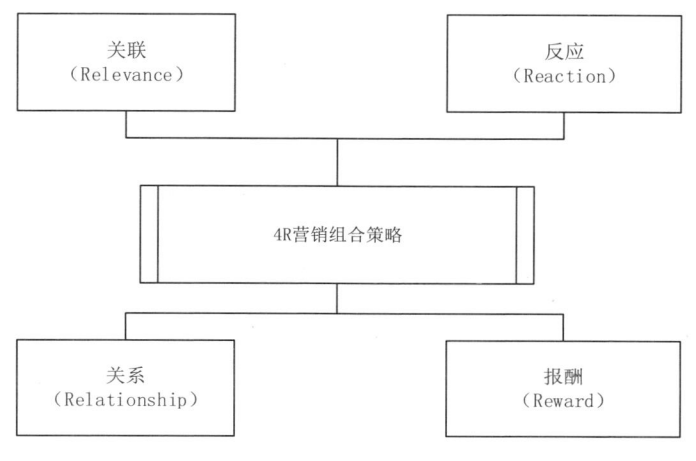

图 2.3　4R 营销组合策略

（1）关联（Relevance）：认为企业与消费者是一个命运共同体。建立并发展与消费者之间的长期关系是企业经营的核心理念和最重要的内容。

（2）反应（Reaction）：在相互影响的市场中，对经营者来说最难的问题不在于如何控制、制定和实施计划，而在于如何站在消费者的角度及时地倾听和从推测性商业模式转变为高度回应需求的商业模式。

（3）关系（Relationship）：在企业与客户的关系发生了本质性变化的市场环境中，抢占市场的关键转变为与消费者建立长期而稳固的关系。与此相适应产生了5个转向——从一次性交易转向强调建立长期友好合作关系；从着眼于短期利益转向重视长期利益；从消费者被动适应，企业单一销售转向消费者主动参与到生产过程中来；从相互的利益冲突转向共同的和谐发展；从管理营销组合策略转向管理企业与消费者的互动关系。

（4）报酬（Reward）：任何交易与合作关系的巩固和发展，都是经济利益问题。因此，一定的合理回报既是正确处理营销活动中各种矛盾的出发点，又是营销的落脚点。

4R理论的最大特点是以竞争为导向，在新的层次上概括了营销的新框架，根据市场不断成熟和竞争日趋激烈的形势，着眼于企业与消费者的互动与双赢，不但积极地适应消费者的需求，而且主动地创造需求，运用优化和系统的思想去整合营销，通过关联、关系、反应等形式与消费者形成独特的关系，把企业与消费者联系在一起，形成竞争优势。4R理论的反应机制为互动与双赢、建立关联提供了基础和保证，同时延伸和升华了便利性。"回报"兼容了成本和双赢两方面的内容，追求回报，企业必然实施低成本战略，充分考虑消费者愿意付出的成本，实现成本的最小化，并在此基础上获得更多的市场份额，形成规模效益。这样，企业为消费者提供价值和追求回报相辅相成。

总体来讲，4C是营销理念和标准，4P是营销的策略和手段，二者属于不同的概念和范畴。4C所提出的营销理念和标准最终还是要通过以4P为策略和手段来实现的。虽然二者所追求的目标是不同的，但二者之间有一个逐渐发展的过程。不管是4P、4C还是4R，都是来自实践，又反过来指导企业的营销实践的。

2.1.2 数据化运营误区

在运营实践中，能否将理论与实践相结合，数据化运营往往起到至关重要的作用。以往基于经验的决策给企业经营带来了巨大的风险，而数据化运营能够帮助企业从经验驱动决策迈向数据驱动决策，实现更加精准、高效、可靠、科学的决策，以大数据技术化解复杂系统的不确定性，优化资源配置效率，构建企业新型竞争优势。这里，我们来看一些企业在数据化运营实践过程中存在的误区，如图 2.4 所示。

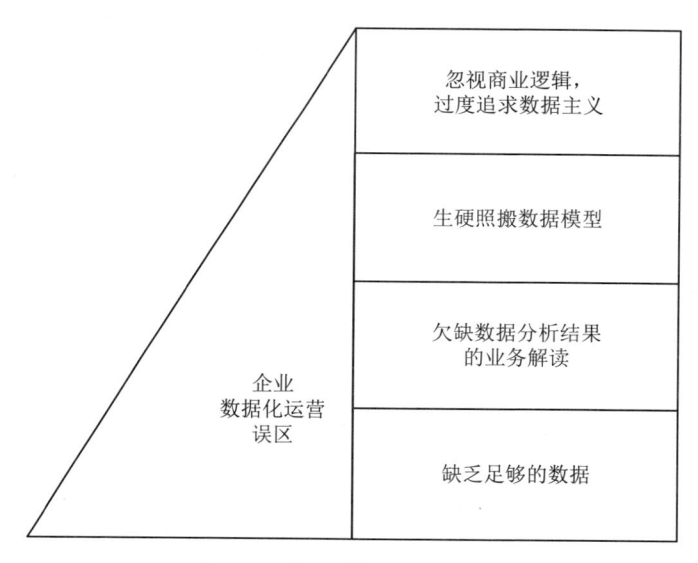

图 2.4 企业数据化运营误区

（1）忽视商业逻辑，过度追求数据主义。在很多的数据化运营实践中，不去深度思考业务背景，运营人员不去深度思考自身业务特色，不去深度结合业务实际，而直接依赖比较通用的数据分析结果。殊不知，数据分析结果可能是特定业务背景下的偶然表现，不代表普遍的业务现象，更不反映实际的业务本质，基于这样的结果来指导业务，是很难有效的。

（2）生硬照搬数据模型。业务问题的解决需要依靠商业逻辑，这意味着对于任何数据模型的导入，数据模型逻辑必须与业务逻辑一致。由于不同业务场景的业务逻辑有其特殊性，因此不少通用的数据模型在解决问题时存在偏差。如果生硬地导入通用的数据模型来解决问题，解决问题的方向就会发生偏差，甚至南辕北辙。例如，我们在数据化运营实践中，如果直接套用市面上所谓成熟的商品推荐模型来为消费者推荐商品，而不考虑在自己的商业场景中、商品推荐中存在的商品本身的特殊性、消费者购买场景等，不断结合自身业务迭代优化，那效果必然是无法保障的。

（3）欠缺数据分析结果的业务解读。数据分析结果是数据的重组织，是机械式的直观表达。要想让数据分析结果来指导业务，必须把数据分析过程与业务逻辑深度融合。每个数据指标表达什么业务含义，在什么场景下发生，为什么发生，带来的后果是什么，未来会怎么样，诸如此类的问题，需要进行以业务为主导的深度解读，才能为商业真正赋能。

（4）缺乏足够的数据。要想让数据对业务提供足够的支撑，需要有丰富的数据。很多时候，商家不是不知道如何分析数据，而是没有数据可供分析。因此，除了消费数据外，有意识地采集数据在商业实践中相当重要。在这种意义上，数据采集就是重要的投资。在非常核心的客户运营实践中，商家必须重视在消费者场景下数据的采集，无论是线上的客户端，还是线下的场景，消费者的一言一行都是消费者分析中非常重要的一环。

因此，在商业智能时代，我们需要运用数据化运营方法，解决企业所遇到的商业问题，提升企业自身竞争力。但我们不能盲目地进行数据化运营，既不能忽视商业逻辑，过度追求数据主义，又不能在求解业务逻辑问题时，生硬照搬数据模型，欠缺数据分析结果的业务解读。我们要有一套完整的数据化运营业务流程与体系化的数据化运营思维方法，这样才能将理论与实践相结合，满足企业数据化运营需求。

2.2 企业数据化运营场景

数据化运营是现代企业从粗放经营向精细化管理发展的必然要求，是商业智能时代下企业保持市场核心竞争力的必要手段，要进行数据化运营，最佳实践就是业务和技术并重。接下来，我们从数据化运营在传统行业中的应用、数据化运营的主要应用场景、数据化运营的应用案例，全面介绍企业数据化运营场景。

2.2.1 数据化运营在传统行业中的应用

数据化运营是大势所趋,对各行各业都产生了迅速而深远的影响。过去,餐饮企业的运营模式非常传统,政务手续的办理需要"满城跑",看病就医需要早早排队……而如今,传统行业搭上数字化快车,正在不断改变着我们的生产和生活方式。阿里云研究中心发布的《2019 数字化趋势报告》显示,当前数字化的应用领域正从互联网行业向政府、金融、零售、农业等行业深入。

数据化运营技术在十大传统行业中的应用如图 2.5 所示。

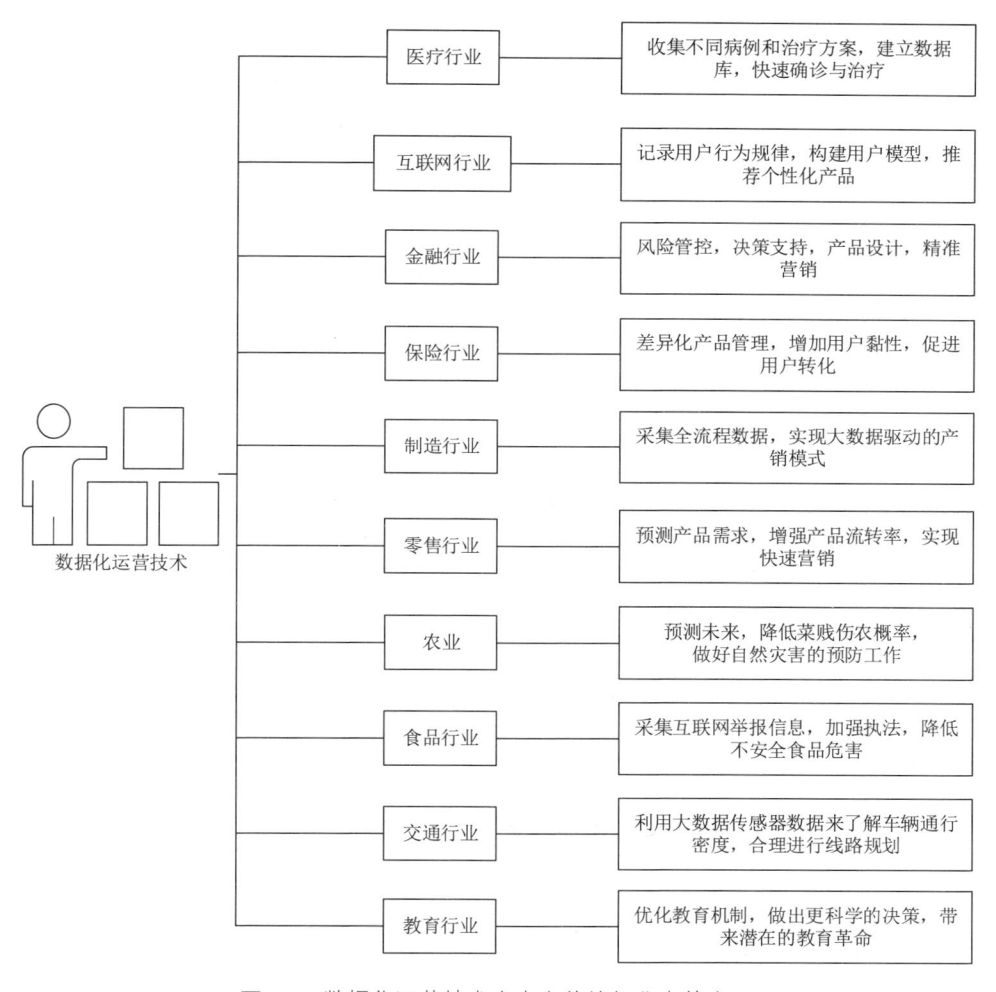

数据化运营技术	行业	应用
	医疗行业	收集不同病例和治疗方案,建立数据库,快速确诊与治疗
	互联网行业	记录用户行为规律,构建用户模型,推荐个性化产品
	金融行业	风险管控,决策支持,产品设计,精准营销
	保险行业	差异化产品管理,增加用户黏性,促进用户转化
	制造行业	采集全流程数据,实现大数据驱动的产销模式
	零售行业	预测产品需求,增强产品流转率,实现快速营销
	农业	预测未来,降低菜贱伤农概率,做好自然灾害的预防工作
	食品行业	采集互联网举报信息,加强执法,降低不安全食品危害
	交通行业	利用大数据传感器数据来了解车辆通行密度,合理进行线路规划
	教育行业	优化教育机制,做出更科学的决策,带来潜在的教育革命

图 2.5 数据化运营技术在十大传统行业中的应用

（1）医疗行业：医疗行业是数据化运营技术最早得到广泛应用的传统行业之一。我们可以借助数据化运营技术收集不同病例和治疗方案，以及病人的基本特征，建立针对疾病特点的数据库。医生在诊断病人时，可以参考病人的疾病特征、化验报告和检测报告，参考疾病数据库来快速帮助病人确诊，明确定位疾病。在制定治疗方案时，医生可以依据病人的基因特点，调取相似基因、年龄、人种、身体情况的有效治疗方案，制定出适合病人的治疗方案，帮助更多人及时进行治疗。

（2）互联网行业：互联网行业的主要特征之一就是各种类型的数据都呈爆炸式增长。用户在互联网上的丰富行为都能被网站日志记录，网站可以利用数据化运营技术从海量用户数据中挖掘出有价值的信息，建立用户模型，针对性提供产品和服务，提升用户体验。

（3）金融行业：金融机构依据用户消费和现金流提供信用评级或融资支持，利用用户社交行为记录实施信用卡反欺诈分析；利用数据化运营技术对抵押贷款进行管理，利用数据分析报告实施产业信贷风险控制；依据用户消费习惯、地理位置、消费时间为财富用户推荐产品，利用用户行为数据设计满足用户需求的金融产品。

（4）保险行业：保险机构依托互联网和移动通信等技术，通过自营网络平台和第三方平台等订立保险合同，提供保险业务服务。依托数据化运营技术的优势实现差异化产品和服务，在提升用户黏性和品牌认知度的同时促进用户价值转化。

（5）制造行业：采集产品研发、投放、销售、购买、评论等全流程数据，在融合内外部数据的基础上建立用户画像，让用户需求成为产品设计导向，使新产品更符合用户习惯和期望，实现大数据驱动的产销模式。

（6）零售行业：零售企业需要销售有特色的本地化产品并增加流行款式和生命周期短的产品，零售企业需要对大量的用户消费行为进行分析，预测出未来的消费需求，迅速提供有针对性的个性化服务。零售行业需要增强产品流转率，实现快速营销。

（7）农业：数据化运营技术在农业上的应用主要是指依据未来商业需求的预测来进行农产品生产，降低菜贱伤农的概率。同时大数据的分析将会更加精确地预测未来的天气气候，帮助农民做好自然灾害的预防工作。大数据还会帮助农民依据消费者消费习惯决定来增加哪些品种农作物的种植,减少哪些品种农作物的生产,提高单位种植面积的产值,同时有助于快速销售农产品,完成资金回流。

(8)食品行业:民以食为天,食品安全问题一直是国家的重点关注问题,关系着人们的身体健康和国家安全。依靠数据化运营技术,采集人们在互联网上提供的举报信息,国家可以掌握部分乡村和城市的死角信息,挖出不法加工点,提高执法透明度,降低执法成本。国家可以参考医院提供的就诊信息,分析出涉及食品安全的信息,及时进行监督检查,第一时间进行处理,降低已有不安全食品的危害。参考个体在互联网的搜索信息,政府可以掌握流行疾病在某些区域和季节的爆发趋势,及时进行干预,降低疾病流行危害。政府可以提供不安全食品厂商信息和不安全食品信息,帮助人们提高食品安全意识。

(9)交通行业:交通行业的数据化运营技术主要有两大应用场景:一是利用大数据传感器数据来了解车辆通行密度,合理进行线路规划(包括单行线路规划);二是利用大数据来实现即时信号灯调度,提高已有线路运行能力。

(10)教育行业:随着技术的发展,数据化运营技术已在教育领域有了越来越广泛的应用。考试、课堂、师生互动、校园设备使用、家校关系……只要技术能达到的地方,各个环节都被数据包裹。通过数据化运营技术来优化教育机制,做出更科学的决策,将带来潜在的教育革命。不久的将来,个性化学习终端将会更多地融入学习资源云平台,根据每个学生的不同兴趣爱好和特长,推送相关领域的前沿技术、资讯、资源乃至未来职业发展方向等,并贯穿每个人终身学习的全过程。

2.2.2 数据化运营的主要应用场景

通过数据化运营技术在十大传统行业中的应用,我们不难发现,无论各行各业,数据化运营技术的应用无非五大场景。

(1)用户画像的场景:用户画像最初是在电商领域得到应用的,在商业智能时代的大背景下,用户信息充斥在网络中,用户画像将用户的每个具体信息抽象成标签,利用这些标签将用户形象具体化,从而为用户提供有针对性的服务,有助于提升企业的决策效率。

(2)精准营销的场景:是指在精准定位的基础上,依托数据化运营手段建立个性化的消费者沟通服务体系，实现企业可度量的低成本扩张之路。要求公司进行更精准、可衡量和高投资回报的营销沟通，更注重结果和行动的营销传播计划，同时越来越注重对直接销售沟通的投资。

（3）风险监控的场景：是指在决策主体的运行过程中，对风险的发展与变化情况进行全程监督，并根据需要进行应对策略的调整。因为风险是随着内外部环境的变化而变化的，它们在决策主体经营活动的推进过程中可能会增大或衰退乃至消失，也可能由于环境的变化又生成新的风险。项目风险监控通过对风险规划、识别、估计、评价、应对全过程的监视和控制，来保证风险管理能达到预期的目标。

（4）财务分析的场景：财务分析是以会计核算和报表资料及其他相关资料为依据，采用一系列专门的分析技术和方法，对企业等经济组织过去和现在有关筹资活动、投资活动、经营活动、分配活动的盈利能力、营运能力、偿债能力和增长能力状况等进行分析与评价的经济管理活动。依据数据化运营技术，这些财务指标可以实时、美观地展现出来，为企业决策者提供决策参考。

（5）商品流通的场景：商品流通是以货币为媒介的连续不断的商品交换过程。如果商品生产过程是劳动过程与价值形成过程的统一，则商品流通过程是价值实现和使用价值替换的统一，也是商品价值流通过程与商品实体流通过程的统一。在商业智能时代的大背景下，企业比以往更注重商品的实时流通状态，数据化运营手段可以满足该需求，提升商品周转率。

2.2.3 数据化运营的应用案例

对于企业数据化运营的五大应用场景，这里我们分别来看相应的案例，通过案例的详细讲述，可以对企业数据化运营场景有一个全面的了解。

（1）案例1：用户画像的场景——广播电视观众画像与个性化节目推荐。

在广电行业，传统收视率调查采用日记卡法和测量仪法两种方法，来采集用户收视数据。其中，日记卡法主要采用调查问卷的方式，每隔15个工作日由工作人员上门去收集用户收视信息；测量仪法采用抽样的方式在全国常驻家庭中选取样本户安装测量仪，每天凌晨把前一天收集的用户收视信息回传到数据中心总部进行处理分析。这两种方法均采用抽样调查法统计观众收视情况，且不能做到数据实时采集、实时回传。传统收视率统计方法如表 2.1 所示。

表 2.1 传统收视率统计方法

	日 记 卡 法	测 量 仪 法
数据采集方式	人工填写，每周回收	遥控器特殊操作，仪器采集
记录时间单位	15 分钟	1 秒钟
数据提供速度	15 个工作日，人工收集	24 小时，凌晨固定时间回传
数据准确性	一张卡记录一人一周的收视信息，数据准确性差	遥控器所属家庭成员配合度低，数据准确性差

根据统计学原理，只有样本数达到 1067 个以上时，出错的概率才能降低到 3%以下。然而在实际生活中，即使像"北上广"这些一线城市，样本数也达不到 500 个，所以抽样调查法存在着极大的误差。除此之外，传统收视率调查数据极易受到污染，当节目商了解到收视率样本家庭时，可能会通过收买观众的方式提高自己节目的收视率。另外，传统收视率统计代表性差，只能采集常驻家庭的收视情况；数据单一、时效性差等问题均是传统收视率统计不可避免的问题。

广播电视数据化运营技术首先通过带有双向回传数据功能的机顶盒采集用户收视数据，通过爬虫工具从互联网采集节目信息及分类数据，从用户基本特征数据库中调取观众的个人特征信息，进行数据交叉融合、统计分析，找到不同用户的收视偏好，构建用户兴趣模型，并进一步对用户分群，针对具有特定收视偏好的用户群体构建精准营销、个性节目推荐等上层业务应用，如图 2.6 所示。

凭借广播电视数据化运营技术，我们可以构建广播电视观众的用户画像，如谁在什么时间收看了什么节目；该观众对该节目收看了多长时间；期间是否有频繁换台现象；遇到广告环节，观众是否会继续收看广告并等待节目播放。图 2.7 展现了广播电视观众画像与个性化节目推荐场景。该场景分为三个板块：节目收视板块、用户偏好板块和个性节目推荐板块。节目收视板块记录着观众在不同时间收看的不同节目收视时长，用户偏好板块记录着观众对不同节目类型的收视偏好，个性节目推荐板块根据观众的收视偏好，为用户推荐其喜爱的节目。例如，某观众在当日收看了 CCTV-1 频道播放的节目《薛平贵与王宝钏》，CCTV-6 频道播放的节目《翡翠明珠》，广西卫视频道播出的节目《我爱微电影》《警戒线》等；于是我们分析出该观众喜欢看内地、剧情、爱情、国语、青春类节目，通过扁平化标签的方法建立用户画像；最终我们为该观众在接下来的日子推荐节目

《中国好声音》《小爸爸》《光影星播客》等。

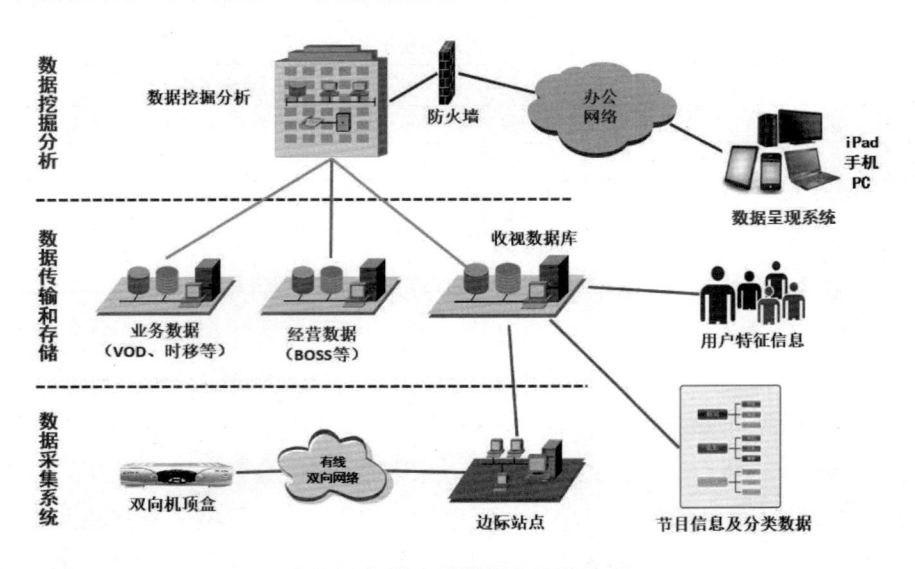

图 2.6 广播电视数据化运营技术

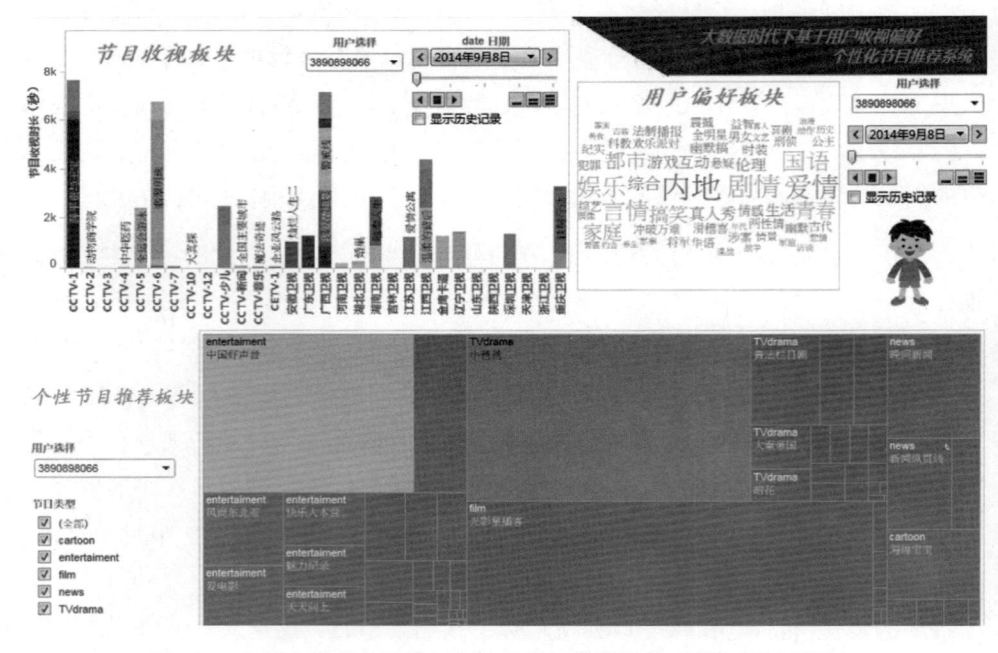

图 2.7 广播电视观众画像与个性化节目推荐场景（彩色图见插页）

（2）案例 2：精准营销的场景——电影宣发方案精准营销。

在电影行业中，同样会用到数据化运营技术。据不完全统计，2020 年中国电影票房市场累计票房达 129.5 亿元，中国电影年产 1000 多部，影院 10 000 余家，屏幕达到 69 787 块，储备资金超过千亿元。从这些数据中可以看出，电影行业孕育着巨大的商业价值。我们可以利用电影大数据为不同需求方提供服务。针对制作方，我们可以进行明星热度分析、用户关注热点挖掘、艺人号召力分析、电影 IP 价值评估、微博关注度分析；针对发行方，我们可以进行渠道分析和传播分析；针对放映方，我们可以进行用户观影偏好分析、用户观影习惯分析、用户观影体验分析，如图 2.8 所示。

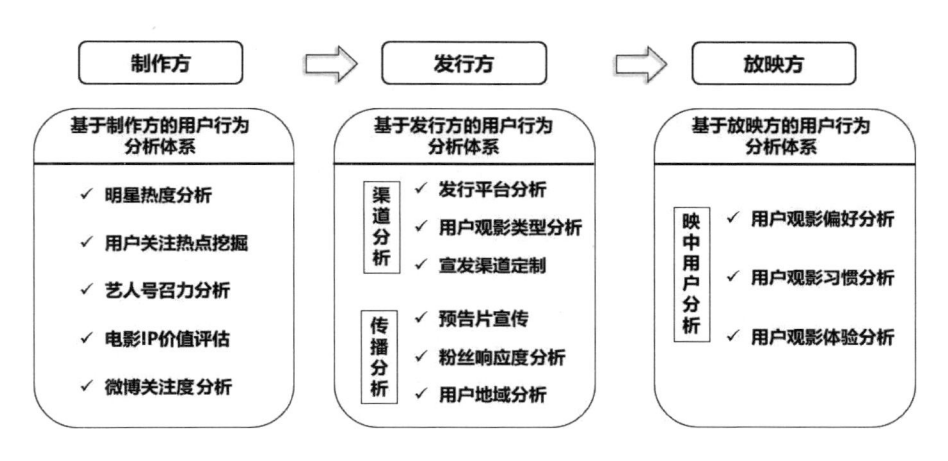

图 2.8　电影数据化运营场景

电影数据化运营需要依赖于电影大数据，数据来源于视频平台、社交网站、广播电视平台、影院、调查问卷等，如表 2.2 所示。在视频平台，我们采集导演、演员、编剧、片长、影片上映时间、语言类型、制片公司等影片基本信息；在社交网站，我们采集影片评分、评论数、各年龄段用户占比、评论内容、发帖人 ID 等影片传播信息；在广播电视平台，我们采集直播频道收视行为数据、付费频道收视行为数据与 VOD 点播收视行为数据；在影院方面，我们从国家电影专资办了解到影片票房数据；另外，我们还采用问卷调查方法收集用户观影预期、观影体验、观影满意度等观影偏好信息。

表 2.2 电影大数据来源

视频平台	导演、演员、编剧、片长、影片上映时间、语言类型、制片公司、影片类型、影片标签、内容梗概、国家地区、音乐美术、动作、制式、暂停、快进/回退、收藏量、点赞/点踩量、收视设备等
社交网站	影片评分、评论数、各年龄段用户占比、评论内容、发帖人 ID、发帖时间、评论终端、回复内容、回复次数、转发次数、关注数、喜欢数、发帖人标签、发帖人性别等
广播电视平台	直播频道收视行为数据、付费频道收视行为数据、VOD 点播收视行为数据等
影院	票房、人均票价、档期、放映场次、购票数、上映影院、放映影厅、衍生品收入等
调查问卷	观众性别、年龄、职业、婚否、观影预期、观影体验、观影满意度等

凭借电影数据化运营技术，我们可以实现电影宣发方案精准营销，接下来我们来看一个案例。《摇滚藏獒》这部影片是 2016 年 7 月在我国上映的一部动画题材的影片，影片讲述了主人公藏獒波弟从小在山村长大，本该子承父业担当村庄卫士，却爱上现代摇滚乐，为了追求音乐梦想来到城市拜师学艺，屡遭狼群算计，却坚持不懈，最终实现音乐梦想的故事。根据影片特点，我们为影片打上"音乐""动画""暑期档上映"三个显著标签，并依据这些标签，采用数据化运营手段，匹配出数据化分析结果。

通过数据调研可以发现，在 2015 年，暑期档受众、动画粉丝受众和音乐粉丝受众均集中在 20 岁～30 岁的年轻群体中，如图 2.9 所示。

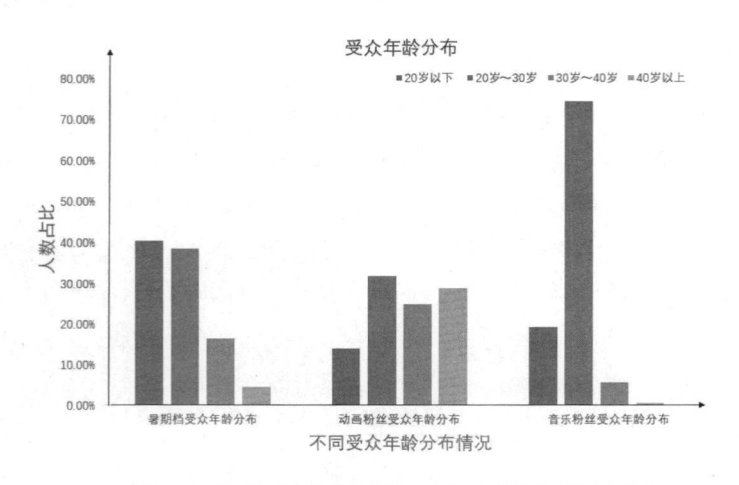

图 2.9 电影《摇滚藏獒》受众分布（彩色图见插页）

通过分析暑期档受众、动画粉丝受众和音乐粉丝受众的性别和年龄特点，我们不难发现影片《摇滚藏獒》的受众应该是 20 岁左右爱好动画与音乐的年轻人，这些人群主要分布在我国一些核心区域，包括石家庄、西安、银川等摇滚重地，北京、南京等民谣之乡，北京、上海等 Live 演出重地，杭州、广州、成都等漫展重地。基于数据化运营方法，我们找到了影片《摇滚藏獒》的精准营销区域，下一步就是到这些城市高校进行影片的宣传推广，从而带动影片的后期关注，在影片上映前进行影片的口碑宣传。

（3）案例 3：风险监控的场景——电信运营商设备故障监测与排查。

接下来，我们看一个电信运营商利用数据化运营技术进行设备故障检测与排查的案例。在电信行业，用户在语音电话或上网业务过程中会涉及无线网、核心网、业务网不同网元间的通信，如图 2.10 所示。其中，对于语音业务，数据会先从手机发送到无线网基站 RNC，经过核心网设备 MGW 和 MSC Server，再经过对方无线网基站 RNC，最终发送到对方手机；对于上网业务，数据会先从手机发送到无线网基站 RNC，再经过核心网设备 SGSN、GGSN，最终访问业务网的相关设备。

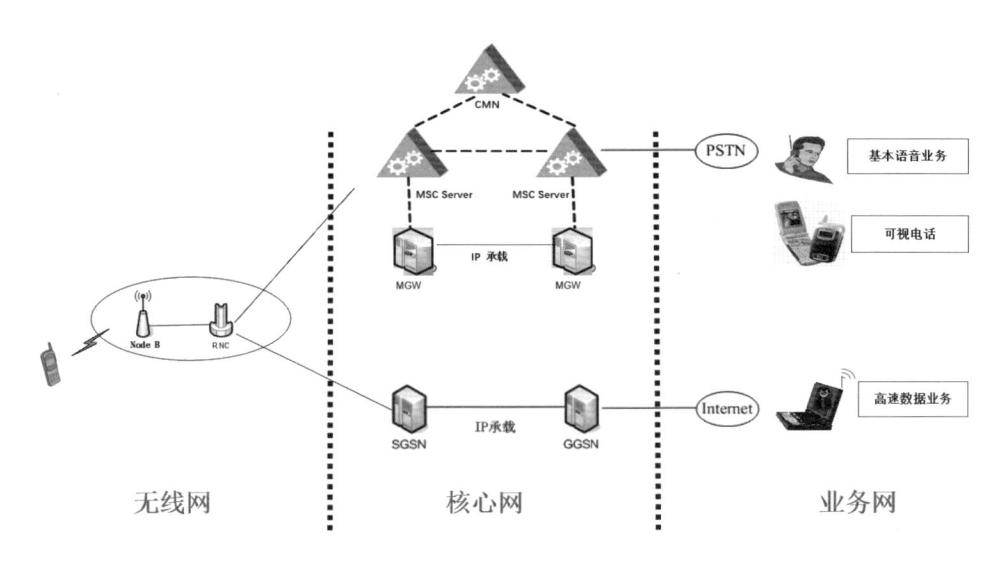

图 2.10 电信运营商业务流程

我们可以在不同网元节点上获取相关数据。例如，在用户身份节点上，我们可以获取用户姓名、年龄、性别、职业、家庭状况、预付费或后付费等用户身份信息；在 CRM 信息节点上可以获取用户问题、咨询历史、反馈情况、投诉频率等用户关系信息；在消费行为节点上可以获取用户业务订购、消费水平、增值业务使用情况等用户消费行为信息；在位置信息节点上可以获取用户位置、用户社会身份、不同地点用户行为等用户位置信息；在互联网行为节点上可以获取网上冲浪时间、网上冲浪技术、最喜爱的网站等互联网行为数据，如表 2.3 所示。

表 2.3　电信运营商数据来源

用户身份节点： BSS 系统、CRM 系统	姓名、年龄、性别、预付费或后付费、职业、家庭状况、业务订购历史、开支、奖励积分、积分使用行为等
CRM 信息节点： CRM 系统	用户问题、咨询历史、反馈情况、申告、用户关系管理（CRM）、投诉频率等
消费行为节点： BI 系统、BSS 系统	业务订购、消费水平、增值业务使用情况、用户平均收入（ARPU）、消费历史等
位置信息节点： LBS 系统等	用户位置（工作时间）、用户位置（工作时间之外，娱乐区中的用户频率位置）、不同地点用户行为（与其他数据源合作）、用户社会身份（通过社区分析）等
互联网行为节点： GGSN 系统等	网上冲浪时间、网上冲浪技术（TD、GPRS/EDGE 等）、最喜爱的网站、网络行为（下载、视频、游戏）、社交网络的使用（QQ、微信、博客等）、数据量和时间分配等

在很多重要的网元设备上，电信运营商都会设置自己的网优网管系统，如图 2.11 所示。我们可以选择不同的监测任务，如寻呼监测、局间呼叫监测、信令负荷监测、异常通话监测、短信质量监测、上网监测等。当选择某一项监测任务时，可以看到自定义告警级别和监测对象，如附着成功率准确故障，对应的是 SGSN 设备出现问题。凭借数据化运营技术，电信运营商可以实时对不同的网元设备进行故障监测与排查，当某些数据或指标出现异常值时，电信运营商可以及时找到故障设备和问题原因。

第 2 章　企业中的数据化运营

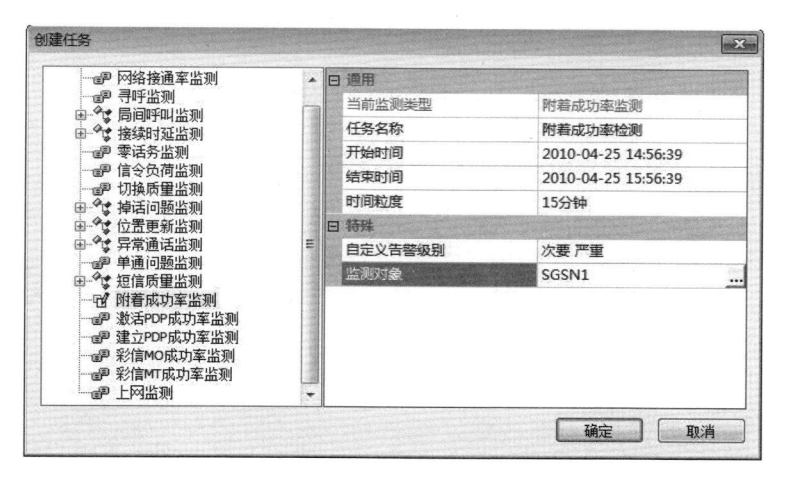

图 2.11　电信运营商网优网管系统

（4）案例 4：财务分析的场景——天猫双十一数据化运营系统。

在以往的财务分析过程中，我们往往要基于之前一段时间的经营数据进行指标分析，这种非实时的财务报表统计在一定程度上制约了企业领导者的快速决策。应用数据化运营技术，可以以更加实时、交互的方式呈现数据，基于数据驱动来提供决策，提升企业决策能力与运营效率，助力企业商业赋能。在本案例中，天猫打造了双十一数据化运营系统，实时展现销售量数据。系统主界面展现的是全国（区域）商品销售量情况，包括历年双十一消费对比、最受欢迎商品、国内热门旅游景点、超级会员数区域排名、超级会员数在全国占比、消费者的性别年龄分布等。

天猫双十一数据化运营系统支持数据下钻操作，当单击某城市时，可以看到该城市在双十一期间商品的具体销售情况，如图 2.12 所示。图 2.12 通过地理可视化技术，将双十一当天的交易数据与城市地理信息结合，主视觉是城市楼宇，楼房的颜色代表该楼房内订单金额的大小，颜色越红代表订单金额越高，右侧的面板展示用户的人群画像等信息。在图 2.12 中，我们可以看到深圳市宝安区历年双十一消费对比、国内热门旅游景点、消费者的性别年龄分布，以及最受欢迎商品。此外，我们可以看到深圳市其他区域商品销售情况，如南山区、福田区、罗湖区、龙岗区等。

图 2.12　天猫双十一数据化运营系统的数据下钻结果（彩色图见插页）

（5）案例5：商品流通的场景——基于区块链技术的广播电视数据交易平台。

商品流通的本质是价值流通，在大数据时代，数据就是价值，但是数据分散在各方手里，没有及时汇集和确权交易，无法发挥出大数据应有的价值。因此如何安全、高效地获取有价值的数据就成了亟待解决的问题。目前，在绝大多数行业数据获取的过程中都存在以下共性问题：数据拥有者无法保障其收益，不愿意提供数据；数据造假问题难以有效控制；数据获取步骤繁杂、效率低下；数据存在安全问题，系统极易受到黑客攻击。

上述数据问题是各行各业中都存在的问题，传媒行业也不例外。不仅如此，由于传媒数据来源广泛、服务对象面向全产业链，形成数据散、小、多的混乱局面，因此数据获取难度比其他行业大大增加。一方面，传媒行业的数据来源广泛，有广电网、电信网、互联网，这些网络分别隶属不同部门和运营主体；另一方面，产业链长且复杂，面向全产业链进行服务，包含政府职能部门、广告商、节目制作商、电视台、其他机构及用户。受传媒行业的特殊性影响，传媒行业一直没有形成一个统一的平台，各方运营主体只拥有有限的业务数据，因此出现数据孤岛问题，数据使用效率极其低，数据共享交换机制亟待开发。

区块链技术的出现解决了数据交易的关键性问题，让数据真正流通起来。区块链是分布式数据存储、点对点传输、共识机制、加密算法等计算机技术的新型应用模式。狭义来讲，区块链是一种按照时间顺序将数据区块以顺序相连的方式组合成的一种链式数据结构,并以密码学方式保证的不可篡改和不可伪造的分布式账本。广义来讲,区块链是利用块链式数据结构来验证与存储数据、利用分布式节点共识算法来生成和更新数据、利用密码学方式来保证数据传输和访问的安全、利用由自动化脚本代码组成的智能合约来编程和操作数据的一种全新的分布式基础架构与计算方式。区块链技术作为大数据发展进程中的一种关键性技术,解决了大数据交易过程中数据安全隐患、数据权益保障等一系列关键性问题,让数据真正流通起来。在大数据时代,互联网实现了快速高效的信息传递,而区块链技术真正做到了价值传递。基于区块链技术搭建的广电数据交易平台如图 2.13 所示。

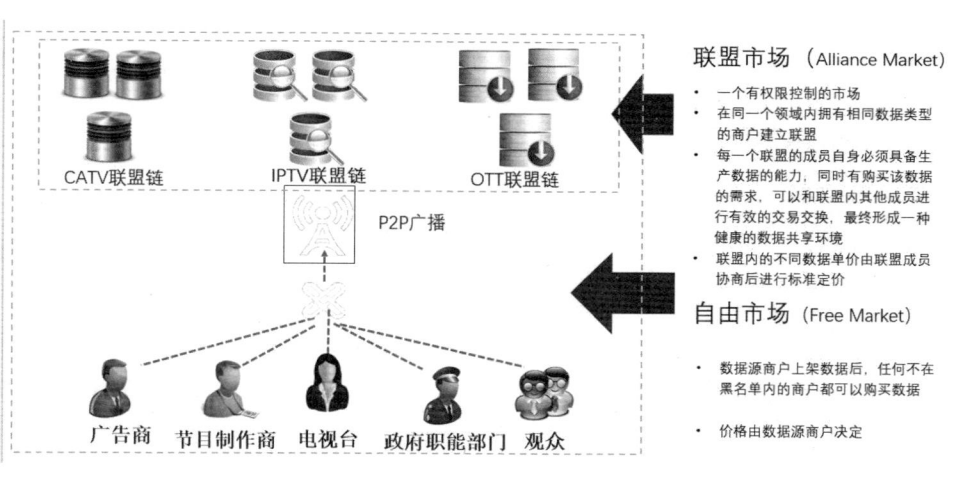

图 2.13 基于区块链技术搭建的广电数据交易平台

2.3 企业数据化运营岗位职责

数据化运营人员是指通过技术手段,收集并归纳总结各种数据,整理其中蕴含的信息,并将其作为商品提供给具有数据需求人群使用的专业人员。笼统地看,数据化运营人员的岗位职责包括:①负责监控并分析客户的业务、运营、产品等相关数据,并提出业务发展的可行建议;②对产品的运营数据进行分析,通过数据变化情况分析产品运营中存在的问题并及时解决;③针对产品特性,分析产品的用户来源、行为路径、了解渠道等运营核心数据,为企业各个职能部门提供数据参考；④通过对数据的分析，了解行业发展趋势，为新产品的投放提供前瞻性的建议；⑤收集和更新行业相关的各类数据，并分门别类地进行存档，建立相关的数据库，为产品研发与市场分析提供数据资料。这里，我们详细介绍数据化运营企业组织架构与数据化运营岗位类型。

2.3.1 数据化运营企业组织架构

谈到数据化运营人员的岗位职责，首先要谈谈数据部门在互联网企业中处于什么位置。常见的智能架构包括分散型数据架构（各业务中心下单独设立数据部门）和集中型数据架构（企业数据工作集中在一个中心部门）。集中型数据架构可有效解决数据源和数据口径的一致性问题，保证数据质量和及时性，因此这种架构在企业中较为常见。通过分析，我们整理了企业中数据团队的典型组织架构，其中的主要群体包括企业管理者、业务部门、数据服务（或产品）部门、数据分析部门、IT部门，如图2.14所示。

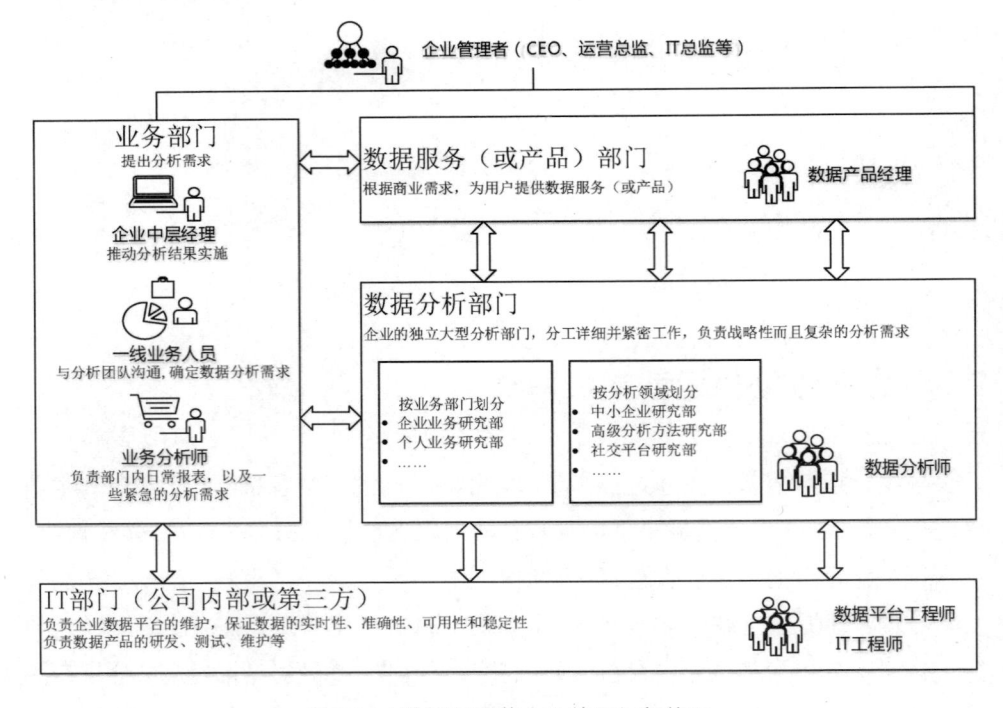

图 2.14　数据化运营企业的组织架构图

（1）企业管理者需要知道怎样制定数据分析的策略来支持企业的总体战略，怎样利用数据分析的力量来改进企业中跨业务部门的决策效果，换句话说，企业管理者需要掌握让企业不断创造价值的方法。创造价值，要求企业管理者做到三懂，懂收入、懂支出、懂风险。

- 懂收入是指企业管理者要了解企业现阶段的主要收入来源是什么？是 2B 的销售，还是 2C 的销售？收入的计量单位是什么？是货币，还是客户数量？未来的目标是什么？只有在充分了解企业收入模式的前提下，企业管理者才能引领企业不断向前发展。
- 懂支出是指企业管理者要了解企业现阶段的主要支出，以及支出的相对大小。首先对企业的支出进行客观科学的描述，这本身就是非常有意义的数据分析。在此基础上，企业管理者可以思考，企业的哪些支出是可以通过数据分析进行优化的。
- 懂风险是指企业管理者要了解企业运营的主要风险，有可能是财务风险，有可能是运营风险，有可能是法律风险，也有可能是设备风险。无论情况如何，企业管理者都要深刻了解自己业务中的核心风险是什么。只有在这个前提下，才能让数据分析团队的工作瞄准正确的目标。

（2）业务部门根据所在部门的需求，利用数据平台提供的接口完成业务分析任务。业务部门通常包括三类人群：企业中层经理、一线业务人员、业务分析师。企业中层经理的职责是推动分析结果实施；一线业务人员的职责是与分析团队沟通，确定数据分析需求；业务分析师的职责是负责部门内日常报表，以及一些紧急的分析需求。

对业务部门工作人员的要求是懂得数据化运营体系与数据驱动的运营方法，时刻要思考数据来源于何处？即数据供给方是谁？潜在供给方有谁？有竞争对手吗？他会切断对我的数据供给吗？在什么条件下会切断？如果供给方不供给数据了，有替代方案吗？这些问题关乎企业长期发展的生死存亡，极其重要。

（3）数据服务（或产品）部门负责结合业务部门的特定需求，整合企业的数据资源与业务流程，设计并维护数据服务（或产品），从而使得业务部门能够以有效的手段，及时获取与业务运营密切相关的数据服务。数据服务（或产品）部门存在于以数据服务（或产品）为主营业务的企业中，其他企业中一般不会专门设立该部门。

对数据服务（或产品）部门工作人员的要求是懂得数据质量。企业为了面子，尤其在投资人和媒体面前，经常说："我有好多好多数据"。但是，事实上企业内部数据可能严重缺失或存在极大的数据漏洞。数据服务（或产品）部门要及时发现数据问题，保证数据质量。

（4）数据分析部门负责战略性而且复杂的分析需求，同时负责相关算法、工具的研究与设计，综合处理跨业务部门的分析需求，负责相关的项目管理。

对数据分析部门工作人员的要求是熟练掌握数据化运营方法，该技能能够指引他们具备一种神奇的能力，就是把业务需求转化为数据模型。这里涉及两个关键词：业务需求与数据模型。业务需求好懂，就是领导下达的KPI（绩效考核）问题。而KPI问题能否借助数据模型的力量，更好地完成呢？这就不一定了。数据分析部门具备的数据化运营方法往往是解题关键。

（5）IT部门一方面实现企业数据仓库的设计、部署与维护，从而为业务分析师提供友好、便捷的数据访问及分析的接口与工具；另一方面提供稳定的IT运行环境并配合数据平台工程师做好相关软硬件的运维。

在商业智能时代，每天都会产生海量的数据，大数据需要在服务器和存储设施中进行采集、存储与传输，大多数企业的信息化管理体系结构将会发生重大变化。IT部门工作人员需要掌握云计算、分布式存储等技能，并对自身企业系统升级改造，以应对大数据所带来的机遇与挑战。

2.3.2 数据化运营岗位类型

企业数据化运营团队包括企业管理者、业务部门、数据服务（或产品）部门、数据分析部门、IT部门。根据企业规模与业务范畴，每个部门要配置数量不等的数据化运营人员，我们可以从"智联招聘"上找到数据化运营人员的岗位类型与工作职责，我们根据工作内容不同，将数据化运营岗位进行分层，包括支撑层、技术层、业务层、决策层，每个层级包括不同的数据化运营岗位，如图2.15所示。

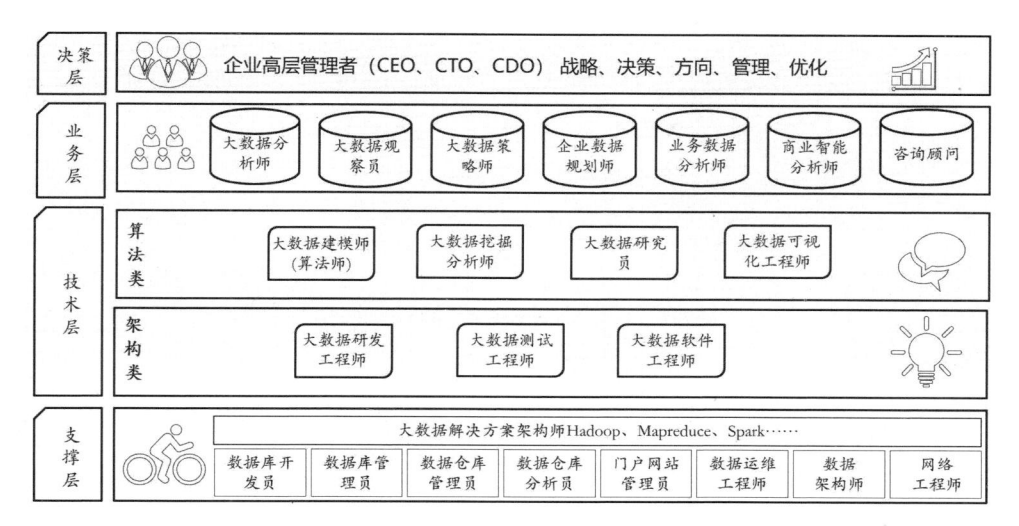

图 2.15 数据化运营岗位

（1）支撑层包括数据库开发员、数据库管理员、数据仓库管理员、数据仓库分析员、门户网站管理员、数据运维工程师、数据架构师、网络工程师、大数据解决方案架构师，这类人员主要工作于 IT 部门，负责数据运维工作。

（2）技术层包括架构类工程师和算法类工程师，架构类工程师分为大数据研发工程师、大数据测试工程师、大数据软件工程师；算法类工程师分为大数据建模师、大数据挖掘分析师、大数据研究员、大数据可视化工程师。技术层的工作人员主要工作于数据服务（或产品）部门和数据分析部门，负责大数据架构搭建与算法建模。

（3）业务层包括大数据分析师、大数据观察员、大数据策略师、企业数据规划师、业务数据分析师、商业智能分析师、咨询顾问。这类人员主要工作于业务部门，负责将业务需求转化为数据模型。

（4）决策层主要是企业高层管理者，包括 CEO、CTO、CDO 等，这类人员主要负责企业战略、决策、方向指引、人员管理与资源优化配置等。

上面讲述了数据化运营人员的岗位类型，接下来我们来看不同岗位类型所对应的工作职责，如表 2.4 所示。

表 2.4 数据化运营岗位与工作职责

决策层	首席数据官	a. 确保业务连续性。确保实时进行数据收集和分析，以便利益相关者能够做出明智的决策。此外，数据领导者必须继续重新审视业务连续性计划和核心数据平台，以确保所有数据源的可靠性和真实性； b. 确定数据保护和隐私。与数据安全团队合作以控制关键数据资产，并针对核心数据设置策略和权限，只允许相关业务人员有限地访问数据； c. 建立新的数据化运营能力。在开发全方位客户视图和现代化数据架构的过程中，首席数据官可以采取必要的数据化运营举措，在应对当前危机的同时为企业的未来发展做好准备； d. 降低运营成本。首席数据官可以利用数据并与首席财务官合作，重新确定资源分配的优先级，并制定计划以投资新的、更安全的机会； e. 为未来的危机做准备。疫情如今敲响了警钟，大多数企业必须更加认真地对待其危机计划。作为一项新职责，首席数据官必须投资于新能力，并制定可靠的危机计划，以确保企业在未来应对类似事件时具有弹性
	首席数据分析师	a. 主持完成相关产业调研、分析与趋势判断； b. 研究、推出针对核心产品的评估评级体系； c. 与产品团队、数据团队共同促进人工智能算法、智能决策系统的改进； d. 垂直细分领域行业专家维护工作，洞察行业发展趋势
业务层	大数据分析师	a. 针对政府、高新区等提供产业政策、产业链分析、产业集聚、产业结构优化等方面的分析报告和研究成果； b. 统筹项目的大数据客群画像工作，通过算法挖掘客户成交相关因素，搭建潜在推荐相关模型等； c. 模块数据规划，指标体系搭建，通过多维度、全样本数据，挖掘业务之间的逻辑关系，为企业的发展提供数据支撑
	大数据观察员	a. 基于商业智能软件对业务进行价值增值分析； b. 理解数据在不同的系统中的关联关系，进而确定数据的合理架构； c. 与数据质量团队紧密合作，以确保数据的完整性； d. 在业务和跨职能团队的合作下，完整地记录数据分析流程； e. 与客户/客户服务团一起制定工作计划，并进行数据分析； f. 参与提案撰写，并交付成果和研究论文
	大数据策略师	a. 定义大数据战略，包括设计多阶段实施线路图； b. 独立工作或作为一个团队的一部分，设计和开发大数据解决方案； c. 解决异构数据的数据错误，探索和发现新的见解； d. 指导年轻的团队成员，协助业务开发团队提供售前活动和招标书
	业务数据分析师	a. 与重大投资者的业务分析师和高级管理人员紧密合作，了解他们的经营策略和问题，确定研究需求，帮助设计实验，并根据结果提出建议； b. 有效地管理多个在建项目，确保项目效益和时间周期获得满足。在短期目标和长期目标间进行权衡，从而满足重大投资者的需求； c. 领导和参与业务讨论，提供指导性建议，必要的时候进行一些变革

第 2 章 企业中的数据化运营

续表

业务层	企业数据规划师	a. 负责开展数据规划，设计并优化数据库库表结构及相关字段； b. 了解数据库库表之间关联性及应用场景，制定规划文档及标准规划流程； c. 熟练掌握大数据相关技术、大数据平台架构； d. 跟踪负责业务发展趋势，调研客户需求，形成产品设计思路； e. 帮助评估和计划项目
	商业智能分析员	a. 使用商业智能工具来识别或监测现有和潜在的客户； b. 进行或协调测试，以确保数据架构的定义与需求相一致； c. 综合公司现有的商业智能系统，提出业务实施建议； d. 维护或更新商业智能工具，包括数据库、仪表板、系统或方法
	咨询顾问	a. 根据市场需求，规划和整理公司的售前技术文档和技术方案； b. 配合销售团队负责公司业务售前支持工作，参与项目的售前调研和需求分析，负责各类产品方案的策划、咨询、落地等工作； c. 挖掘、引导客户需求，根据客户需求，结合最新产品方案，提供符合客户需求的解决方案，配合销售团队共同促进销售业绩的达成，包括客户高层调研、需求分析、方案制定及交流； d. 负责招投标工作，负责解决方案的规划及编纂、技术谈判等相关工作； e. 为客户提供产品演示及讲解、产品培训及帮助客户解决技术问题
技术层	大数据建模师	a. 负责创建数据挖掘和建模相关的工作制度和技术规范等； b. 负责建立适合分析、建模的云数据系统； c. 负责大规模海量安全数据的特征提取、数据分析和数据挖掘，发现数据的分布密度、变化趋势、相关关系等
	大数据挖掘分析师	a. 基于对业务的理解，梳理关键过程和结果指标，固化成模板报表，并根据业务需求，不断优化； b. 能对整体内部大盘数据进行分析，透过数据提出可行的运营建议； c. 建立重点的数据监控流程，周期性地提供运营数据分析报告； d. 细分业务数据分析的相关数据模型，推动数据模型变现，推动业务精细化运营； e. 对大数据分析、数据可视化有一定了解，能独立完成数据报告
	大数据研究员	a. 跟踪大数据技术和产业发展动态及国家和地方相关政策走势，开展报告撰写、规划编制、课题研究、行业分析工作； b. 面向国家和地方政府、行业企业的需求，举办大数据领域相关峰会活动，开展行业供需对接、把脉问诊、政策宣贯； c. 针对业务场景选择合适的建模技术，以确保使用严谨的数据模型进行开发； d. 与业务战略合作伙伴紧密联系，从而提高效率，为核心的软件产品增加预测模型的适用性

续表

技术层	大数据可视化工程师	a. 面向大数据分析处理的可视化产品开发,将数据以丰富的形式展现; b. 配合产品经理,研究并改善数据产品及数据分析工具的客户体验; c. 负责客户交互查询的设计与实现; d. 支持客户需求分析和数据分析
	大数据研发工程师	a. 参与行业大数据分析、大数据处理、云计算等系统的设计和开发; b. 根据业务需求进行数学建模,设计并开发高效算法,并对模型及算法进行验证和实现,解决实际业务问题; c. 负责分布式数据库系统相关运维/辅助工具研发; d. 负责改善分布式数据库可用性、易用性,以及技术难点攻关
	大数据测试工程师	a. 负责建立和维护一个有效的测试流程; b. 负责制定和安排测试计划、测试工作; c. 带领测试团队进行程序测试工作,按照制定的测试计划执行,并监督和控制测试工作的进程; d. 负责与其他部门的人员沟通协作,如与开发人员和项目管理人员进行沟通,共同推动项目的顺利进行
	大数据软件工程师	a. 安装、部署、调优数据平台各软件; b. 分析和解决在使用平台过程中出现的疑难问题; c. 根据生产场景,对开源软件进行扩展开发,以满足特殊需求; d. 调研、分析新技术,促进平台不断升级改造
支撑层	大数据解决方案架构师	a. 依据项目要求和客户目标,负责项目中大数据产品及解决方案的需求调研和分析、方案设计、架构设计、技术验证、实施落地和运维支持; b. 依据项目要求,组织和带领大数据技术团队,协同公司内外部相关专业人员,开展大数据解决方案中产品技术的选型、评估和验证,解决项目的专业技术问题和各种突发性技术事件,确保项目目标成功达成; c. 根据内外客户的需求,组织公司内外部各相关团队,开展大数据解决方案编制及各环节技术支持、培训和客户服务,确保内外部项目成果的顺利交接,并使客户获得良好的技术应用和服务体验; d. 带领大数据技术团队,开展大数据技术的跟踪、研究和学习,及时总结专业知识技术发展的最新趋势和成果,推动大数据产品与解决方案的改进和优化,不断提高团队技术能力,提升公司竞争优势
	门户网站管理员	a. 制定所有门户网站的布局和维护网站的所有功能; b. 监督所有页面内容,并提供给所有工作人员和外部组织; c. 分析系统性能,遵循相关标准与有关规定设计新门户网站的解决方案
	数据库开发员	a. 设计、开发和实施基于客户需求的数据库系统; b. 优化数据库系统的性能效率; c. 对数据库系统进行空间管理和容量规划; d. 参与数据库设计和架构,以支持应用程序开发项目; e. 评估现有的数据库,并提出改进建议

续表

支撑层	数据库管理员	a. 提高数据库工具和服务的有效性； b. 确保所有的数据符合法律规定； c. 确保信息得到保护和备份； d. 与工作团队做定期报告； e. 监控数据库性能； f. 改善使用的技术； g. 建立新的数据库； h. 检测数据录入程序； i. 故障排除
	数据仓库分析员	a. 了解企业客户的需求信息，并将其传送到数据仓库团队的其他成员； b. 协助数据分析师分析现有的报告并确定整合指标； c. 帮助识别潜在的数据来源、数据库； d. 负责数据采集过程的试验和实施； e. 担任数据预处理和前端程序员的顾问
	数据仓库管理员	a. 选择合适的软件和硬件； b. 管理数据安全和隐私； c. 管理数据完整性； d. 数据备份； e. 数据库恢复； f. 优化数据库性能； g. 提高查询处理性能
	数据架构师	a. 根据现有的标准和准则提供高品质数据，包括数据预处理过程、数据仓库设计和数据系统的改进； b. 制定面向产品的数据设计规范和流程，制定数据设计所需的各种文档模板； c. 根据相关标准与规范，对数据可用性、功能性、安全性进行保证
	数据运维工程师	a. 负责公司大数据集群的日常维护、监控、异常处理等工作，保障集群稳定运行； b. 不断优化大数据平台，提升数据产品的质量和响应速度； c. 持续优化服务构架，深度研究大数据业务运维相关技术，进行容量规划与集群性能优化； d. 主导系统架构的可运维性设计，深度参与业务系统的设计与实施
	网络工程师	a. 负责网络日常监控维护、优化，并能独立完成故障的深度排查； b. 配合业务团队完成相关调整、优化、安全等策略的应用及实施； c. 根据业务部门的需求，以成本、性能等方面为出发点，完成网络设备的使用规划、配置、升级； d. 参与网络监控体系建设和网络监控智能化； e. 参与网络运维自动化体系建设，致力于实现网络运维标准化、工具化、自动化

第 2 部分

数据化运营思维

数据化运营是指通过数据化的工具、技术和方法,对运营过程中的各个环节进行科学分析,为数据使用者提供专业、准确的行业数据解决方案,从而达到优化运营效果和效率、降低运营成本、提高效益的目的。狭义的数据化运营是指数据化运营这个工作岗位,与活动运营、产品运营、用户运营、内容运营等都属于整个运营体系的分支,主要的工作是数据的采集、分析,提供决策支持,支撑整个公司的运营体系往精细化运营方向发展。广义的数据化运营是指一种思维方式,是指"用数据指导公司的运营决策、驱动业务增长"的数据化运营思维方式。数据化运营的关键是学会并掌握数据化运营的"道""术""器"。

1. 数据化运营的"道"

数据化运营的"道"是一种价值观,是整个数据化运营体系的基础支撑,是大家对数据化运营的价值认同、理念理解和认知,属于"看不见的手"。数据化运营的"道"一般从价值认同、价值定位两个层面来进行理解。

(1)价值认同。数据化运营首先需要的就是认同数据的价值,一家公司的数据化运营体系能否成功搭建并顺畅运转取决于以下几个因素：首先是企业决策者、管理层能否从战略上高度重视数据化运营的价值；其次是公司能否形成数据化运营的文化氛围，人人都有数据化运营的观念；最后是一线的具体执行人员能否正确认识数据的价值及用数据来驱动自己所负责的业务。

（2）价值定位。成功的数据化运营需要对数据分析有清楚的定位，既不能轻易地否定数据分析的价值，又不能将数据分析"神话"。数据分析的最终目的是服务于公司的各项目标。因此，需要对所在行业的背景、业务内涵、产品、用户有深刻的认知，只有弄清楚整个业务体系，才能有效地定位数据化运营的价值，实现最终的增长目标。

2．数据化运营的"术"

数据化运营的"术"是一种科学的方法论。为了实现企业的数据化运营，需要一套行之有效的理论基础作为支撑。"术"一般从以下两个层面展开：数据化运营体系、数据化运营方法。

（1）数据化运营体系：数据化运营体系自下而上依次为业务问题的定义与拆解、数据采集、数据预处理、数据分析与挖掘、数据可视化与数据决策。完善的数据化运营体系可以帮助我们快速地定位问题，将业务问题转化为数据模型，通过数据化运营方法，得到解决问题的方案。

（2）数据化运营方法：数据化运营方法用适当的统计、分析方法对收集的大量数据进行分析，将它们加以汇总和理解并消化，以求最大化地开发数据的功能，发挥数据的作用。

3．数据化运营的"器"

数据化运营的"器"是指数据化运营工具。正所谓"工欲善其事，必先利其器"，行之有效的数据化运营离不开恰当的数据化运营工具的辅助。常见的数据化运营工具根据应用场景不同，可以分为数据处理工具，如集搜客、SQL 数据库、OpenRefine 等；数据分析工具，如 Microsoft Excel、Python、R 语言等；数据可视化工具，如 Tableau、Gephi、水晶易表、ECharts 等。

在商业智能时代，企业数据化运营主要有两种方式：辅助决策式数据化运营与数据驱动式数据化运营。辅助决策式数据化运营是指通过数据、模型、知识等进行业务决策，起到帮助、协助和辅助决策者的作用。数据驱动式数据化运营是指整个运营运作流程以最优化结果为目标，以关键数据为触发和优化方式，将运营业务的工作流程、逻辑、技巧封装为特定的应用，借助计算机技术并结合企业内部的流程和机制形成一体化的数据化工作流程。

对于本书第 2 部分——数据化运营思维，我们分成 3 章，数据化运营的业务流程、辅助决策式数据化运营、数据驱动式数据化运营。第 3 章将讲述数据化运营流程图、业务问题的定义与拆解、数据获取与网络爬虫、数据探索与预处理、数据分析与挖掘、数据可视化与数据决策；第 4 章将讲述基于回归的数据化运营模型、基于分类的数据化运营模型、基于聚类的数据化运营模型；第 5 章将讲述层次分析最优解思维应用、线性规划最优解思维应用、节约里程最优解思维应用。

通过对本部分内容的学习，读者将掌握数据化运营思维与数据化运营的业务流程，进一步掌握企业数据化运营的两种主要方式，即辅助决策式数据化运营与数据驱动式数据化运营。

第 3 章

数据化运营的业务流程

在讲述数据化运营的业务流程之前,我们来反问自己一个问题,为什么要进行数据化运营?正如前面两章所介绍的,数据化运营技术可以辅助企业领导者做出商业决策,从发现问题、确定目标、拟订方案、选择方案,到最终决策执行。那么企业在分析决策的过程中是否一定要采用数据化运营技术呢?过去,当企业运营遇到重大问题的时候,我们会采用"内查外调"的方法去寻求解决方案。所谓"内查",是指拍脑袋、凭经验,或者采用头脑风暴的方法思考问题;所谓"外调",是指通过求助咨询公司、外出调研、外聘职业经理的方法解决问题。用传统的方法做决策有三个问题:周期长、任务重、见效慢。时间不等人,投资回报必须考虑,在商业智能时代下竞争越发激烈,我们只有采用行之有效的方法,才能提升企业的核心竞争力,为此数据化运营技术至关重要。而数据化运营技术的有效执行,需要我们采用统一的标准化业务流程。本章将从数据化运营流程图、业务问题的定义与拆解、数据获取与网络爬虫、数据探索与预处理、数据分析与挖掘、数据可视化与数据决策六个方面进行全面介绍。

3.1 数据化运营流程图

数据化运营流程分为五个步骤,即业务问题的定义与拆解、数据获取与网络爬虫、数据探索与预处理、数据分析与挖掘、数据可视化与数据决策。数据化运营流程图如图 3.1 所示。由于数据可视化对各个环节均有反馈,因此实施数据化运营后，每个环节看到的不再是枯燥的数据、干巴巴的表格，而是简洁美观的可视化图表、傻瓜式的业务诊断、智能化的应用提醒、高互动性的使用界面。

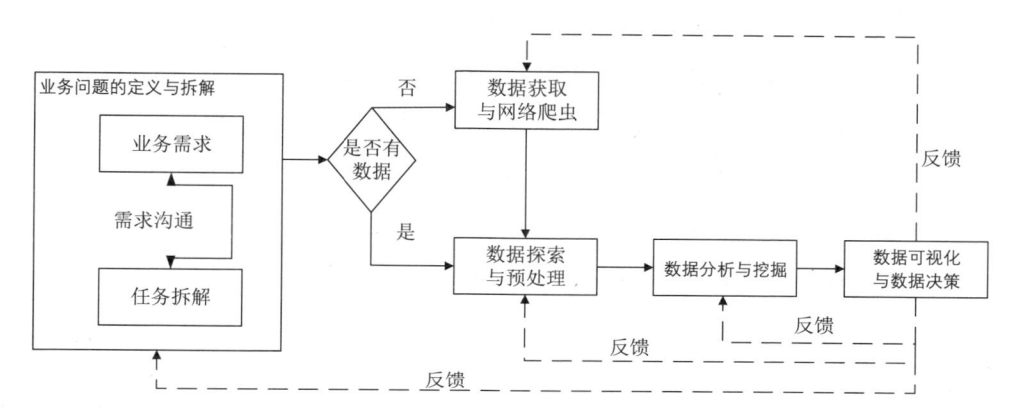

图 3.1 数据化运营流程图

1．业务问题的定义与拆解

业务导向型产品的每个功能背后都隐藏着复杂的业务逻辑，作为此类产品的数据化运营人员，当接到一个复杂且完全陌生的需求时，如何一步步拆解搞清楚其里面隐藏的逻辑和细节规则，并成功转化为产品功能和输出清晰的产品文档，是我们在进行数据化运营过程中的首要环节。

2．数据获取与网络爬虫

数据获取是指根据业务需求，通过各种方法来获取相关数据的一个过程，数据获取途径包括公司数据库、公开出版物、市场调查、互联网、购买专业公司数据等。当上述途径无法获取我们所需要的数据时，可以借助网络爬虫工具，从互联网抓取所需要的数据，常见的网络爬虫工具包括八爪鱼、集搜客、Python 等。

3．数据探索与数据预处理

数据探索是指通过一定的技术手段，对要分析的数据有大概的了解，弄清数据质量、大小、特征、样本数量、数据类型和数据的概率分布等。数据探索主要包括数据质量探索和数据特征分析。

数据预处理是指对收集到的数据进行整理，使之变成可供进一步分析的标准格式的数据的过程。需要整理的数据包括非标准格式的数据、不符合业务逻辑的数据两类。非标准格式数据包括文本格式的日期、文本格式的数值、字段中多余的空格格式、重复信息等；不符合业务逻辑的数据种类有很多，如人的性别为未知、年龄为老年、职业为中专等。数据预处理的效果直接决定了数据化运营的结果，常见的数据预处理方法有数据清洗、数据集成、数据变换、数据规约。

4．数据分析与挖掘

数据分析是指用适当的统计、分析方法对收集的大量数据进行分析，将它们加以汇总和理解并消化，以求最大化地开发数据的功能，发挥数据的作用。数据分析是为了提取有用信息和形成结论而对数据加以详细研究和概括总结的过程。

数据挖掘是指从数据库的大量数据中揭示出隐含的、先前未知的并具有潜在价值的信息的非平凡过程。数据挖掘是一种决策支持过程，主要基于人工智能、机器学习、模式识别、统计学、数据库、可视化技术等，高度自动化地分析企业的数据，进行归纳性的推理，从中挖掘出潜在的模式，帮助决策者调整市场策略，减少风险，进行正确的决策。

数据分析的重点是观察数据，数据挖掘的重点是从数据中发现知识规则。举个简单的例子，电信运营商想通过数据化运营方法，找到哪些客户不及时交话费。如果采用数据分析，通过数据观察，我们发现不及时交话费人群里贫困人口占70%以上，所以结论是收入低的人往往会不及时交话费，需要及时降低话费；如果采用数据挖掘，通过编写好的算法可以发现更深层的原因，即家住在偏远地区的人不及时交话费的现象更频繁，结论是在偏远地区多设立一些营业厅。

5．数据可视化与数据决策

数据可视化是一个过程。数据可视化将常见的数据，如文字、图像等转化为一种形象化的视觉表达形式，即通过特征性抽离、提炼、整合，将这些内容转化为人们需要的信息，进而充分利用人们对可视模式快速识别的自然能力，以形象化的姿态呈现给大众。简单地说，数据可视化就是以图形化方式表示数据。决策者可以通过图形直观地看到数据分析结果，从而更容易理解业务变化趋势或发现新的业务模式。使用数据可视化工具，可以在图形或图表上进行下钻和上卷，以进一步获得更细节的信息，交互式地观察数据改变或处理过程。数据可视化的终极目标是洞悉蕴含在数据中的现象和规律，这里面有多重含义：发现、决策、解释、分析、探索和学习。简而言之，数据可视化可以提高企业完成业务的效率，提升企业核心竞争力。

3.2 业务问题的定义与拆解

商业智能时代下，出现了数据的爆发式增长，业务问题因此越来越复杂，当业务问题出现时，我们该如何解决呢？这时，我们需要做的是遵循一定的流程对业务问题进行定义与拆解。首先，在企业运营过程中，发现业务问题；其次，找到数据化运营人员对问题进行分析，通过与客户的反复沟通环节，数据化运营人员充分理解业务需求；再次，数据化运营人员根据业务需求，获取与分析数据，将业务需求转化为数据模型；最后，根据建立好的数据模型，得到解决方案并将方案落地，进行商业化决策。上述过程看似烦琐，却有一定之规。举个简单的例子，客户发现手机信号不好，于是到营业厅咨询原因，这个时候业务人员会针对手机问题和客户沟通基本情况。当了解基本情况后，业务人员会使用专业仪器对手机故障进行诊断，通过一系列分析后发现是手机 SIM 卡出现了问题，于是对手机 SIM 卡进行更换，之后对手机进行测试，客户投入使用。业务分析过程与案例分析如图 3.2 所示。

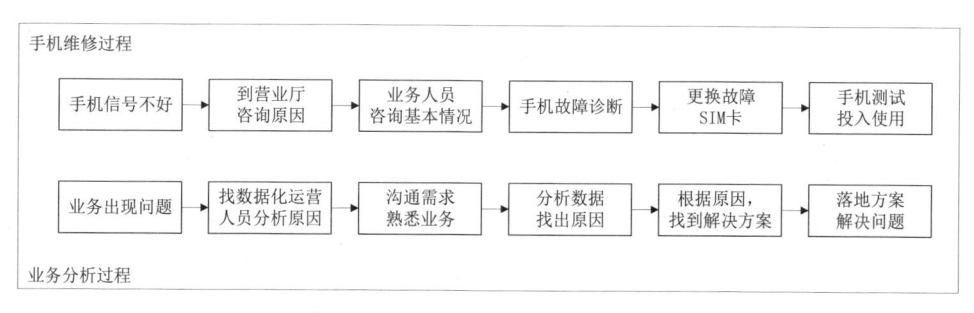

图 3.2 业务分析过程与案例分析

根据上面的介绍，我们可以把解决问题的框架整理为：发现问题→定义问题→寻找原因→提出解决方案→落地执行→反馈迭代。

1. 发现问题

业务在运营过程中通常会有很多问题，但并非所有的问题都是关键业务节点，关键业务节点有两个特征：一是能够推进业务往下进行；二是能够推动业务在不同角色之间流转。举个简单的例子，厨师在做菜时会执行多个操作，配菜、炒菜、调味、摆盘……但这些步骤都是"做菜"。虽然厨师做了很多事情，但在餐厅的业务流程里只有"炒菜"是关键业务节点。

发现问题的过程可能来自业务方，属于被动输入；也可能来自数据化运营人员，属于主动输入。后者需要对业务非常了解，清楚指标的正常波动范围，对数据敏感，这样才能发现异常的波动。

2. 定义问题

对于发现的问题，要能够清晰地定义出来。可以根据 SMART 原则，不断地向下发问，直到没有问题为止。SMART 原则的具体含义如下。

（1）S 代表具体（Specific），指业务问题要切中特定的工作目标，不能笼统。

（2）M 代表可度量（Measurable），指业务问题是可以衡量和评估的，问题中的核心指标与相关数据是可以获得的。

（3）A 代表可实现（Attainable），指业务问题在付出努力的情况下是可以解决的，避免设立过高或过低的目标。

（4）R 代表相关性（Relevant），指业务问题是与其他目标或工作相关联的。

（5）T 代表有时限（Time-bound），指业务问题的解决是需要有特定期限的。

举个例子，某电商老板想分析自家商品销售量最近为什么出现了明显下滑。很多时候业务方的需求描述都是这样的，问题比较模糊。这时候数据化运营人员要进一步定义问题：销售量下滑是整体品类都在下滑还是单一品类？最近下滑是最近什么时间段，同之前什么时间段比较？下滑是降低了多少？计算指标是什么？数据是否足以说明问题？

3. 寻找原因

定义清楚问题之后，就要去分析问题背后的原因了。寻找原因有很多方法，如多维度拆解分析方法、对比分析方法、假设检验分析方法等。

（1）多维度拆解分析方法：维度是指看待问题的角度；拆解是指将一个问题分解为不同维度的指标。举个简单的例子，某电商平台今年年销售量比去年同比下降了30%，按照多维度拆解分析方法将问题拆分，如图3.3所示。

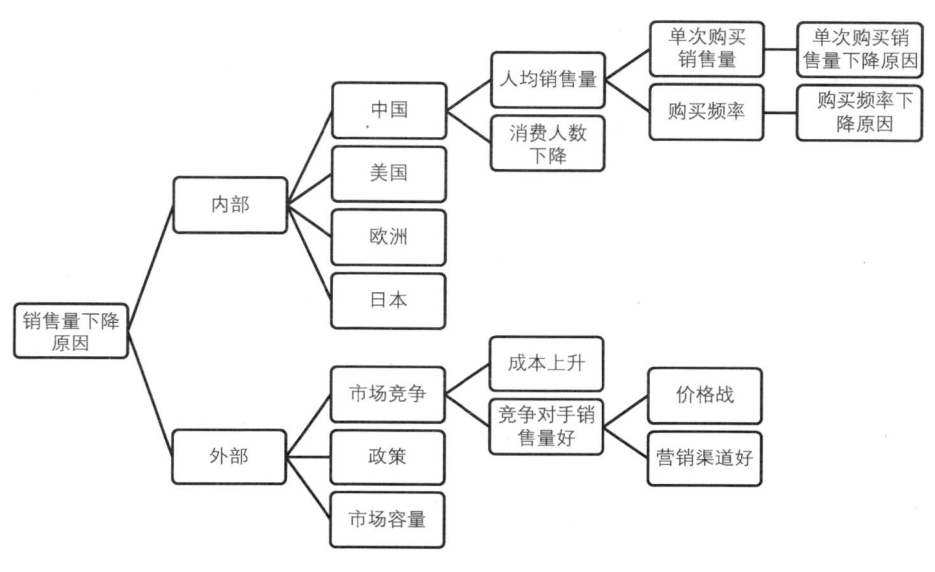

图 3.3　多维度拆解分析方法

（2）对比分析方法：基于相同的数据标准，把两个及以上相互联系的指标数据进行比较，准确、量化地分析它们的差异（对比方规模的大小、水平的高低、速度的快慢、对比方是否协调等），目的是找到差异产生的原因，从而找到优化的方法。在下面的例子中，我们对某上市公司在过去三年的整体运营情况进行比较，如表3.1所示。

表 3.1　对比分析方法

某上市公司	2019 年	2020 年	2021 年
归属净利润同比	24.7%	-2.38%	21.1%
净资产收益率	19.8%	17.2%	19.8%
毛利率	64.2%	63.6%	65.6%
经营现金流	3.65 亿元	3.42 亿元	4.83 亿元

（3）假设检验分析方法：又称统计假设检验，是用来判断样本与样本、样本与总体的差异是由抽样误差引起的，还是由本质差别引起的统计推断方法。举个

简单的例子,我们想了解猪肉价格是否下降。如何来解决这个问题呢?我们可以到每个菜市场询问价格,但是如果想把所有的菜市场的猪肉价格调研出来明显是不可能的。一种简单的方法是在全国随机找几个菜市场询问价格后,计算样本平均值。假设通过样本平均值发现猪肉价格是上升的。那么我们的统计结果是随机抽样的结果,还是猪肉价格真的上升了呢?此时,我们可以用假设检验分析方法,做出此类决策。

4.提出解决方案

业务解决方案就是针对企业某项任务或工作进行梳理、改进、完善、升级的方案。相信大家做过大量的分析报表,但是我们的分析结果真的是一个有针对性的业务最佳解决方案吗?答案往往是否定的。其中,存在如下两个问题。

(1)问题一:分析维度单一,不足以支撑结论。

以电商产品销售为例,分析维度有很多,如销售价格、销售时间、销售渠道、销售地域,以及客户设备终端属性和客户销售行为特征等。目前来看,大多数电商在分析过程中往往基于单一指标,没有足够的参数进行限定,这样很难支撑并决策分析结果。

(2)问题二:数据质量干扰分析结果。

分析结果能否有效地反映业务发展情况,并给出有效的优化策略,关键在于数据质量。如果数据质量不过关,那么基于数据给出的分析结果会大打折扣。例如,电商在百度推广上投入的广告链接,都或多或少有过"被刷"的情况。这种数据不仅会给公司造成财务上的浪费,还会影响正常数据,造成数据分析的困难。

要通过数据分析来驱动业务发展,最直接也最有效的方式莫过于找到当前的业务痛点并针对性地解决,也就是"一击立威"。这样不但可以直接体验数据化运营对业务的促进作用,更重要的是,这种切身体验能带来长远的影响,让未来的数据化运营工作事半功倍。

5.落地执行和反馈迭代

有了解决方案之后,就需要与需求方沟通,用逻辑和数据去说服他们信任我们的结论,以及采用我们的解决方案。这个环节可能会被不断地挑战和校准,挑战我们论证的逻辑。因此,在去沟通之前,要前后都想清楚,是否每个环节的数据都足以支撑结论，解决方案是否达到最优解，以适应实际的情况。

接下来就是落地解决方案了，在此期间需要不断关注关键指标是否有所提升。如果执行效果好，就要全力推进，反之需要迭代，重新回到之前的环节，并从以下几个方向思考：落地过程中是否出现问题；执行不到位是否是解决方案的问题；构建的数据模型是否不符合业务场景；数据本身是否存在质量问题。迭代与思考非常重要，根据实际的一线反馈，快速地调整，如此往复地进行这个过程，直到业务问题被解决，商业价值才可以实现最大化。

3.3 数据获取与网络爬虫

数据获取又称数据采集，是指利用一定的技术和方法，从系统外部采集数据并输入系统内部进行处理与存放。数据采集技术广泛应用于各个领域，如在社交网站（Facebook、Twitter、新浪微博等）获取新闻热点的评论与转发消息，通过移动网络和各种智能终端获取用户的互联网浏览记录，通过传感器、RFID 阅读器、导航终端等非传统 IT 设备获取用户的使用偏好与使用习惯，通过视频（医疗影像、地理信息、监控录像）获取用户的多维度个人画像数据，如图 3.4 所示。

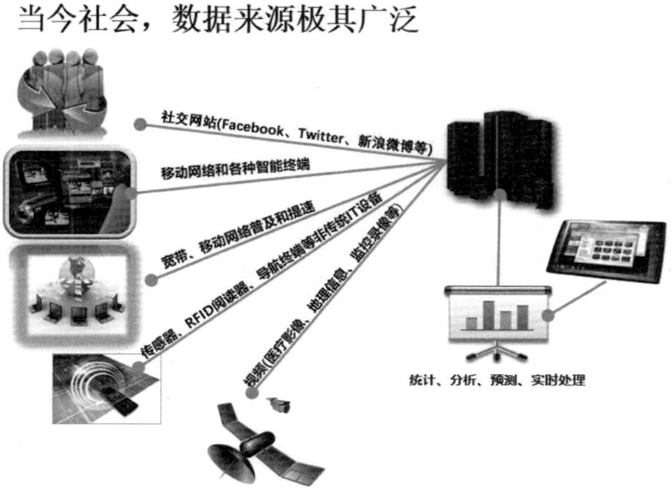

图 3.4 数据获取场景

3.3.1 数据获取方法

目前数据获取的主要途径与方法主要包括抽样调查、数据埋点、网站获取与网络爬虫四种。其中，抽样调查与数据埋点获取到的是一手数据，数据信息质量较高，但后续需要根据使用需求对数据进行加工处理；网站获取与网站爬虫均是针对互联网数据进行数据获取的，获取到的都是二手数据，这些数据往往已经被脱敏或加工，数据价值并不像一手数据那么大，但随着互联网的普及，这类数据越来越多，当对全网进行数据获取，并结合一手数据后，我们可以打破数据的孤岛，达到意想不到的效果。下面对四种方法分别进行介绍。

1. 抽样调查

抽样调查是一种非全面调查，是指从全部调查研究对象中，抽取一部分进行调查，并据此对全部调查研究对象做出估计和推断的一种调查方法。显然，抽样调查虽然是非全面调查，但它的目的在于取得反映总体情况的信息资料，因此可起到全面调查的作用。根据抽选样本的方法，抽样调查可以分为概率抽样和非概率抽样两类。

（1）概率抽样。概率抽样按照概率论和数理统计的原理从调查研究的总体中，根据随机原则来抽取样本，并从数量上对总体的某些特征做出估计和推断，对推断出的可能出现的误差从概率意义上加以控制。

（2）非概率抽样。和概率抽样相反，非概率抽样是一种简单、易使用的抽样方式。非概率抽样主要通过抽样者的判断，包括对样本特征的判断和对项目成本的判断，综合特殊的要求或设定，最终抽取合适的样本。因此，这种方法会受到主观因素的影响，不符合统计科学的原则，抽样误差是无法估计和计算的。但是在实际应用中，大量的案例证明了非概率抽样依然有一定的有效性。在样本量充足的前提下，通过设定简单的配比，以及选择有经验的抽样者，基本上可以保证抽样结果的有效性。

总结来说，对于概率抽样和非概率抽样，可以通过表3.2进行区别。

表 3.2 概率抽样和非概率抽样对比

	特 点	优 点	缺 点
概率抽样	根据科学原则抽取样本	抽样误差可以客观估计	成本高 耗时长 操作复杂 局限多
非概率抽样	根据抽样者的主观判断抽取样本	成本低 时间短 操作简单 可行性强	无法衡量抽样误差 存在主观谬误 对抽样者经验要求高

2．数据埋点

数据埋点是指数据化运营人员基于业务需求对用户行为的每一个事件对应的位置开发埋点，并根据 SDK 上报埋点的数据结果，记录数据汇总后进行分析，推动产品优化或指导运营。常规埋点获取内容主要包括用户、时间、场景、行为、方式等，如图 3.5 所示。

（1）用户（Who）：该属性可以将不同的用户进行区分，常见的区分方式包括通过设备 IMEI 号、微信号、手机号等。

（2）时间（When）：即用户什么时间触发了事件，时间的上报可以通过客户端时间或服务器时间（UNIX 时间戳）实现。

（3）场景（Where）：即用户在何处触发了事件，常见的方式包括通过 GPS 定位获取当前设备的经纬度信息或通过 IP 地址来定位当前位置。

（4）行为（What）：即用户触发了什么事件，主要包括购买商品的类型、购买商品的名称、购买商品的数量、付费金额等。

（5）方式（How）：即用户通过哪种方式触发了事件，主要包括设备类型、操作系统、版本号、网络类型等。

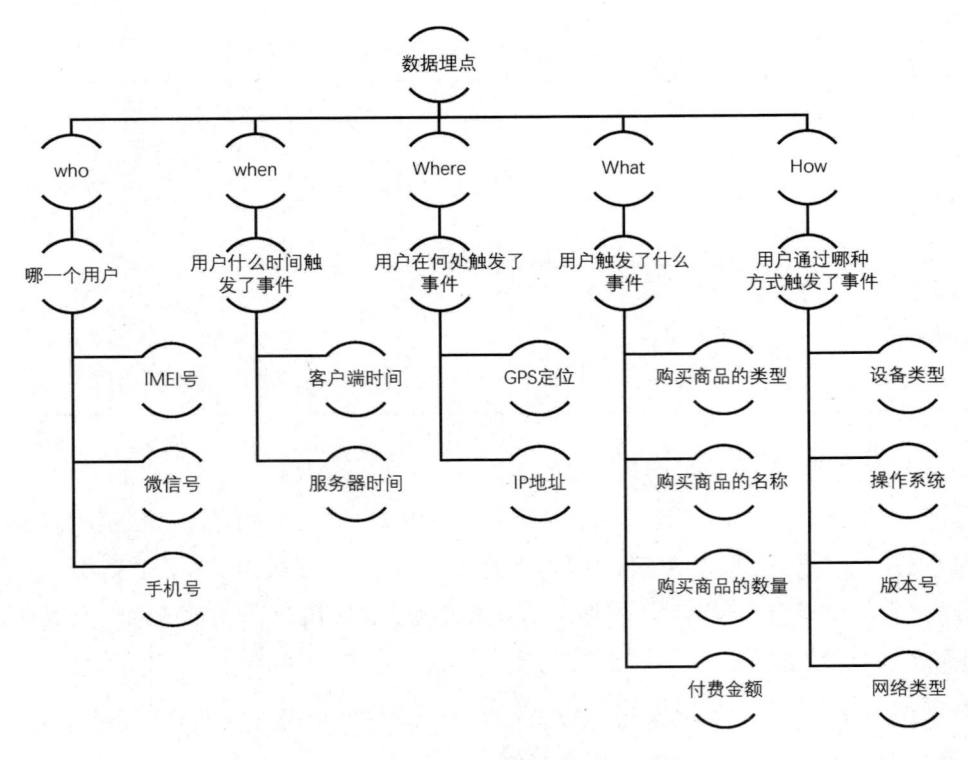

```
                            数据埋点
       ┌─────────┬─────────┬─────────┬─────────┐
      who      when      Where     What       How
       │         │         │         │         │
    哪一个用户  用户什么时间触  用户在何处触发了  用户触发了什么  用户通过哪种
              发了事件      事件        事件      方式触发了事件
       │         │         │         │         │
     IMEI号   客户端时间    GPS定位   购买商品的类型  设备类型

     微信号   服务器时间    IP地址   购买商品的名称   操作系统

     手机号                        购买商品的数量   版本号

                                  付费金额       网络类型
```

图 3.5　常规埋点获取内容

3．网站获取

数据化运营人员经常会碰到的问题就是有想法却没有数据，有些人可能具备网站爬虫的一些知识，可以通过爬虫技术去爬取一些数据，但是往往有些数据是爬取不到的，还有些人根本不会爬虫。下面推荐一些常见的数据网站，这些网站中有大量数据可以免费获取。

（1）数据圈。

不得不说，数据圈真是一个获取数据的好地方，上面的数据特别全面，主要包括国内宏观、区域数据、世界经济、价格数据、工业行业、上市公司、营销数据、行业报告、区域报告等领域。数据圈的界面如图 3.6 所示。

第 3 章 数据化运营的业务流程

图 3.6 数据圈的界面

（2）数据堂。

数据堂涉及的数据比较专业，适合专门做数据化运营的朋友。上面的数据主要包括语音识别、医疗健康、交通地理、电子商务、社交网络、图像识别、统计年鉴、研发数据等领域。数据堂的界面如图 3.7 所示。

图 3.7 数据堂的界面

（3）中国产业信息网。

中国产业信息网的数据主要包括能源、冶金、化工、机电、电子、交通、信息、通信、传媒、文教、服务、农林、建筑、家电、家居、医药、服装、包装、旅游、食品、玩具、安防、环保等领域。中国产业信息网的界面如图 3.8 所示。

67

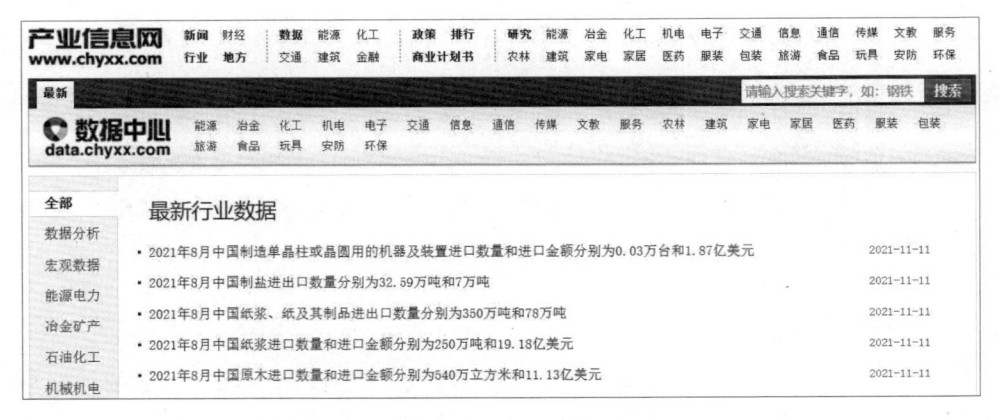

图 3.8　中国产业信息网的界面

4．网络爬虫

网络爬虫又被称为网页蜘蛛或网络机器人，是一个沿着链接漫游 Web 文档集合的程序。网络爬虫一般驻留在服务器上，首先通过给定的一些 URL，利用 HTTP 等标准协议爬取相应文档，然后以文档中包括的所有未访问过的 URL 为新的起点，继续进行漫游，直到没有满足条件的新 URL 为止。网络爬虫的主要功能是自动从 Internet 上的各 Web 站点爬取 Web 文档，并从该 Web 文档中提取一些信息来描述该 Web 文档，为搜索引擎站点的数据库服务器追加和更新数据提供原始数据，这些数据包括标题、长度、文件建立时间、HTML 文件中的各种链接数目等。

3.3.2　网络爬虫实战

网络爬虫的基本工作流程如图 3.9 所示。首先选取一部分精心挑选的种子 URL；然后将这些 URL 放入待爬取的 URL 队列；接着从待爬取 URL 队列中爬取 URL、解析 DNS，并得到主机的 IP，将 URL 对应的网页下载下来，存入已下载的网页库中，此外，将已下载的 URL 放进已爬取的 URL 队列；最后抽取新的 URL 放入待爬取的 URL 队列，从而进入下一个循环。

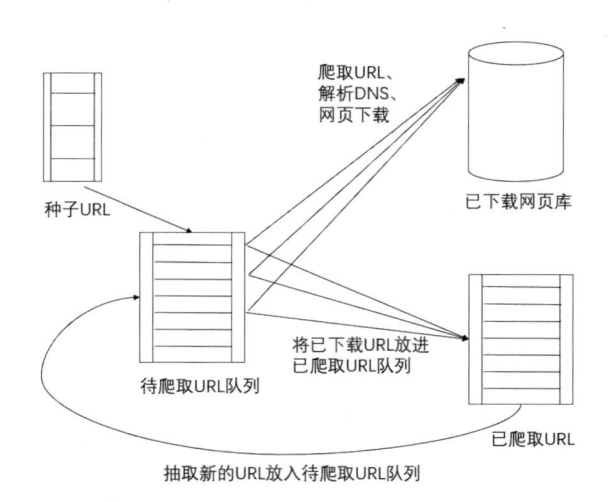

图 3.9 网络爬虫的基本工作流程

在 Python 3.x 中，我们可以使用 urllib 组件抓取网页。urllib 是一个 URL 处理包，这个包中集合了一些处理 URL 的模块，如图 3.10 所示。

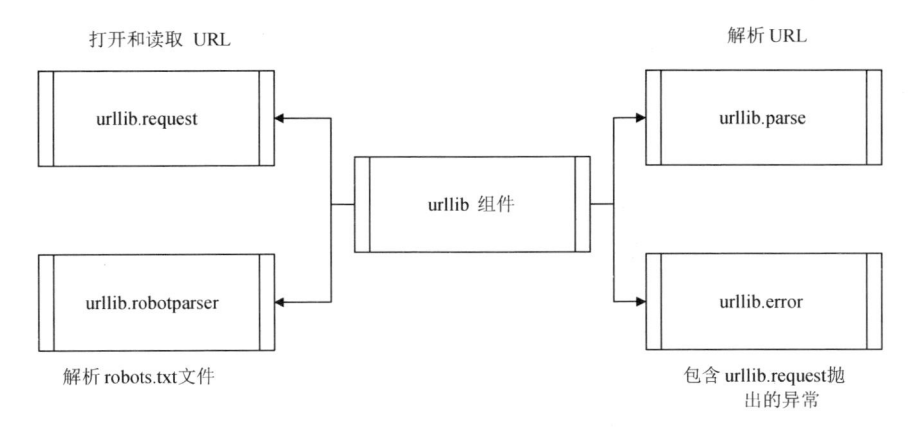

图 3.10 urllib 组件所含模块

（1）urllib.request 模块用来打开和读取 URL。

（2）urllib.error 模块包含 urllib.request 抛出的异常，可以使用 try 进行捕捉处理。

（3）urllib.parse 模块包含一些解析 URL 的方法。

（4）urllib.robotparser 模块用来解析 robots.txt 文件。

对于获取的网页内容，首先需要分析网页结构（查看网页源代码），定位目标内容位置，然后利用正则表达式匹配出所需信息。正则表达式描述了一种字符串匹配的模式，可以用来检查一个串是否含有某种子串、将匹配的子串进行替换或从某个串中取出符合某个条件的子串等。构造正则表达式的方法和创建数学表达式的方法一样，即用多种元字符与运算符将小的表达式结合在一起来创建大的表达式。例如，对于下面糗事百科中的文字内容，如图 3.11 所示。首先需要查看源代码，找到文件所在位置，即<title>…</title>之间，然后利用正则表达式".*?"匹配出里面的文字内容。

图 3.11　网页结构与正则表达式

Python 提供 re 模块，re 包含所有正则表达式的功能，使用 re 模块的一般步骤是首先使用 re.compile()函数，将正则表达式的字符串形式编译为 pattern 实例，然后使用 pattern 实例处理文本并获得匹配结果（一个 match 实例），最后使用 match 实例获得信息，进行其他操作，如下面的代码所示。

```
import re
# 将正则表达式编译为pattern实例
pattern = re.compile(r'hello')
# 使用pattern实例处理文本，获得匹配结果，无法匹配时将返回None
match = pattern.match('hello world!')
```

这里来看一个网络爬虫的案例，案例中采用 Python 作为网络爬虫的工具，获取出版社大全网页中所有的出版社信息，如图 3.12 所示。

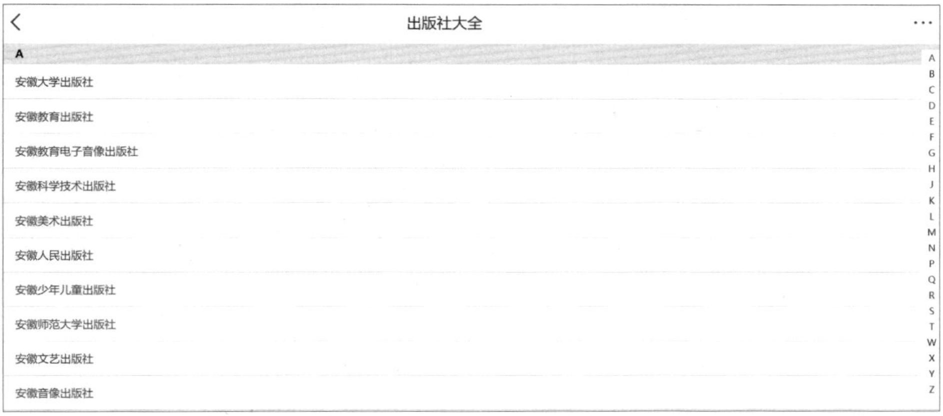

```
＜                         出版社大全                                ⋯
A                                                                  A
安徽大学出版社                                                        B
                                                                   C
安徽教育出版社                                                        D
                                                                   E
安徽教育电子音像出版社                                                  F
                                                                   G
安徽科学技术出版社                                                     H
                                                                   J
安徽美术出版社                                                        K
                                                                   L
安徽人民出版社                                                        M
                                                                   N
安徽少年儿童出版社                                                     P
                                                                   Q
安徽师范大学出版社                                                     R
                                                                   S
                                                                   T
安徽文艺出版社                                                        W
                                                                   X
安徽音像出版社                                                        Y
                                                                   Z
```

图 3.12　出版社大全网页

在出版社大全网页中，网页后台部分源代码如图 3.13 所示。从中不难发现，每家出版社都包含在字符串<a href="/publish/..."</a>中，只是 publish 后面的数值不同。例如，安徽大学出版社字符串内容为<a href="/publish/81052/">安徽大学出版社</a>，安徽音像出版社字符串内容为<a href="/publish/88419/">安徽音像出版社</a>。因此，可以按照"<a href="/publish/.*?">(.*?)</a>"正则表达式的字符串形式匹配出版社信息。

```
<!--出版社-->
<div class="publishWrap">
    <div class="publishList">
        <dl>
            <dt id="A"><span>A</span></dt>
            <dd>
                <ul>
                    <li><a href="/publish/81052/">安徽大学出版社</a></li>
                    <li><a href="/publish/5336/">安徽教育出版社</a></li>
                    <li><a href="/publish/88860/">安徽教育电子音像出版社</a></li>
                    <li><a href="/publish/5337/">安徽科学技术出版社</a></li>
                    <li><a href="/publish/5398/">安徽美术出版社</a></li>
                    <li><a href="/publish/212/">安徽人民出版社</a></li>
                    <li><a href="/publish/5397/">安徽少年儿童出版社</a></li>
                    <li><a href="/publish/5676/">安徽师范大学出版社</a></li>
                    <li><a href="/publish/5396/">安徽文艺出版社</a></li>
                    <li><a href="/publish/88419/">安徽音像出版社</a></li>
                </ul>
            </dd>
        </dl>
    </div>
</div>
```

图 3.13　出版社大全网页后台部分源代码

调用 Python 中的网页爬虫模块 urllib.request 和正则表达式模块 re，爬取出版社大全网页中的出版社信息，如下面的代码所示。

```
import urllib.request
import re
file=urllib.request.urlopen("http://**/books/publish/").read()
file2=file.decode("utf-8","ignore")
patn='<a href="/publish/.*?">(.*?)</a>'
mydata=re.compile(patn).findall(str(file2))
for i in range(0,len(mydata)):
    print(mydata[i]+"\n")
```

最终，通过 Python 网页爬虫获取了出版社信息，如图 3.14 所示。

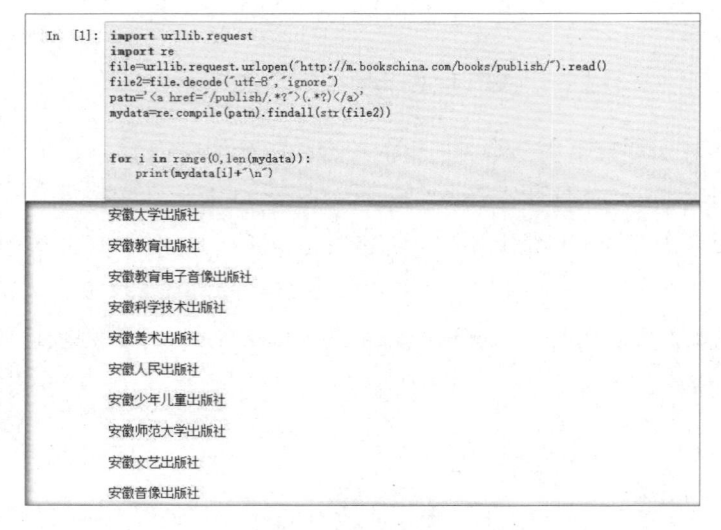

图 3.14　出版社大全网页爬虫结果

3.4　数据探索与预处理

在数据化运营中，我们得到的数据中往往存在缺失数据、重复数据、噪声数据等的情况，在使用之前需要进行必要的数据探索与预处理。数据探索主要是指通过数理统计方法找出数据的统计性特征；数据预处理没有标准的流程，通常随着不同的任务和数据集属性的不同而不同。数据探索与预处理可以为后续数据分析与挖掘提供良好可靠的数据。

3.4.1 数据探索

数据探索是指在获取较为良好的数据样本后，对数据样本进行解释性的分析，是数据化运营较为前期的部分。数据探索并不需要应用过多的模型算法，相反，它更偏重于定义数据的本质、描述数据的形态特征并解释数据的相关性。通过数据探索的结果，我们能够更好地开展后续的数据分析与数据建模工作。数据探索的方法可以分成两类：数据描述方法和数理统计方法，如图 3.15 所示。

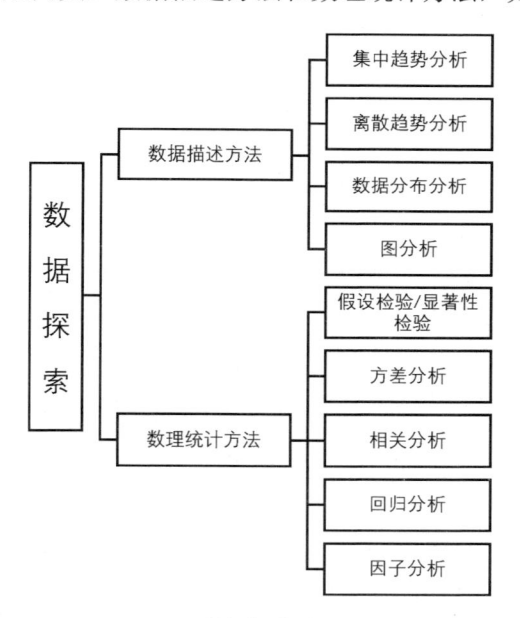

图 3.15　数据探索的方法分类

（1）数据描述方法是最直观、最简单、最容易理解的探索方法。简单来说，数据描述方法是通过数据找到一些技术指标，如众数、平均值、中位数、极值（最大值和最小值）、浮动程度、曲线现状等。数据描述方法包括集中趋势分析、离散趋势分析、数据分布分析和图分析。

- 集中趋势分析：讨论数据平均处于什么位置，集中在什么位置，数据的中心处于什么位置。
- 离散趋势分析：讨论数据的离散程度，即数据的分散程度。
- 数据分布分析：讨论数据的形态形状。

- 图分析：用散点图、柱状图、直方图等图表显示并比较数据的形态。

（2）数理统计方法更偏重数学公式。数理统计方法用统计学的语言去论证数据的规律。数理统计方法包括假设检验/显著性检验、方差分析、相关分析、回归分析、因子分析。

- 假设检验/显著性检验：分析样本指标与总体指标间是否存在显著性差异。
- 方差分析：用于两个及两个以上样本平均值差别的显著性检验。
- 相关分析：探索数据之间的正相关、负相关关系。
- 回归分析：探索数据之间的因果关系或依赖关系。
- 因子分析：从变量群中提取共性因子的统计技术。

通过这两种方法，我们既能够对整个样本数据的形态有完整的描述，又能够深入地探讨数据之间的关系与内部联系，为下一步的数据建模创造良好的前提条件。这里看一个简单的例子，我们通过一定的方法获取某微信公众号后台数据，该数据具有多个维度，包括微信文章的日期、发文时间点、文章标题、送达人数、取消关注数、新关注数、净增粉丝数、分享人数、添加收藏人数、从公众号分享到朋友圈人数、在朋友圈再次分享人数、在朋友圈阅读人数、来自好友转发的阅读人数、公众号会话阅读人数、来自历史文章的阅读人数、图文阅读人数、总阅读数，如图 3.16 所示。

日期	发文时间点	文章标题	送达人数	取消关注数	新关注数	净增粉丝数	分享人数	添加收藏人数	从公众号分享到朋友圈人数	在朋友圈再次分享人数	在朋友圈阅读人数	来自好友转发的阅读人数	公众号会话阅读人数	来自历史文章的阅读人数	图文阅读人数	总阅读数
2016-01-04	7:00		36151	34	234	200	325	18	244	33	1736	71	589	356	2580	3549
2016-01-06	7:00		40298	103	1346	1243	107	57	9	0	202	147	2038	168	2542	3130
2016-01-06	7:00		40298	103	1346	1243	137	12	16	71	793	250	395	44	1429	1873
2016-01-07	7:00		41015	87	666	579	252	49	61	39	1599	425	4141	118	6289	7311
2016-01-08	7:00		41250	63	310	247	118	51	14	8	476	191	2067	137	2904	3690
2016-01-08	7:00		41250	63	310	247	82	60	14	14	465	128	564	45	1193	1521
2016-01-10	8:20		41680	103	499	396	226	136	49	8	547	198	2643	198	4307	5532
2016-01-11	7:25		42687	105	964	859	182	91	45	27	880	158	2461	96	3668	4469
2016-01-12	7:00		43719	96	1359	1263	509	66	342	47	2402	289	2281	128	4808	7140
2016-01-13	7:00		44314	65	432	367	39	31	12	2	69	24	1822	84	2055	2978
2016-01-18	7:00		45152	59	303	244	127	33	34	33	1447	292	2660	64	4433	6104

图 3.16　某微信公众号后台数据

将数据导入 Python，调用 Python 中自带的描述性统计函数 describe 对微信数据进行分析，分析结果如图 3.17 所示。对图中的一些关键指标进行分析，通过 count 数值可以看到数据样本总数为 203 条数据，且各列指标不存在缺失值；通过 mean、std 数值可以看到各列数据的平均值和标准差；通过 min、max、25%、50%、75%，可以看到各列数据的最小值、最大值、上四分位数、下四分位数和中位数。

第 3 章 数据化运营的业务流程

	送达人数	取消关注数	新关注数	净增粉丝数	分享人数	添加收藏人数	从公众号分享到朋友圈人数	在朋友圈再次分享人数	在朋友圈阅读人数	来自好友转发的阅读人数	公众号会话阅读人数	来自历史文章的阅读人数	图文阅读人数	总阅读数
count	203.000000	203.000000	203.000000	203.000000	203.000000	203.000000	203.000000	203.000000	203.000000	203.000000	203.000000	203.000000	203.000000	203.000000
mean	55353.940594	76.539604	228.678218	152.138614	145.712871	69.866337	30.39604	17.623762	703.900990	234.504950	1405.252475	67.084158	2425.831683	3459.955446
std	6286.085858	19.748691	177.424452	173.555368	175.341496	117.200374	66.05362	36.507249	1430.159207	306.752073	1083.653566	51.818971	2453.034111	3875.761880
min	36151.000000	33.000000	67.000000	-2.000000	0.000000	0.000000	0.00000	0.000000	0.000000	0.000000	63.000000	1.000000	89.000000	102.000000
25%	51169.000000	64.500000	140.000000	63.000000	25.000000	7.000000	3.00000	0.000000	41.000000	27.500000	416.500000	31.000000	622.500000	768.500000
50%	56469.000000	76.000000	186.000000	108.000000	100.000000	29.000000	14.00000	7.000000	368.000000	137.000000	1283.000000	57.000000	2013.000000	2673.000000
75%	60436.500000	89.000000	245.000000	172.000000	192.000000	78.000000	30.69802	21.000000	745.000000	309.500000	2091.500000	83.500000	3151.500000	4516.000000
max	63988.000000	153.000000	1359.000000	1263.000000	1021.000000	780.000000	576.00000	353.000000	16157.000000	1781.000000	5258.000000	356.000000	22640.000000	36698.000000

图 3.17 微信数据分析结果

调用 Python 中自带的相关性函数 corr，我们对数据中各列指标进行相关性分析，将相关系数矩阵进行可视化展示，如图 3.18 所示。相关系数取值范围在 −1~1 之间，如果相关系数为负，说明两个变量存在负相关关系；如果相关系数为正，说明两个变量存在正相关关系；如果相关系数为 0，说明两个变量不相关。从图 3.18 中不难发现，许多变量都存在很强的正相关关系，如净增粉丝数与新关注数；在朋友圈阅读人数与在朋友圈再次分享人数；图文阅读人数与在朋友圈阅读人数；总阅读数与在朋友圈阅读人数等。在这种情况下，我们需要利用数据预处理对数据进行降维操作。

	A	B	C	D	E	F	G	H	I	J	K	L	M	N	O
1		送达人数	取消关注数	新关注数	净增粉丝数	分享人数	添加收藏人数	从公众号分享到朋友圈人数	在朋友圈再次分享人数	在朋友圈阅读人数	来自好友转发的阅读人数	公众号会话阅读人数	来自历史文章的阅读人数	图文阅读人数	总阅读数
2	送达人数	1													
3	取消关注数	0.37	1												
4	新关注数	-0.4	0.25	1											
5	净增粉丝数	-0.5	0.14	0.99	1										
6	分享人数	-0.3	-0.3	0.12	0.16	1									
7	添加收藏人数	-0.1	-0.16	0.02	0.03	0.74	1								
8	从公众号分享到朋友圈人数	-0.3	-0.22	0.22	0.25	0.61	0.11	1							
9	在朋友圈再次分享人数	-0.3	-0.25	0.05	0.08	0.76	0.39	0.42	1						
10	在朋友圈阅读人数	-0.3	-0.26	0.01	0.04	0.7	0.26	0.48	0.93	1					
11	来自好友转发的阅读人数	-0.2	-0.24	0.04	0.07	0.86	0.76	0.24	0.6	0.53	1				
12	公众号会话阅读人数	-0.4	-0.2	0.09	0.12	0.61	0.42	0.3	0.44	0.55	0.57	1			
13	来自历史文章的阅读人数	-0.4	-0.21	0.23	0.25	0.52	0.53	0.24	0.23	0.22	0.46	0.55	1		
14	图文阅读人数	-0.4	-0.27	0.05	0.08	0.79	0.43	0.42	0.81	0.9	0.7	0.85	0.45	1	
15	总阅读数	-0.4	-0.28	0.03	0.07	0.8	0.47	0.42	0.82	0.9	0.71	0.98	0.44	0.98	1

图 3.18 微信数据相关系数矩阵

3.4.2 数据预处理

在进行数据探索工作后，需要进行数据预处理。存储于数据库中的原始数据会受到噪声数据、缺失数据、异常数据、异构数据、不一致数据的影响，原始数据质量大大降低。数据预处理的意义在于两方面：一是提高数据库中原始数据的质量；二是为后续的分析提供必要的数据形式。简而言之，收集得到的原始数据在很多情况下并不能直接使用，数据预处理有助于提高数据质量，进而确保后续数据化运营的准确性和可靠性。

数据预处理包括数据清洗、数据集成、数据转换和数据规约等多个环节，如图 3.19 所示。数据清洗是指对数据集中可能存在的缺失数据或异常数据进行必要的处理。缺失数据和异常数据不仅会影响数据的分布，扭曲数据使用者对总体特征的判断，还会影响数据化运营工作，造成数据分析结果失真。数据集成是指把不同来源、格式、特点的数据在逻辑上或物理上有机地集中，从而为企业提供全面的数据共享。数据转换是指将数据转换成统一的、适用于数据化运营的数据形式。数据规约是指在尽可能保持数据原貌的前提下，最大限度地精简数据量。

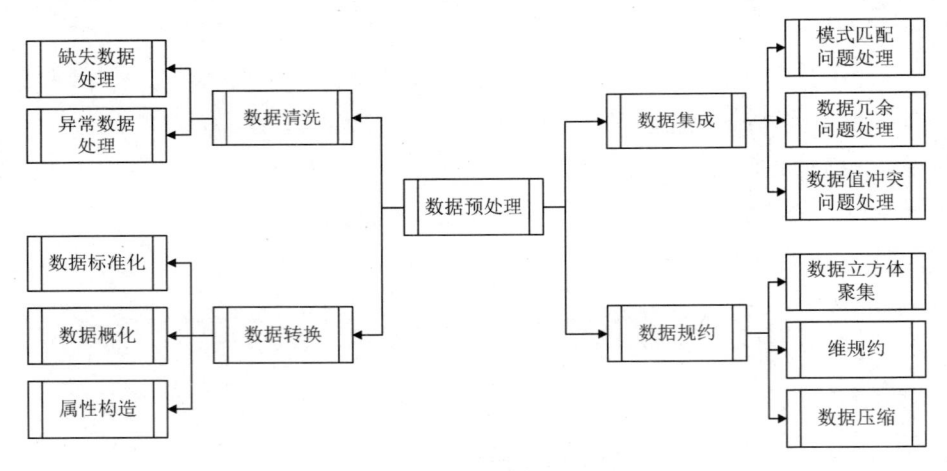

图 3.19　数据预处理

1. 数据清洗

通常，从数据库中获取的原始数据是"脏"数据，无法直接用于数据分析。数据清洗的主要任务就是对原始数据中存在的缺失数据和异常数据进行必要的处理，提高数据质量。这里通过之前讲述的爬虫技术从淘宝电商平台获取一些商品数据，包括商品、价格、评论，如表 3.3 所示。

表3.3 淘宝电商平台商品数据样本

编号	商品	价格（元）	评论（条）
1	'买 2 袋减 2 元 印尼进口菲那菲娜虾味木薯片油炸大龙虾片零食品 400g'	0	2577
2	'零食大礼包送女友一箱整箱好吃的休闲小吃组合混合装生日吃货进口'	116	286 692
3	'牛肉干内蒙古牛肉粒特产零食手撕五香牛肉粒干片 500g 克包邮 xo 酱烤'	88	567
4	'爱尝泡鸭爪鸭掌福建龙岩特产下洋土楼卤味零食香辣泡爽泡椒泡爪'	118	30 664
5	'30 包湖南特产显峰嚼味鱼霸香辣小鱼仔麻辣零食鱼干口水毛毛鱼'	40	6543
6	'11 月 25 日生产 正宗友臣肉松饼 2.5kg 整箱福建特产糕点心 5 斤零食品'	85	1446
7	'京辉爱面子点心面 27g*20 袋干脆面干吃面方便面办公室休闲零食包邮'	20	592
8	'好吃的手撕风干牛肉干内蒙古牛肉条原味散装零食品特产牛肉干 500g'	158	9878
9	'特价进口俄罗斯巧克力 kpokaht 紫皮糖果婚庆喜糖零食品原包装 2 斤'	60	30 834
10	'靖江猪肉脯 500g 小吃特价零食猪肉干猪肉铺猪肉片蜜汁肉干一件包邮'	96	36 183

其中，部分商品价格为 0，我们认为该数据为异常数据，接下来调用 Python 中的数据分析模块 pandas 和 numpy 对数据进行清洗，如下面的代码所示。

```
import pandas as pda
import numpy as npy
data=pda.read_excel("D:/taobao.xls")
data[(data["价格"].isnull())]
data["价格"][(data["价格"]==0)]=None
data[(data["价格"].isnull())]
x=0
for i in data.columns:
    for j in range(len(data)):
        if(data[i].isnull())[j]:
            data[i][j]=data["价格"].mean()
            x+=1
```

```
print(x)
print(data)
```

在上述代码中，首先通过 isnull 函数将价格属性非空的数据提取出来，这就实现了缺失数据处理；然后判断商品价格属性是否有为 0 值的数据，如果有，则将该价格属性赋予空值；接着通过 for 语句构造二重循环，在循环过程中，如果发现商品价格为空值，则用所有商品价格的平均值替换空值，并设计变量 x 为计数器，每替换一次空值数据，计数器值+1；最终将清洗后的商品数据和计数器的值输出，结果如图 3.20 所示。根据图 3.20 不难发现，对于编号为 0 和编号为 12 的商品，商品价格已经被替换为商品价格平均值。

	商品	价格	评论
0	'买2袋减2元 印尼进口菲那菲娜虾味木薯片油炸大龙虾片零食品400g'	64.235294	2577
1	'零食大礼包送女友一箱整箱好吃的休闲小吃组合混合装生日吃货进口'	116.000000	286692
2	'牛肉干内蒙古牛肉粒特产零食手撕五香牛肉粒干片500g克包邮xo酱烤'	88.000000	567
3	'爱尝泡鸭爪鸭掌福建龙岩特产下洋土楼卤味零食香辣泡爽泡椒泡爪'	118.000000	30664
4	'30包湖南特产显峰嘲味鱼霸香辣小鱼仔麻辣零食鱼干口水毛毛鱼'	40.000000	6543
5	'11月25日生产 正宗友臣肉松饼2.5kg整箱福建特产糕点心5斤零食品'	85.000000	1446
6	'京辉爱面子点心面27g*20袋干脆面干吃面方便面办公室休闲零食包邮'	20.000000	592
7	'好吃的手撕风干牛肉干内蒙古牛肉条原味散装零食品特产牛肉干500g'	158.000000	9878
8	'特价进口俄罗斯巧克力kpokaht紫皮糖果婚庆喜糖零食品 原包装2斤'	60.000000	30834
9	'靖江猪肉脯500g小吃特价零食猪肉干猪肉铺猪肉片蜜汁肉干一件包邮'	96.000000	36183
10	'湛江风味特产新顺铁板烧鱿鱼片500g即食海鲜零食小吃干货鱿鱼丝条'	79.000000	3425
11	'大连特产 油炸虾片500克龙虾片生虾片鲜虾片海鲜休闲零食整箱包邮'	26.000000	1113
12	'香港进口 striking索劲跳跳糖/爆炸糖30g 80后儿时怀旧经典零食'	64.235294	8148
13	'王纪琳圆双沟大米锅巴380g孜然五香香辣3种口味酥脆休闲零食品'	15.000000	1780
14	'限量 丝500g手撕条墨鱼丝碎散装碳烤鱿鱼丝250g鱿鱼系列零食包邮'	8.000000	3352
15	'500g重庆特产手工小麻花陈留香特产小吃零食黑糖散装小包装糕点'	28.000000	2470
16	'正宗磁器口陈麻花手工糕点重庆特产小吃零食礼盒装陈昌银麻花528g'	25.000000	1773
17	'正宗三禾北京稻香村糖醇糕点礼盒无糖食品糖尿人零食北京特产包邮'	95.000000	1921
18	'俄罗斯糖果KPOKAHT紫皮糖巧克力太妃糖进口零食婚庆喜糖2斤装'	35.000000	50435

图 3.20　清洗后的商品数据

2. 数据集成

数据集成主要是指将来自多个数据集或不同数据库的不同结构的原始数据进行合并处理。这些数据一般在变量名称、变量单位等方面存在差异，同时存在语义冲突或语义模糊的问题。因此，数据集成不仅是简单的数据合并工作，更是统一化、规范化的数据处理工作。以之前的电商数据为例，调用 Python 中的 pandas 和 numpy 模块对数据进行集成，如下面的代码所示。

```
import pandas as pda
import numpy as npy
data=pda.read_excel("D:/taobao.xls")
da1=data.iloc[0:10,:]
da2 = data.iloc[10:20,:]
da3 = npy.concatenate((da1, da2))
pda.DataFrame(da3)
print(pda.DataFrame(da3))
```

在上述代码中，首先通过 iloc 函数分别从商品数据中提取前后各 10 条数据，然后通过 numpy 模块中的 concatenate 函数将数据集成在一起，结果如图 3.21 所示。

图 3.21　集成后的商品数据

3．数据转换

数据转换是指将数据从一种表现形式转变为另一种表现形式，使不同的数据之间具有相同的计算单位或计量方式，便于比较。数据转换主要包括数据标准化、数据概化、属性构造等。

（1）数据标准化。

数据标准化是指将数据按比例缩放，使之落入一个小的特定区间。在某些比较和评价的指标处理中经常会用到数据标准化，去除数据的单位限制，将数据转化为无量纲的纯数值，便于不同单位或量级的指标能够进行比较和加权。常见的数据标准化方法有最小-最大标准化、零均值标准化、log 函数转换、模糊量化法等。以之前的电商数据为例，调用 Python 中的 pandas 和 numpy 模块对数据进行标准化，如下面的代码所示。

```
import pandas as pda
import numpy as npy
data=pda.read_excel("D:/taobao.xls")
#最小-最大标准化
data["价格"]=(data["价格"]-data["价格"].min())/(data["价格"].max()-data["价格"].min())
#零均值标准化
data["评论"]=(data["评论"]-data["评论"].mean())/data["评论"].std()
#数据描述性统计
data.describe()
```

在上述代码中，我们对商品的价格属性进行最小-最大标准化，对商品的评论属性进行零均值标准化，对标准化之后的数据进行描述性统计，结果如图 3.22 所示。在图 3.22 中，通过 count 指标可以看出一共 19 条数据，商品价格属性由于采用的是最小-最大标准化方法，标准化后价格最小值为 0，最大值为 1，即商品价格按比例缩放到 0~1 之间；商品评论属性由于采用的是零均值标准化方法，标准化后该属性平均值为 0，标准差为 1。

	价格	评论
count	19.000000	1.900000e+01
mean	0.363757	5.551115e-17
std	0.291692	1.000000e+00
min	0.000000	-3.802678e-01
25%	0.142405	-3.616597e-01
50%	0.253165	-3.374207e-01
75%	0.579114	-7.712241e-02
max	1.000000	4.021756e+00

图 3.22　数据标准化后描述性统计

（2）数据概化。

数据概化是指把连续型数据切分为若干"段"，这是数据化运营中常用的手段。切分的原则有等距、等频、优化，或者根据数据特点而定。以之前的电商数据为例，调用 Python 中的 pandas 和 numpy 模块对数据进行概化，如下面的代码所示。

```
import pandas as pda
import numpy as npy
data=pda.read_excel("D:/taobao.xls")
da=data.values
data2=da[:,2]
#等距概化
k=5
c1=pda.cut(data2,k,labels=["太便宜","便宜","适中","贵","太贵"])
print(c1)
#指定区间概化
k=[0,40,80,100,data2.max()]
c2=pda.cut(data2,k,labels=["非常便宜","便宜","适中","贵"])
print(c2)
```

在上述代码中，对商品的价格属性分别采用等距概化与指定区间概化，结果如图 3.23 所示。在图 3.23 中不难发现，商品价格范围为 0～158 元，采用等距概化，价格属性将以 30 元为步长，被等距划分到 5 个区间，分别标记为太便宜、便宜、适中、贵、太贵；采用指定区间概化，价格属性将按照 0～40 元、40～80 元、80～100 元、100～158 元，被划分到 4 个区间，分别标记为非常便宜、便宜、适中、贵。

```
import pandas as pda
import numpy as npy
data=pda.read_excel("D:/taobao.xls")
da=data.values
data2=da[:,2]
```

```
data2
```
```
array([0, 116, 88, 118, 40, 85, 20, 158, 60, 96, 79, 26, 0, 15, 8, 28, 25,
       95, 35], dtype=object)
```

```
k=5
c1=pda.cut(data2,k,labels=["太便宜","便宜","适中","贵","太贵"])
print(c1)
```
```
[太便宜, 贵, 适中, 贵, 便宜, ..., 太便宜, 太便宜, 太便宜, 贵, 便宜]
Length: 19
Categories (5, object): [太便宜 < 便宜 < 适中 < 贵 < 太贵]
```

```
# 指定区间概化
k=[0,40,80,100,data2.max()]
c=pda.cut(data2,k,labels=["非常便宜","便宜","适中","贵"])
print(c)
```
```
[NaN, 贵, 适中, 贵, 非常便宜, ..., 非常便宜, 非常便宜, 非常便宜, 适中, 非常便宜]
Length: 19
Categories (4, object): [非常便宜 < 便宜 < 适中 < 贵]
```

图 3.23　商品价格概化结果

4．数据规约

在大数据集上进行复杂的数据分析和挖掘需要很长时间，数据规约可以产生更小且保持原数据完整性的新数据集。在规约后的数据集上进行数据化运营，将更有效率。数据规约的意义如下。

（1）克服无效、错误数据对数据建模造成的影响，提高建模的准确性。

（2）少量且具代表性的数据将大幅缩减数据化运营所需的时间。

（3）降低存储数据的成本。

主成分分析又称主分量分析，旨在利用降维的思想，把多个指标转化为少数几个综合指标，是数据规约中的一种重要方法。主成分分析的本质是坐标的旋转变换，将原始的 n 个变量进行新的线性组合，生成 n 个新的变量，它们之间互不相关，称为 n 个成分。同时按照方差最大化的原则，保证第一个成分的方差最大，然后依次递减。这 n 个成分是按照方差从大到小排列的，其中前 m 个成分可能包含了原始变量的大部分方差（及变异信息）。那么这 m 个成分就成为原始变量的主成分，它们包含了原始变量的大部分信息。注意，得到的主成分不是原始变量筛选后的剩余变量，而是原始变量经过重新组合后的综合变量。

下面来看"不同地区综合竞争力"的案例，其中包括全国不同地区的人均GDP（元）、财政收入（万元）、固定资产投资（亿元）、年末总人口（万人）、居民消费水平（元/人）、社会消费品零售总额（亿元），如表3.4所示。

表3.4 不同地区综合竞争力

编号	地区	人均GDP（元）	财政收入（万元）	固定资产投资（亿元）	年末总人口（万人）	居民消费水平（元/人）	社会消费品零售总额（亿元）
1	北京	50 467	11 171 514	3296.4	1581	16 770	3275.2
2	天津	41 163	4 170 479	1820.5	1075	10 564	1356.8
3	河北	16 962	6 205 340	5470.2	6898	4945	3397.4
4	山西	14 123	5 833 752	2255.7	3375	4843	1613.4
5	内蒙古	20 053	3 433 774	3363.2	2397	5800	1595.3
6	辽宁	21 788	8 176 718	5689.6	4271	6929	3434.6
7	吉林	15 720	2 452 045	2594.3	2723	5710	1675.8
8	黑龙江	16 195	3 868 440	2236	3823	5141	1997.7
9	上海	57 695	15 760 742	3900	1815	20 944	3360.4
10	江苏	28 814	16 566 820	10 069.2	7550	8302	6623.2
11	浙江	31 874	12 982 044	7590.2	4980	11 161	5325.3
12	安徽	10 055	4 280 265	3533.6	6110	4441	2029.4
13	福建	21 471	5 411 707	2981.8	3558	7826	2704.2
14	江西	10 796	3 055 214	2683.6	4339	4173	1428
15	山东	23 794	13 562 526	11 111.4	9309	7025	7122.5

我们想通过数据分析，在不同地区中找出哪个地区具有更强的综合竞争力。对于这个问题，如果我们有一些核心指标，如人均GDP指标具有最高的权重，那么可以很容易地得到最终结果。但是目前数据中给出了不同地区的多个指标，而各个指标具有相同的权重，这时可以借助主成分分析方法对数据指标进行降维，将多个指标转化为少数几个综合指标，基于综合指标找出地区的核心指标。调用Python中的pandas、numpy、PCA模块对数据进行主成分分析，如下面的代码所示。

（1）导入数据，对数据进行标准化。

```
import pandas as pda
import numpy as npy
data=pda.read_excel("D:/城市竞争力.xls")
data2=data.loc[:,["人均GDP(元)","财政收入（万元）","固定资产投资（亿元）","年末总人口（万人）","居民消费水平（元/人）","社会消费品零售总额（亿元）"]]
#标准化
data2["人均GDP(元)"]=(data2["人均GDP(元)"]-data2["人均GDP(元)"].mean())/data2["人均GDP(元)"].std()
data2["财政收入（万元）"]=(data2["财政收入（万元）"]-data2["财政收入（万元）"].mean())/data2["财政收入（万元）"].std()
data2["固定资产投资（亿元）"]=(data2["固定资产投资（亿元）"]-data2["固定资产投资（亿元）"].mean())/data2["固定资产投资（亿元）"].std()
data2["年末总人口（万人）"]=(data2["年末总人口（万人）"]-data2["年末总人口（万人）"].mean())/data2["年末总人口（万人）"].std()
data2["居民消费水平（元/人）"]=(data2["居民消费水平（元/人）"]-data2["居民消费水平（元/人）"].mean())/data2["居民消费水平（元/人）"].std()
data2["社会消费品零售总额（亿元）"]=(data2["社会消费品零售总额（亿元）"]-data2["社会消费品零售总额（亿元）"].mean())/data2["社会消费品零售总额（亿元）"].std()
```

（2）对数据进行主成分分析，并找出因子贡献率。

```
#主成分分析
from sklearn.decomposition import PCA
pca1=PCA()
pca1.fit(data2)
#各个成分中各自方差百分比、因子贡献率
rate=pca1.explained_variance_ratio_
print(rate)
```

结果为：[0.660 519 72,0.295 182 7,0.021 279 46,0.015 888 9,0.004 330 94,0.002 798 29]，可以看出前两个因子累积贡献率可以达到85%以上，因此主成分个数选择2个为宜。

（3）根据载荷矩阵，对主成分因子命名。

```
#返回模型中各个特征量
Characteristic=pca1.components_
print(Characteristic)
```

得到的载荷矩阵如图3.24所示，PC1、PC2是通过主成分分析得到的综合指标，我们要根据载荷矩阵对这两个因子进行命名。对于因子 PC1，财政收入、固定资产投资、社会消费品零售总额三个指标影响较大，因此将因子 PC1 命名为整体竞争力指标；对于因子 PC2，人均 GDP、社会消费品零售总额两个指标影响较大，因此将因子 PC2 命名为人均竞争力指标。

	A	B	C	D	E	F	G
1		人均GDP(元)	财政收入（万元）	固定资产投资（亿元）	年末总人口（万人）	居民消费水平（元/人）	社会消费品零售总额（亿元）
2	PC1	0.3667	0.4905	0.4503	0.3179	0.3384	0.4772
3	PC2	0.5446	0.0416	-0.264	-0.547	0.542	-0.1978
4	PC3	0.0478	-0.0273	0.6462	-0.6612	-0.3673	0.0856
5	PC4	-0.422	0.6081	-0.4157	-0.3755	-0.0706	0.3652
6	PC5	0.3688	-0.4375	-0.3226	-0.0305	-0.2679	0.7041
7	PC6	0.5231	0.4426	-0.1821	0.1439	-0.6165	-0.3108

图 3.24　载荷矩阵

（4）选择因子个数为 2 个，重新进行主成分分析，对数据降维。

```
pca2=PCA(2)
pca2.fit(data2)
reduction=pca2.transform(data2)#降维
print(reduction)
```

通过整体竞争力指标、人均竞争力指标，对地区综合竞争力进行分析，如图 3.25 所示。从图 3.25 中不难发现，北京、上海的综合竞争力较强，对应于降维前原始数据，这两个地区各项指标均处于较高水平；江苏、浙江、山东整体竞争力较强，对应于降维前原始数据，这三个地区在财政收入、固定资产投资、社会消费品零售总额方面具有较强的实力；天津人均竞争力较强，对应于降维前原始数据，这个地区在人均 GDP、社会消费品零售总额两个方面具有较强的实力；其他地区，如山西、内蒙古、吉林、黑龙江等在全国范围内综合竞争力较弱，有待进一步提升。

	A	B	C
1	地区	整体竞争力指标	人均竞争力指标
2	北京	2.073247985	3.337934725
3	天津	-0.098847004	2.440906141
4	河北	0.694674211	-1.11895146
5	山西	-0.77482757	-0.06644996
6	内蒙古	-0.689524153	0.402342643
7	辽宁	0.914533763	-0.10619383
8	吉林	-0.97864106	0.190995176
9	黑龙江	-0.740058964	-0.07393028
10	上海	3.204007662	4.154173791
11	江苏	3.832136206	-0.92840509
12	浙江	2.822561953	0.456754301
13	安徽	-0.436877764	-1.03444085
14	福建	0.028626712	0.457482135
15	江西	-1.038446205	-0.54897712
16	山东	3.797617758	-1.85623816
17	河南	1.09742029	-1.91424738
18	湖北	0.01753672	-0.7610107

图 3.25　地区综合竞争力分析结果

3.5 数据分析与挖掘

企业在数据化运营过程中最大的困惑是什么？笔者认为无非在数据的分析与挖掘工作上。其实，无论是数据的分析与挖掘，还是数据的数理统计，整个过程都是不断挑战的过程。当企业中一些人萌发了数据化运营的意识时，并不意味着企业走在了数据化运营的道路上；当企业中各个部门及人员在统计一系列技术指标，通过分析一些关键数据进行企业的运营与决策时，也只能说企业在做一些有关数据化运营的相关工作，数据分析与挖掘永无止境。运营中的利益永远没有最大化，这说明了企业数据化运营不能停止，要不断学习，提升企业业绩。本节将介绍数据分析与挖掘中的重要利器——机器学习，包括机器学习发展历程、机器学习分类、机器学习应用场景和 Python 常用机器学习库。

3.5.1 机器学习发展历程

机器学习（Machine Learning，ML）是一门多领域交叉学科，涉及概率论、统计学、逼近论、凸分析、算法复杂度理论等多门学科，专门研究计算机怎样模拟或实现人类的学习行为，以获取新的知识或技能，重新组织已有的知识结构，不断改善自身的性能。机器学习实际上已经存在了几个世纪，最早可以追溯到 17 世纪，贝叶斯、拉普拉斯关于最小二乘法的推导和马尔可夫链，这些构成了机器学习广泛使用的工具和基础。从 1950 年，艾伦·图灵提议建立一个学习机器，到 2000 年年初，深度学习得到广泛应用，机器学习有了很大的进展。从 20 世纪 50 年代研究机器学习以来，不同时期的研究途径和目标并不相同，机器学习的发展大体可以划分为四个时期，如图 3.26 所示。

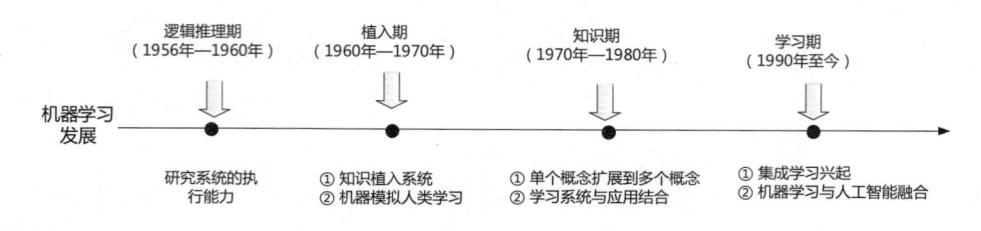

图 3.26 机器学习的发展阶段

（1）逻辑推理期（1956年—1960年），这个时期主要研究系统的执行能力。在逻辑推理期，研究人员主要通过对机器的环境及相应性能参数的改变来检测系统反馈的数据，就好比给系统一个程序，通过改变程序的自由空间作用，系统将会受到程序的影响而改变自身的组织，最后这个系统将会选择一个最优的环境生存，这种机器学习的方法远远不能满足人类的需求。

（2）植入期（1960年—1970年），这个时期主要研究将各个领域的知识植入系统，目的是通过机器模拟人类学习的过程，采用了图结构及逻辑结构方面的知识进行系统描述。在植入期，主要用各种符号来表示机器语言，研究人员在进行实验时意识到学习是一个长期的过程，从这种系统环境中无法学到更加深入的知识，因此将各专家学者的知识加入系统，经过实践证明，这种方法取得了一定的成效。

（3）知识期（1970年—1980年），这个时期人们从学习单个概念扩展到学习多个概念，探索不同的学习策略和学习方法，且在本时期已开始把学习系统与各种应用结合起来，并取得很大的成功。同时，专家系统在知识获取方面的需求极大地刺激了机器学习的研究和发展。

（4）学习期（1990年至今），这是机器学习的最新阶段。这个时期的机器学习具有如下特点：机器学习已成为新的学科，综合应用了心理学、生物学、神经生理学、数学、自动化和计算机科学等形成机器学习理论基础；融合了各种学习方法，且形式多样的集成学习系统研究正在兴起；机器学习与人工智能各种基础问题的统一性观点正在形成。

相对于传统机器学习利用经验改善系统自身的性能，现在的机器学习大多是利用数据改善系统自身的性能的。基于数据的机器学习是现代智能技术中的重要方法之一，它从观测数据（样本）出发寻找规律，利用这些规律对未来数据或无法观测的数据进行预测。换句话说，现在的机器学习，无须通过明确的编程就能让计算机系统具有从历史经验中进行自主学习的能力。美国卡内基梅隆大学计算机科学学院院长 Tom Mitchell 给予了机器学习一个技术性的定义：对于某种任务 T、性能指标 P 来说，如果一个计算机程序以历史经验 E 为基础，实现以指标 P 进行度量的任务 T 后，性能指标 P 会有所提升，则认为这个程序具有从经验 E 中学习的能力。

简单来说，在这个定义中有三个要素：任务 T、性能指标 P 和经验 E，即 (T,P,E)。计算机程序把这三者联系在一起，决定如何利用经验 E 来完成任务 T 并保证随着经验 E 的增加，能够更好地完成任务（P 提升）。其中：任务 T 是机器学习需要完成的工作内容，可以是一个预测、分类或聚类的工作；经验 E 是训练数据集或输入的数据。机器通过经验 E 获得学习能力；性能指标 P 是影响任务 T 完成质量的因素，如精度等。

对上述技术性定义进行分析，可以推理出机器学习框架图，如图 3.27 所示。机器（计算机系统）本身包含两个主要组件：学习机和推理机。将输入/经验提供给学习机，学习机用它们来学习新技术；将背景知识提供给学习机，这样能够帮助学习机更好地学习；借助输入/经验和背景知识，学习机可以生成模型，该模型包含从输入/经验和背景知识中学习到的信息，将任务/问题（如预测、分类等）提供给推理机；在训练有素的模型的帮助下，推理机尝试给出任务/问题的解决方案/思路。通过给予新的输入/经验和背景知识，可以提高该解决方案/思路的性能。

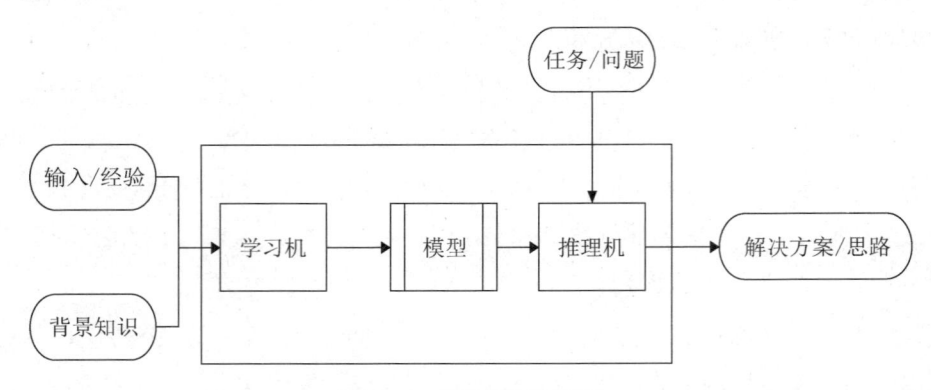

图 3.27　机器学习框架图

3.5.2　机器学习分类

机器学习按照学习形式进行分类，可分为有监督学习、无监督学习、半监督学习、强化学习等。区别在于，有监督学习需要提供标注数据，无监督学习不需要提供标注数据，半监督学习需要提供少量标注数据，而强化学习需要反馈机制，如图 3.28 所示。

第 3 章　数据化运营的业务流程

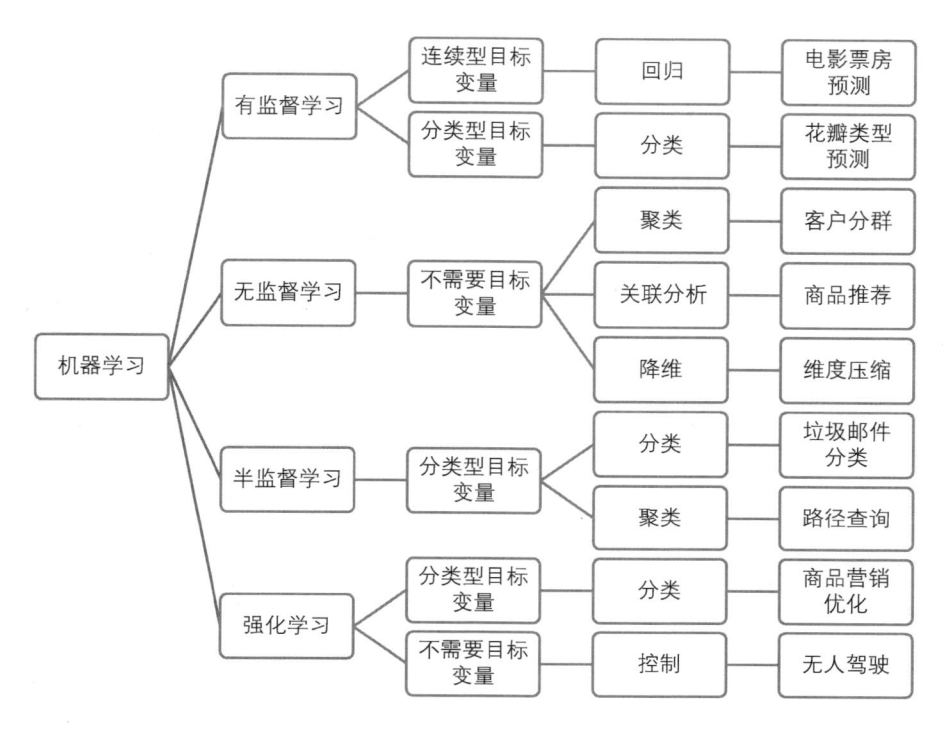

```
                  ┌─ 连续型目标变量 ─ 回归 ─ 电影票房预测
         有监督学习 ┤
                  └─ 分类型目标变量 ─ 分类 ─ 花瓣类型预测

                                   ┌─ 聚类 ─ 客户分群
         无监督学习 ─ 不需要目标变量 ┼─ 关联分析 ─ 商品推荐
 机器学习                          └─ 降维 ─ 维度压缩

                                   ┌─ 分类 ─ 垃圾邮件分类
         半监督学习 ─ 分类型目标变量 ┤
                                   └─ 聚类 ─ 路径查询

                  ┌─ 分类型目标变量 ─ 分类 ─ 商品营销优化
         强化学习 ┤
                  └─ 不需要目标变量 ─ 控制 ─ 无人驾驶
```

图 3.28　机器学习分类

（1）有监督学习，或者直接被称为监督学习。训练数据中带有需要预测的属性（字段、标注数据），在处理数据的过程中，将以标注数据为预测目标方向，进行模型创建。有监督学习包括分类和回归两类，如图 3.29 所示。

分类：每个样本属于两个或多个类别之一。分类试图从已标注的数据中学习如何预测未标注数据的类别。例如，手写体识别问题、车牌自动识别问题等都是将每个输入数据（向量）分配给有限数量的离散类别的。常用的分类算法包括逻辑回归、决策树、KNN、随机森林、SVM、朴素贝叶斯等。

回归：如果所需的输出由一个或多个连续变量组成，则该算法称为回归。例如，根据父母的身高去推测儿子的身高就是一个回归问题。常用回归算法包括线性回归、神经网络等。

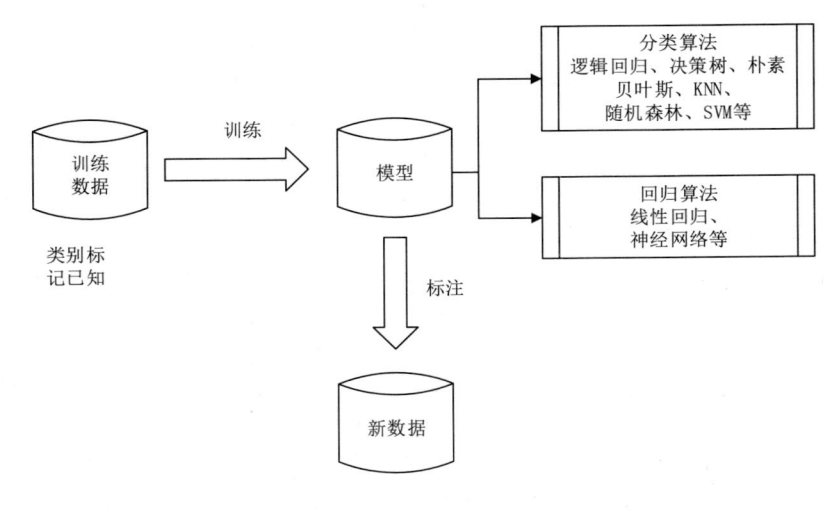

图 3.29　有监督学习

（2）无监督学习（Unsupervised Learning）。训练数据由一组输入向量组成，不包含任何相应的目标值（字段、标注数据）。问题的目标可能是发现数据中类似的数据组，称为聚类；或者找到不同数据之间的相互依存性和关联性，称为关联分析；或者利用高维投影数据达到可视化的目的，将空间缩小到两维或三维，称为降维。聚类、关联分析、降维等都是无监督学习的算法，如图 3.30 所示。

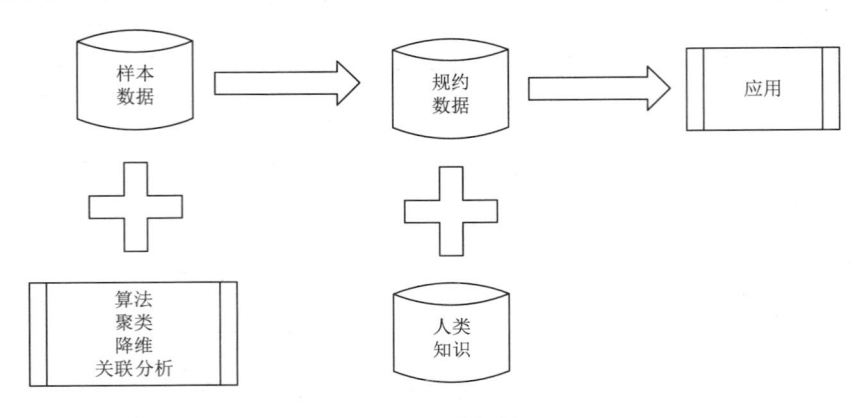

图 3.30　无监督学习

（3）半监督学习是模式识别和机器学习领域研究的重点问题，是有监督学习与无监督学习相结合的一种学习方法。半监督学习使用大量的未标注数据，同时使用标注数据，来进行模式识别工作，如图 3.31 所示。当使用半监督学习时，要求尽量少的人员来从事工作，并带来比较高的准确性。因此，半监督学习正越来越受到人们的重视。

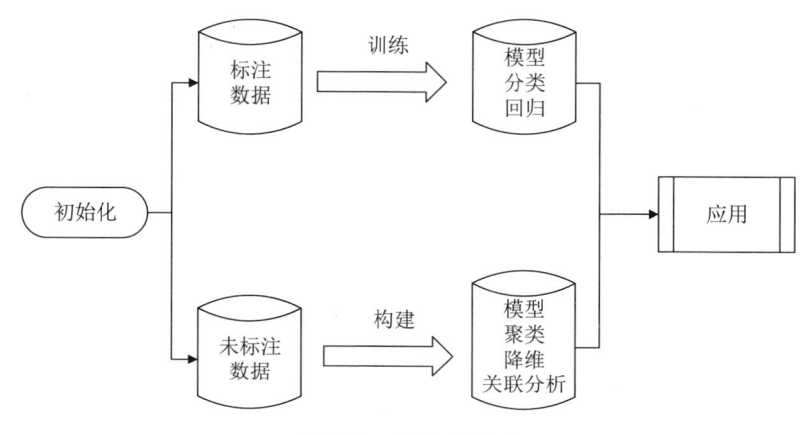

图 3.31　半监督学习

（4）强化学习（Reinforcement Learning），又被称为增强学习。机器在环境中通过试错法持续自我训练，从过去的经验中学习，并尝试获取尽可能好的知识以便做出更好的决策，试错搜索和延迟奖励是强化学习明显的特征，如图 3.32 所示。一个典型的例子就是马尔可夫决策过程。

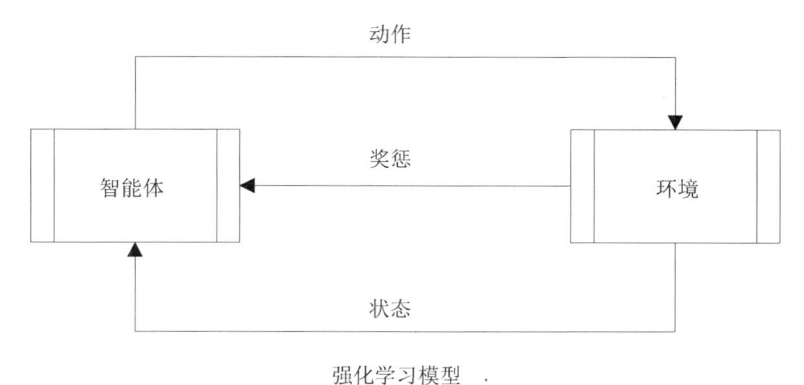

强化学习模型

图 3.32　强化学习

3.5.3 机器学习应用场景

机器学习已经"无处不在",应用遍及数据化运营与人工智能的各个领域,包括数据挖掘、计算机视觉、自然语言处理、语音识别、模式识别、统计学习等,如图3.33所示。接下来将介绍几种机器学习的主要应用场景。

图 3.33 机器学习应用场景

1. 异常检测

异常是指某个数据对象由于测量、收集或自然变异等原因变得不同于正常的数据对象的场景,找出异常的过程称为异常检测。异常检测的训练样本都是非异常样本,假设这些样本的特征服从高斯分布,在此基础上估计出一个概率模型,用该模型估计待测样本属于非异常样本的可能性。

2. 用户画像

用户画像的核心工作是给用户打标签,标签通常是人为规定的高度精练的特征标识,如年龄、性别、地域、兴趣等。由这些标签能抽象出一个用户的信息全貌,每个标签分别描述了该用户的一个维度,各个维度相互联系,共同构成对用户的整体描述。在产品的运营和优化中,根据用户画像能够深入理解用户需求,从而设计出更适合用户的产品,提升用户体验。

3. 广告点击率预估

互联网广告是互联网公司主要的盈利手段,互联网广告交易的双方是广告主和媒体。广告点击率(Click Through Rate,CTR)是指广告的点击到达率,即广告的实际点击次数除以广告的展现量。在实际应用中，我们从广告的海量历史展现点击日志中提取训练样本，构建特征并训练 CTR 模型，评估各方面因素对广告点击率的影响。

3.5.4 Python 常用机器学习库

随着数据化运营技术与人工智能技术的发展与普及，Python 远远超越了其他编程语言，成为机器学习领域中最热门、最常用的编程语言之一。有许多原因致使 Python 在众多编程语言中如此受追捧，其中之一便是其拥有大量的与机器学习相关的开源框架与工具库，如图 3.34 所示。这里将介绍几种在 Python 中常用的机器学习库。

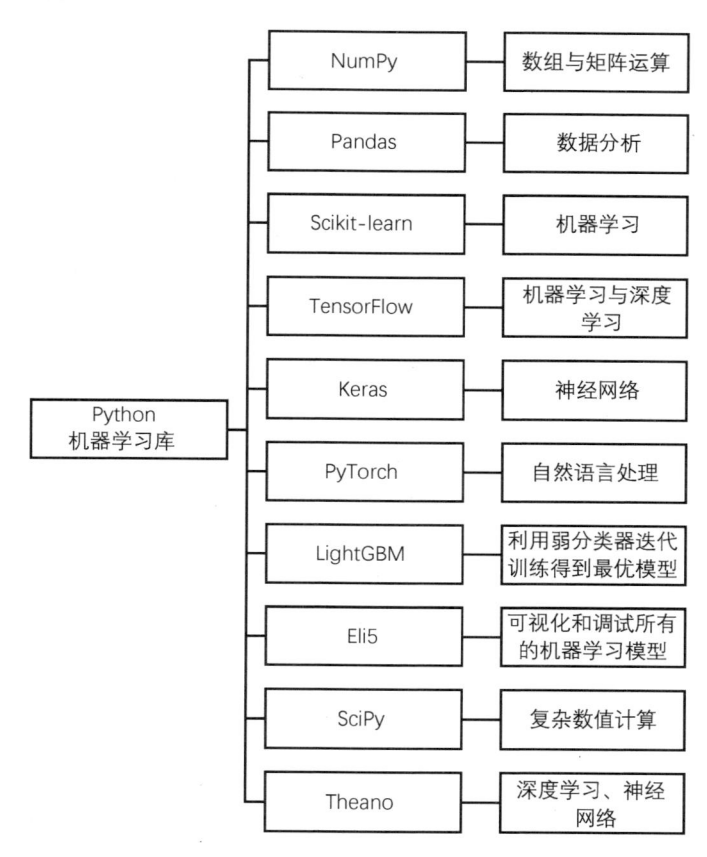

Python 机器学习库：
- NumPy — 数组与矩阵运算
- Pandas — 数据分析
- Scikit-learn — 机器学习
- TensorFlow — 机器学习与深度学习
- Keras — 神经网络
- PyTorch — 自然语言处理
- LightGBM — 利用弱分类器迭代训练得到最优模型
- Eli5 — 可视化和调试所有的机器学习模型
- SciPy — 复杂数值计算
- Theano — 深度学习、神经网络

图 3.34　Python 常用的机器学习库

（1）NumPy。NumPy 是 Python 的一种开源的数值计算扩展工具，这种工具可用来存储和处理大型矩阵，比 Python 自身的嵌套列表结构要高效得多，支持大量的维度数组与矩阵运算，同时针对数组运算提供大量的数学函数库。

（2）Pandas。Pandas 是基于 NumPy 的一种工具，该工具是为完成数据分析任务而创建的。Pandas 纳入了大量库和一些标准的数据模型，提供了高效地操作大型数据集所需的工具。Pandas 提供了大量能使我们快速便捷地处理数据的函数和方法。

（3）Scikit-learn。Scikit-learn 是针对 Python 编程语言的免费软件机器学习库，具有各种分类、回归和聚类算法，包括：支持向量机、随机森林、梯度提升、K-MEANS 和 DBSCAN 算法等。

（4）TensorFlow。TensorFlow 是一个基于数据流编程的数学符号系统，被广泛应用于各类机器学习算法的编程实现。Tensorflow 拥有多层级结构，可部署于各类服务器、PC 终端和网页，并支持 GPU 和 TPU 高性能数值计算，被广泛应用于谷歌内部的产品开发和各领域的科学研究。

（5）Keras。Keras 是一个由 Python 编写的开源人工神经网络库，可以作为 TensorFlow、Microsoft-CNTK 和 Theano 的高阶应用程序接口，进行深度学习模型的设计、调试、评估、应用和可视化。

（6）PyTorch。PyTorch 是一个开源的 Python 机器学习库，用于自然语言处理等应用程序。除此之外，PyTorch 还提供两个高级功能：具有强大的 GPU 加速性能的张量计算和包含自动求导系统的深度神经网络。

（7）LightGBM。LightGBM 是机器学习中的重要模型，主要思想是利用弱分类器（决策树）迭代训练来得到最优模型，具有训练效果好、不易过拟合等优点。LightGBM 支持高效率的并行训练，并具有更快的训练速度、更低的内存消耗、更好的准确率，支持分布式系统，可以快速处理海量数据。

（8）Eli5。在大多数情况下，机器学习模型的预测结果并不准确，而内置 Python 的 Eli5 机器学习库有助于克服这一缺点，Eli5 可以可视化和调试所有的机器学习模型，并跟踪算法的所有执行步骤。

（9）SciPy。SciPy 包含用于优化、线性代数、积分和统计的模块。此外，SciPy

使用特定子模块提供了高效的数值例程,如优化、数值积分和其他例程。

(10) Theano。Theano 是专门为用于深度学习的大型神经网络算法的计算类型而设计的,被认为是深度学习研究和开发的行业标准。

3.6 数据可视化与数据决策

数据可视化设计是一个跨学科、跨门类、涉及面极广的前沿科学技术,旨在研究大规模非数值型信息资源的视觉呈现,利用图像呈现技术与方法,帮助人们理解和分析数据。数据可视化可以帮助企业从浩如烟海的复杂数据中理出头绪,化繁为简,挖掘数据背后的商业价值,从而实现更有效的决策过程。

3.6.1 统计图表的正确使用方法

我们来看数据可视化的商业案例。在下面的案例中,数据化运营人员小王想通过统计图表展现工作中常见的一些数据,但是错误地选择了图表,出现了运营中的误解。第一张图(见图3.35)要传达的内容是:在整个行业中,我公司业绩一直是很不错的,2000年以来,我们的业绩一直在持续增长,除了2002年因某些特殊原因,业绩有所下降。小王选择用饼图进行可视化呈现,正如我们所见,饼图通常是表示占比关系的,并不能表示出自2000年之后业绩的趋势变化。

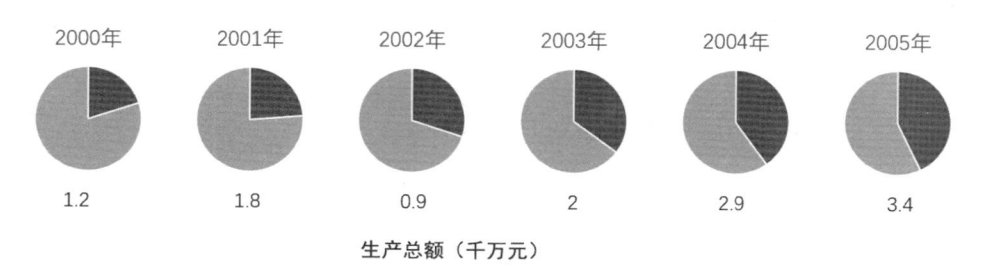

图 3.35 基于饼图的业绩增长情况

第二张图(见图3.36)要传达的内容是:与我公司的主要竞争对手相比较,我们的投资回报率排在首位,已经达到了14%。小王选择用折线图进行可视化呈现,正如我们所见,折线图通常是表示趋势变化的。图3.36能否看出谁排在第一位？不同公司之间的波动代表什么？图 3.36 显然是有问题的。

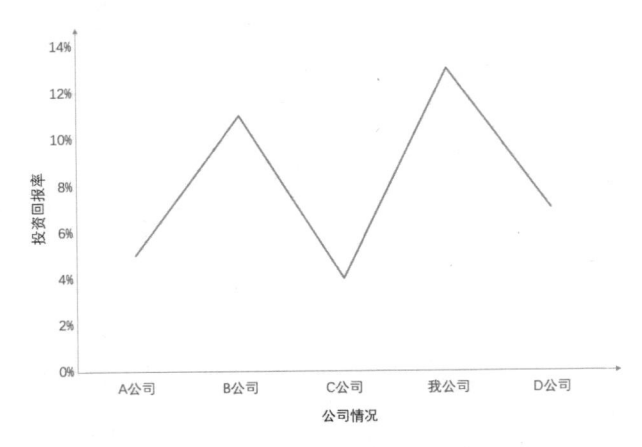

图 3.36　基于折线图的投资回报率对比情况

第三张图（见图 3.37）要传达的内容是：自从 2000 年以来，在其他三个竞争对手丢掉市场份额的同时，我公司和另一家公司的市场份额在增长。小王选择用散点图进行可视化呈现，正如我们所见，散点图通常是表示两个变量之间的关系的，如果一个变量随另一个变量增长而变大，说明两个变量是正线性关系；如果一个变量随另一个变量减少而变小，说明两个变量是负线性关系；如果两个变量之间没有明显的变化关系，说明两个变量不相关。显然，用散点图很难发现 2000 年—2005 年哪些公司的市场份额变大，哪些公司的市场份额变小。

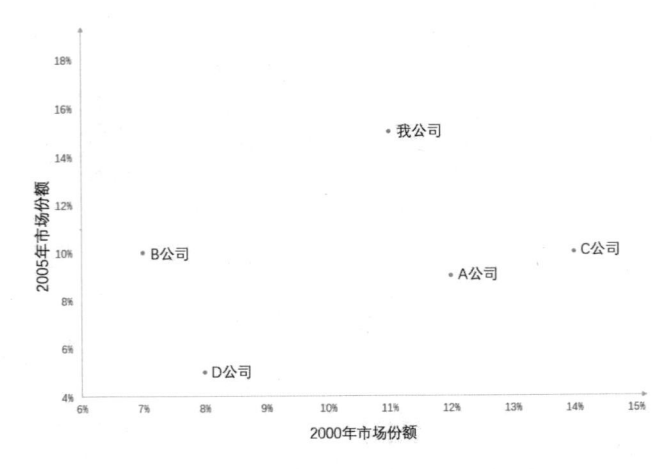

图 3.37　基于散点图的市场份额变化情况

小王使用了错误的统计图表，因此不能很好地传达数据背后隐含的商业信息。我们针对上面的几张图，重新绘制图表。对于第一张图，由于要展示 2000 年—2005 年间业绩的趋势变化，因此用折线图进行可视化呈现，如图 3.38 所示。从图 3.38 中不难发现，尽管 2002 年因某些特殊原因，业绩下滑，但生产总额仍从 2000 年的 1200 万元增长至 2005 年的 3400 万元。

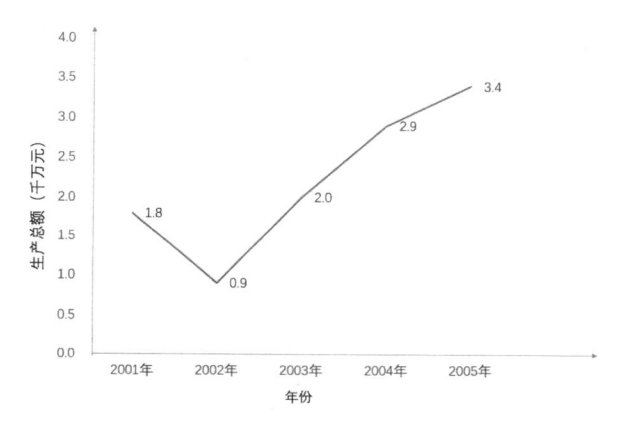

图 3.38　基于折线图的业绩增长情况

对于第二张图，由于要展示与四个竞争对手相比，我公司以在 2005 年 14% 的投资回报率排在首位，因此用条形图进行可视化呈现，如图 3.39 所示。从图 3.39 中不难发现，投资回报率从高到低依次是我公司、B 公司、D 公司、A 公司、C 公司。

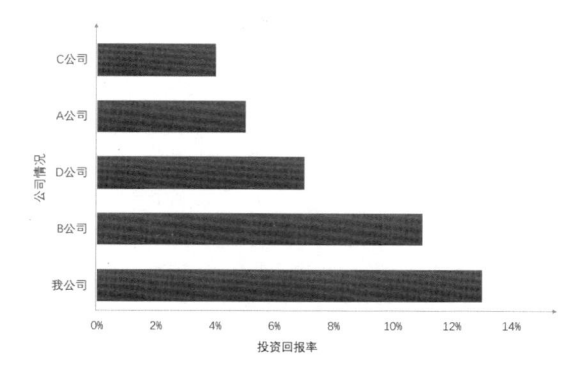

图 3.39　基于条形图的投资回报率对比情况

对于第三张图，要展示每个公司在 2000 年—2005 年市场份额的变化，对于数量的对比，我们选择用柱状图进行可视化呈现，如图 3.40 所示。从图 3.40 中不难发现，2000 年与 2005 年对比，在其他竞争对手丢失部分市场份额的同时，我公司与 B 公司分别获得 4%和 3%的市场份额增长。

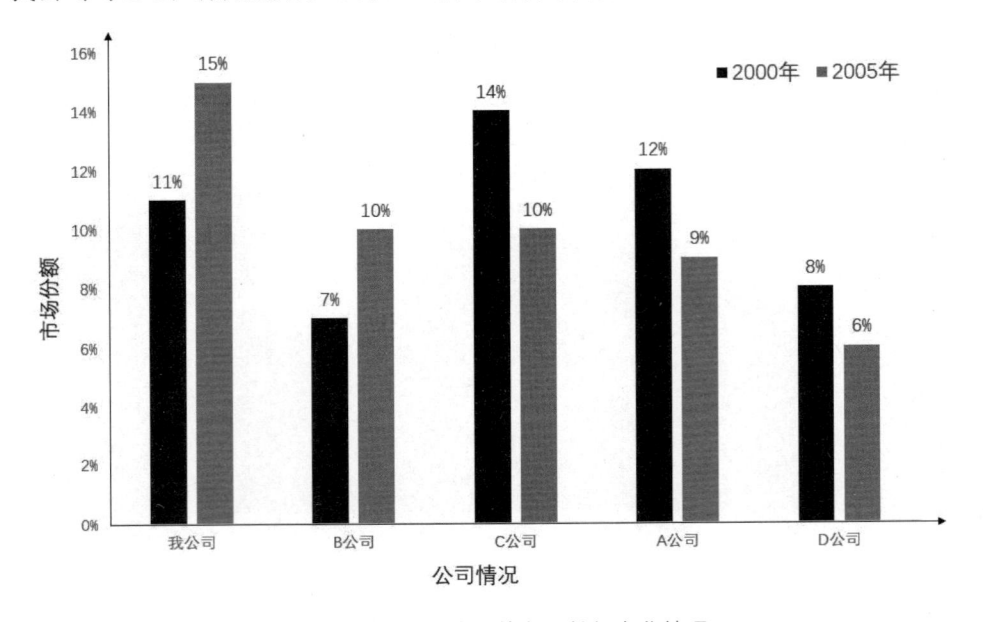

图 3.40　基于柱状图的市场份额变化情况

接下来介绍统计图表的正确使用方法，可以分三个步骤，第一步针对已有数据搞清楚想要表达的内容是什么，并根据想要表达的内容给目标任务定义标题；第二步从标题中提炼关键信息，将关键信息与五种基本关系相匹配；第三步根据五种基本关系，找到对应的统计图表。

1. 第一步：定义标题

第一步是定义标题，这是正确选择统计图表的基础，为什么这么说呢？我们来看下面这个例子，表 3.5 展现了 A、B、C 三个产品在 1 月—5 月期间产品销售量及每个月产品销售总量的情况，这时对于同样的数据，可以展现的内容有很多。我们既可以展现 5 个月内销售总量的变化情况，又可以展现某月 A、B、C 三个产品销售量的大小对比，还可以展现某月 A、B、C 三个产品的销售量在总体中的占比情况。展现的重点不同，决定了要使用的统计图表不同。因此，首先要搞清楚自己要呈现的信息。另外，在定义标题的过程中，标题要反映主要的信息，简单明了且必须切中关键点。

表 3.5　产品在不同月份的销售量情况

产品销售量（单位：万件）				
	产品 A	产品 B	产品 C	总计
1 月	88	26	7	121
2 月	94	30	8	132
3 月	103	36	8	147
4 月	113	39	7	159
5 月	122	40	13	175

2．第二步：提炼关键信息，匹配基本关系

第二步是提炼关键信息，匹配基本关系，这是正确选择统计图表的关键。数据要呈现的信息类型一共有五种，分别是成分、项目、时间序列、频率分布和相关性。

成分要表达的信息是各部分占总体的百分比，当标题中含有份额、百分比和预计达到百分比等关键词时，说明数据要呈现的类型是成分。例如：在 5 月，A 产品预计占到公司总销售额的最大份额；2005 年，市场份额少于行业 10%。

项目要表达的信息是不同元素的排序，当标题中含有大于、小于或大致相当等关键词时，说明数据要呈现的类型是项目。例如：在 5 月，A 产品的销售额相当于 B 产品、C 产品销售额之和；在销售额中，消费者的回报率排名第 4。

时间序列要表达的信息是一定时间的变化情况，当标题中含有变化、增长、提高、下降、减少、下跌和上下波动等关键词时，说明数据要呈现的类型是时间序列。例如：从 1 月以来，销售额稳定增长；投资回报率在过去的 5 年里急剧下降；利率在过去的 7 个季度里起伏不定。

频率分布要表达的信息是各数值范围内包含了多少个项目，当标题中含有从 X 到 Y、集中、频率与分布等关键词时，说明数据要呈现的类型是频率分布。例如：在 5 月，大多数地区的销售额在 100 万～200 万元之间；我公司员工年龄分布与竞争对手相比有很大不同。

相关性要表达的信息是两个变量之间的关系，当标题中含有与……有关、

随……而增长、随……而下降、随……而改变等关键词时，说明数据要呈现的类型是相关性。例如：5月销售业绩显示，销售业绩与销售员的经验没有关系；CEO的薪水并不随着公司规模的改变而改变。

关键词与五种基本关系的匹配情况如表3.6所示。

表3.6 关键词与五种基本关系的匹配情况

类型	具体含义	关键词	举例
成分	各部分占总体的百分比	份额、百分比和预计达到百分比	在5月，A产品预计占到公司总销售额的最大份额； 2005年，市场份额少于行业10%
项目	不同元素的排序	大于、小于或大致相当	在5月，A产品的销售额相当于B产品、C产品销售额之和；在销售额中，消费者的回报率排名第4
时间序列	一定时间的变化情况	变化、增长、提高、下降、减少、下跌和上下波动	从1月以来，销售额稳定增长； 投资回报率在过去的5年里急剧下跌； 利率在过去的7个季度里起伏不定
频率分布	各数值范围内包含了多少个项目	从X到Y、集中、频率与分布	在5月，大多数地区的销售额在100万～200万元之间； 我公司员工年龄分布与竞争对手相比有很大不同
相关性	两个变量之间的关系	与……有关、随……而增长、随……而下降、随……而改变	5月销售业绩显示，销售业绩与销售员的经验没有关系； CEO的薪水并不随着公司规模的而改变

3．第三步：根据基本关系，正确选择统计图表

第三步是根据基本关系，正确选择统计图表。正如之前介绍的，五种基本关系包括成分、项目、时间序列、频率分布和相关性。要根据基本关系，正确地使用统计图表，如成分关系，可以使用饼图；项目关系，可以使用条形图和柱状图；时间序列关系，可以使用折线图；频率关系，可以使用柱状图和折线图；相关关系，可以使用条形图和散点图，如图3.41所示。这里只列了一些基本的统计图表，重点在于讲清统计图表的正确使用方法，后续大家可以在这个基础上不断补充。大家在进行数据化运营的过程中，不要一开始就选择某个图表，或者看哪个图表好看用哪个，大家要清楚自己要表达什么含义，要根据目标任务选择对应的

图表。

	成分	项目	时间序列	频率分布	相关性
饼图	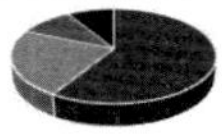				
条形图					
柱状图					
折线图					
散点图					

图 3.41 根据基本关系，正确选择统计图表

3.6.2 Python 常用的图表呈现模块

对于常见统计图表的实现，Python 提供了一个数据可视化模块 matplotlib。

matplotlib 是一个 Python 的 2D 绘图库，可以用各种硬拷贝格式和跨平台的交互式环境生成出版质量级别的图形。通过 matplotlib，开发者仅需要几行代码，便可以生成绘图，一般可绘制折线图、散点图、柱状图、饼图、直方图、子图等。matplotlib 还可以使用 NumPy 进行数组运算，并调用一系列其他的 Python 库来实现硬件交互。这里来看一些 matplotlib 实现的统计图表。

（1）案例 1：常规图表实现，构建简单数据，对数据进行可视化呈现，分别绘制折线图、柱状图、条形图、散点图，代码如下，实现效果如图 3.42 所示。

```
import matplotlib.pyplot as plt
x=[1,2,3,4]
y=[5,8,6,9]
y1=[7,5,8,4]
#折线图重叠
plt.plot(x,y)
```

```
plt.plot(x,y1)
#柱状图
plt.bar(x,y)
#条形图
plt.barh(x,y)
#散点图
plt.scatter(x,y)
```

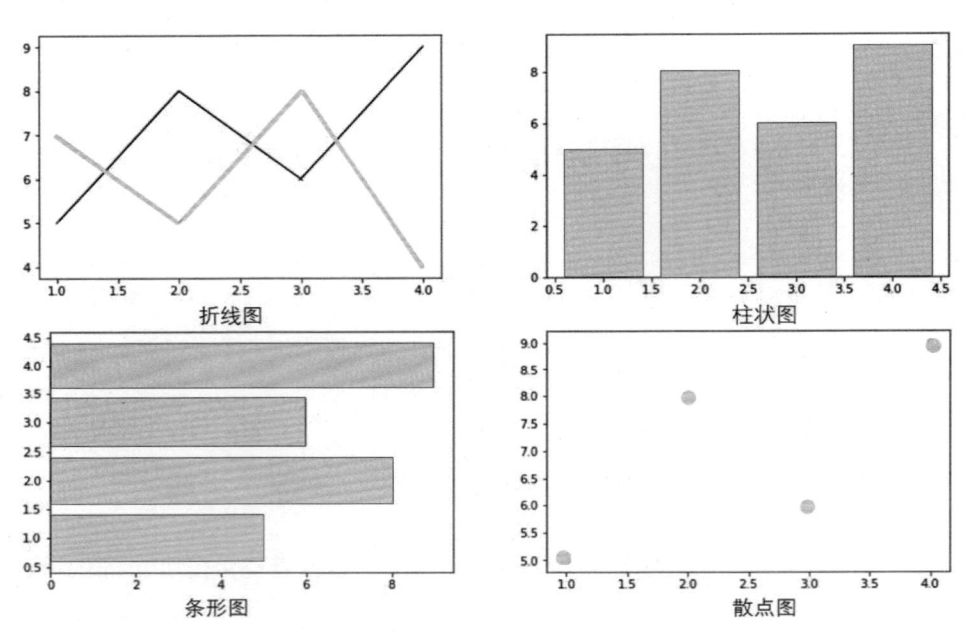

图 3.42　Python 常规图表实现效果

（2）案例 2：饼图绘制，构建计算机产品销售量数据，对数据进行可视化呈现，以饼图形式展现不同品牌计算机的销售量占比，代码如下，实现效果如图 3.43 所示。

```
import matplotlib as mpl
import matplotlib.pyplot as plt

# 这两行代码解决 plt 中文显示的问题
plt.rcParams['font.sans-serif'] = ['SimHei']
plt.rcParams['axes.unicode_minus'] = False

# explode: 一个列表，用于指定每份饼片边缘偏离半径的百分比
```

```
# labels：每份饼片的标签
# autopct：数值百分比的样式
# startangle：起始角度
# shadow：是否绘制阴影
# colors：饼片的颜色
# 生成数据
labels = ['产品 A', '产品 B', '产品 C', '产品 D', '产品 E']
share = [0.45, 0.25, 0.15, 0.05, 0.10]
# 设置分裂属性
explode = [0, 0.1, 0, 0, 0]
plt.pie(share, explode = explode,
        labels = labels, autopct = '%3.1f%%',
        startangle = 180, shadow = True,
        colors = ['darkgray', 'lightgray', 'gray', 'dimgray', 'snow'])
# 标题
plt.title("2020 年计算机产品销售量")
plt.show()
```

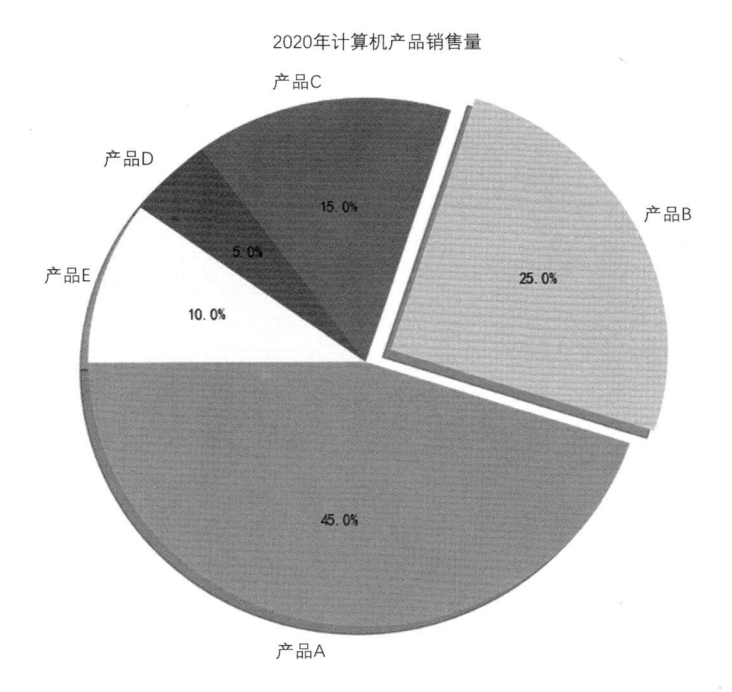

图 3.43　Python 饼图实现效果

（3）案例 3：环形图绘制，构建计算机产品销售量数据，对数据进行可视化呈现，以环形图形式展现不同品牌的计算机在 2020 年和 2021 年的销售量占比，代码如下，实现效果如图 3.44 所示。

```python
import matplotlib as mpl
import matplotlib.pyplot as plt
# 这两行代码解决 plt 中文显示的问题
plt.rcParams['font.sans-serif'] = ['SimHei']
plt.rcParams['axes.unicode_minus'] = False
# 设置图片大小
plt.figure(figsize = (10, 8))
# 生成数据
labels = ['产品 A', '产品 B', '产品 C', '产品 D', '产品 E']
share_laptop = [0.45, 0.25, 0.15, 0.05, 0.10]
share_pc = [0.35, 0.35, 0.08, 0.07, 0.15]
colors = ['black', 'red', 'darkslategray', 'orange', 'silver']
"""
wedge: 外环与内环构成的环列表
texts: 分类标签的文本列表
autotexts: 百分比部分的文本列表
在 pie()函数中：
radius: 半径
pctdistance: 环形图重心到 autotexts 对象的相对距离
textprops: 环形图中百分比文本的属性字典
wedgeprops: 环形图的格式，这里用 width 设置环的宽度，使用 edgecolor 设置边缘颜色
"""
# 外环
wedges1, texts1, autotexts1 = plt.pie(share_laptop,
    autopct = '%3.1f%%',
    radius = 1,
    pctdistance = 0.85,
    colors = colors,
    startangle = 180,
    textprops = {'color': 'w'},
    wedgeprops = {'width': 0.3, 'edgecolor': 'w'}
)
# 内环
wedges2, texts2, autotexts2 = plt.pie(share_pc,
    autopct = '%3.1f%%',
    radius = 0.7,
    pctdistance = 0.75,
```

```
    colors = colors,
    startangle = 180,
    textprops = {'color': 'w'},
    wedgeprops = {'width': 0.3, 'edgecolor': 'w'}
)
"""
fontsize 设置文本大小
title 设置图例的标题
loc 设置图例的位置
bbox_to_anchor 设置图例的位置
"""
# 图例
plt.legend(wedges1,
        labels,
        fontsize = 12,
        title = 'list of company',
        loc = 'center right',
        bbox_to_anchor = (1, 0.6))
# 设置文本样式
plt.setp(autotexts1, size=15, weight='bold')
plt.setp(autotexts2, size=15, weight='bold')
plt.setp(texts1, size=15)
# 标题
plt.title("2020 年和 2021 年计算机产品销售量", fontsize=20)
plt.show()
```

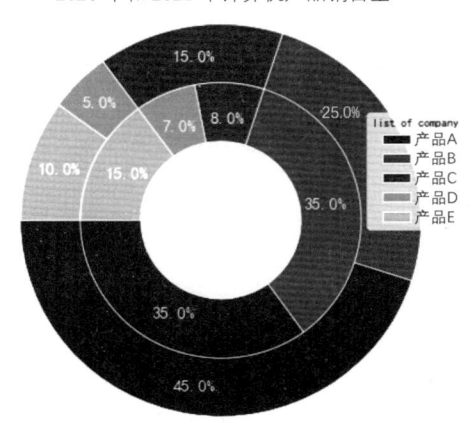

图 3.44　Python 环形图实现效果（彩色图见插页）

（4）案例4：气泡图绘制，构建农作物产量数据，对数据进行可视化呈现，气泡图的横坐标代表温度，纵坐标代表降雨量，气泡大小代表农作物产量，分析三者之间的关系，代码如下，实现效果如图3.45所示。

```python
import matplotlib.pyplot as plt
import numpy as np

# 这两行代码解决 plt 中文显示的问题
plt.rcParams['font.sans-serif'] = ['SimHei']
plt.rcParams['axes.unicode_minus'] = False

# 输入产量与温度数据
production = [1125, 1725, 2250, 2875, 2900, 3750, 4125]
tem = [6, 8, 10, 13, 14, 16, 21]
rain = [25, 40, 58, 68, 110, 98, 120]

colors = ['darkgray', 'lightgray', 'gray', 'dimgray', 'silver']
size = production
plt.scatter(tem, rain, s=size, c=colors, alpha=0.6)  # 画散点图，alpha=0.6 表示不透明度为 0.6
plt.ylim([0, 150])          # 纵坐标轴范围
plt.xlim([0, 30])           # 横坐标轴范围
plt.xlabel('温度')          # 横坐标轴标题
plt.ylabel('降雨量')        # 纵坐标轴标题
plt.show()
```

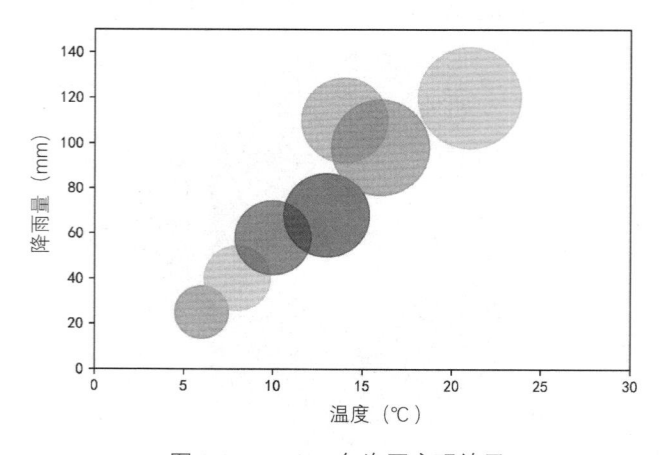

图3.45 Python气泡图实现效果

（5）案例 5：雷达图绘制，构建牛奶分析数据，对数据进行可视化呈现。以雷达图展现该牛奶品牌多维度指标，包括品牌知名度高、口味多样、营养成分多、到处都有卖、味道好、外包装设计我喜欢、促销活动吸引人、容量/规格适合我。代码如下，实现效果如图 3.46 所示。

```python
import numpy as np
from matplotlib import pyplot as plt
#解决汉字无法显示问题
from pylab import mpl
mpl.rcParams['font.sans-serif'] = ['SimHei']
#标签
labels = np.array(['品牌知名度高','口味多样','营养成分多','到处都有卖','味道好','外包装设计我喜欢','促销活动吸引人','容量/规格适合我'])

#数据
data = [69,51,55,65,57,50,34,57]
#在指定范围内生成指定数目的等差数
angles = np.linspace(0,2*np.pi,8,endpoint=False)
#数组连接
data = np.concatenate((data,[data[0]]))
angles = np.concatenate((angles,[angles[0]]))
#创建画布
fig = plt.figure()
ax = fig.add_subplot(111,polar=True)
ax.plot(angles,data)
#
ax.set_thetagrids(angles * 180/np.pi,labels=labels)
plt.show()
```

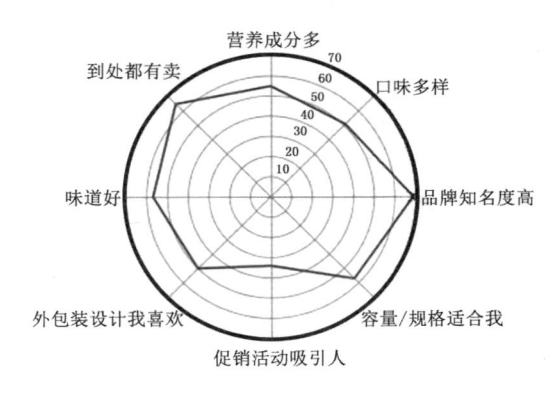

图 3.46　Python 雷达图实现效果

第 4 章

辅助决策式数据化运营

从数据发挥作用的角度来看，数据化运营分为辅助决策式数据化运营和数据驱动式数据化运营。辅助决策式数据化运营是指通过数据、模型、知识等辅助决策者进行业务决策，起到帮助、协助和辅助决策者的目的。本章将重点讲述辅助决策式数据化运营过程中重要的数据模型，包括基于回归数据化运营模型、基于分类数据化运营模型、基于聚类数据化运营模型。针对每种模型，本章将从模型原理、模型应用、Python 编程实战几个方面来详细讲述，让读者能够将理论与实践相结合，熟练掌握与运用辅助决策式数据化运营的方法。

4.1 基于回归的数据化运营模型

回归分析（Regression Analysis）是研究变量之间作用关系的一种统计分析方法，基本组成是一个（或一组）自变量与一个（或一组）因变量。回归分析研究的目的是通过收集到的样本数据用一定的统计方法探讨自变量对因变量的影响关系，即原因对结果的影响程度。举个简单的例子，我们通过国家统计局官网，获取到 2000 年—2019 年北京人均 GDP 情况，如表 4.1 所示。

表 4.1 2000 年—2019 年北京人均 GDP 情况

年　份（年）	人均 GDP（元/人）
2000	22 460
2001	25 523
2002	28 449
2003	32 061
2004	37 058
2005	45 443.69
2006	52 054
2007	61 274
2008	66 797
2009	70 452
2010	75 943
2011	80 394
2012	87 091
2013	93 213
2014	99 995
2015	106 284
2016	115 000
2017	129 000
2018	140 000
2019	164 220

我们想基于上述数据，分析年份与人均 GDP 两个指标之间的关系。于是，我们基于两个指标绘制散点图，并添加了趋势线，如图 4.1 所示。从图 4.1 中不难发现，两者是正线性相关的，即随着年份的增长，人均 GDP 在不断递增。

从上述案例中，我们可以看出回归分析根据变量间具体的相关关系形式，选择一个合适的数学模型，以近似反映变量间的平均变化关系。在回归分析中，人们所感兴趣的、待研究的变量称为因变量（或称为被解释变量、响应变量），而影响因变量的一个或多个因素称为自变量（或称为解释变量、预测变量）。例如，在房地产评估中，评估师可能将房屋价格与建筑物的结构特征、需要缴纳的税费等影响房屋价格的因素联系起来；香烟的消费量可能与吸烟者的年龄、性别、香烟价格等紧密相关；子女的身高与父母的身高、吸收的营养、平时的体育训练息息相关；一个人的收入水平不仅与受教育程度有关系，还会受到职业、工作年限等诸多因素的影响；农作物的单位面积产量并不是由降雨量一个因素决定的，还有施肥量、温度、管理水平等其他许多因素的影响。

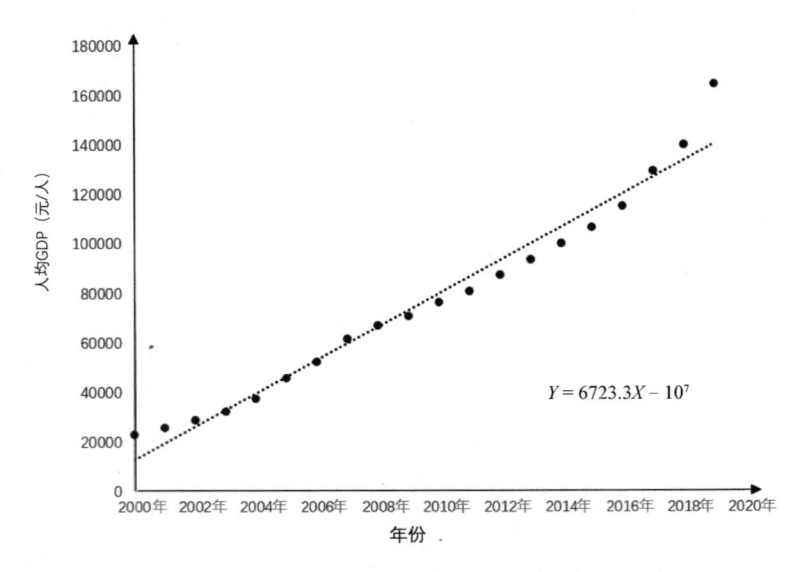

图 4.1　年份与人均 GDP 散点图

回归分析是根据变量间的高度相关关系，建立一个适当的数学模型（函数式），来近似地反映变量之间关系的统计分析方法。利用这种方法建立的数学模型称为回归方程，回归方程实际上是相关现象之间不确定、不规则的数量关系的一般化。进而，用 Y 表示因变量，$X_1,X_2,\cdots,X_p$ 表示 p 个自变量，因变量与自变量之间的真实关系可用一定的函数式表示，如式（4.1）所示。

$$Y = f(X_1, X_2, \cdots, X_p) + \varepsilon \tag{4.1}$$

式中，ε 为随机误差，表示变量间近似关系产生过程中的偏差。

对于上面的案例，我们如果用年份指标作为自变量，人均 GDP 指标作为因变量，则得到回归方程，如式（4.2）所示。

$$Y = 6723.3X - 10^7 \tag{4.2}$$

回归分析虽然可以从数量上反映变量之间的联系形式或密切程度，但无法用于确定性地判断变量内在联系的有无，也无法单独以此来确定哪个变量为因、哪个变量为果。如果对本没有内在联系的变量进行回归分析，就可能出现"伪回归"

问题。因此，在进行回归分析时一定要将定量分析与定性分析相结合，确保数据分析结果的科学性和可靠性。

4.1.1 回归分类与基本步骤

回归分析有多种划分方法，既可以按照自变量的个数，划分为一元回归分析和多元回归分析；又可以按照自变量的次数，划分为线性回归分析和非线性回归分析；还可以根据方程中是否含有哑变量，哑变量是自变量还是因变量，将回归分析划分为不含哑变量的回归分析、含哑变量的线性回归分析和逻辑回归分析等，如图 4.2 所示。

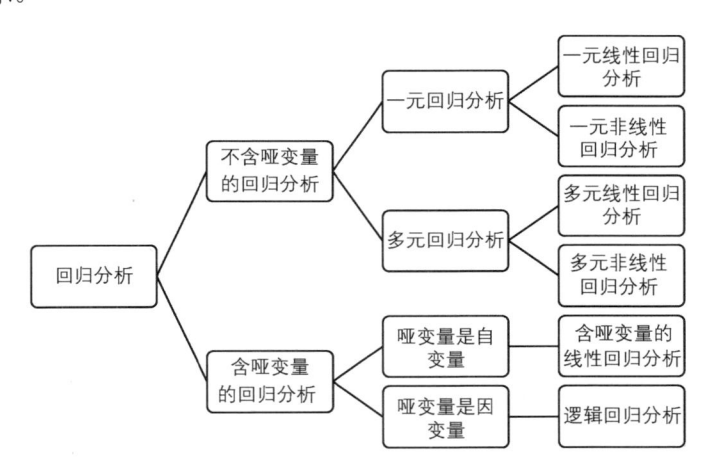

图 4.2 回归分析分类

1. 一元回归分析与多元回归分析

一元回归分析的方程中只有一个自变量 X，而多元回归分析的方程中有多个自变量 X，如 $X_1, X_2, \cdots, X_p$ 等。例如，如果我们只研究促销活动对产品销售量的影响，这时场景中只有促销活动这一个自变量，这就表示是一元回归分析；如果我们要同时研究促销活动、包装、价格等多个因素对产品销售量的影响，那自变量包括促销活动、包装、价格等，自变量很多，所以是多元回归分析。

2. 线性回归分析与非线性回归分析。

如果是线性回归分析，那自变量和因变量就沿着一条直线变动，体现在回归方程里，就是自变量 X 是一次的，没有其他的次方项。否则，如果方程里还有 X 的其他次方项，或者图形显示自变量和因变量是沿着曲线变动的，那就是非线性回归分析。

3．含哑变量的回归分析

许多变量是可以定量度量的，如商品价格、收入、产量等。但有一些变量无法定量度量，如职业、性别对收入的影响，季节对某些产品销售量的影响等。为了在模型中反映这些变量的影响，并提高模型的精度，需要将它们"量化"。这种"量化"通常是通过引入变量来完成的。根据这些变量的属性类型，构造只取 0 或 1 的人工变量，通常称为虚拟变量（Dummy Variable），也称为哑变量，记为 D。例如，反映文化程度的哑变量，取值如式（4.3）所示。

$$D = \begin{cases} 1, & 本科学历 \\ 0, & 非本科学历 \end{cases} \tag{4.3}$$

在哑变量设置中，基础类型、肯定类型为 1；比较类型、否定类型为 0。

回归分析的步骤一般分为以下 6 个步骤。

（1）步骤 1：问题的陈述。能够恰当地陈述研究问题是关键，这有助于确定需要分析或研究哪些问题。其重要性体现在，若陈述模糊甚至陈述错误一个研究问题，就会错误选择因变量、自变量、统计分析方法或模型形式。

（2）步骤 2：变量的选择。根据具体的问题或听取研究领域专家的意见选择合适的变量。变量的个数不宜过多，但不能遗漏重要的变量。

（3）步骤 3：设定模型形式。模型形式的设定取决于变量间的函数关系形式。对于线性关系，一般的模型设定形式如式（4.4）所示。

$$Y = \beta_0 + \beta_1 X_1 + \beta_2 X_2 + \cdots + \beta_p X_p + \varepsilon \tag{4.4}$$

对于非线性关系，模型的设定形式需要根据具体的非线性形式确定。例如，对于指数关系，模型设定形式如式（4.5）所示。

$$Y = \beta_0 + e^{\beta_1 X} + \varepsilon \tag{4.5}$$

需要指出的是，回归分析对模型的随机误差项 ε 的概率分布是有严格假定的：①误差项的期望值为 0；②误差项的方差为常数；③误差项之间不存在相关关系，即协方差为 0；④自变量与误差项之间线性无关；⑤随机误差项服从正态分布。

（4）步骤 4：模型拟合。对于线性回归模型，常用的拟合方法是最小二乘法。在某些假设下，最小二乘法有很多优良的统计性质。除最小二乘法外，在不同的情况下还可以采用最大似然法等其他估计方法。例如，在高维数据情况下（自变量多，甚至超过样本观测个数），最小二乘法会失效。此时，主成分回归、岭回归、LASSO、LARS 等是较好的模型估计方法。

（5）步骤 5：模型检验与评价。检验的目的是发现拟合模型是否存在缺陷。回归模型的检验主要包括理论意义检验、统计学检验和计量经济学检验。理论意义检验是指模型拟合得到的参数估计值是否与科学理论和实践工作者的经验相符；统计学检验是指对模型整体的拟合程度、参数估计值和回归方程的显著性检验；计量经济学检验是指对模型残差的四个假设条件进行检验，它们是线性、误差项相互独立、误差项呈正态分布、同方差性。

（6）步骤 6：预测。若回归模型通过了各种检验，就可以利用拟合模型进行预测。但需要指出的是，回归预测是一种有条件的预测。在进行回归预测时，必须先给出自变量 X 的具体数值。当给出的自变量 X 属于样本内的数值时，基于回归模型的预测称为内插预测或事后预测；当给出的自变量 X 属于样本外的数值时，基于回归模型的预测称为外推预测或事前预测。

4.1.2 一元线性回归模型

一元线性回归是分析只有一个自变量（自变量 X 和因变量 Y）线性相关关系的方法。一个经济指标的数值往往受许多因素影响，若其中只有一个因素是主要的，起决定性作用，则可用一元线性回归进行预测分析。建立一元线性回归模型，步骤如下所示。

（1）步骤 1：构建模型。

一元线性回归模型只包含一个因变量和一个自变量，模型的形式如式（4.6）所示。其中，β_0 和 β_1 分别表示模型的截距和模型的回归系数，ε 表示随机误差。

$$Y = \beta_0 + \beta_1 X + \varepsilon \qquad (4.6)$$

（2）步骤2：模型估计。

一元线性回归模型中的回归系数通常采用最小二乘法进行估计。最小二乘法的思想是，因变量的实际值 y_i 与相应的回归估计值 $\hat{y}_i$ 的残差 e_i 最小。由于模型的残差有正有负，简单的代数和会相互抵消，因而通常采用残差平方和 $\sum_{i=1}^{n} e_i^2$ 测度总偏差，如式（4.7）所示。

$$\sum_{i=1}^{n} e_i^2 = \sum_{i=1}^{n} (y_i - \hat{y}_i)^2 = \sum_{i=1}^{n} [y_i - (\beta_0 + \beta_1 x_i)]^2 = 最小 \quad (4.7)$$

注：在之后的内容中，为了便于区分，x_i、y_i 表示数据真实值；$\bar{x}$、$\bar{y}$ 表示样本数据均值；$\hat{y}_i$ 表示数据在回归计算过程中的估计值；$\sum x_i$、$\sum y_i$ 表示样本数据求和。

根据式（4.7）的准则来估计回归方程系数 β_0 和 β_1 的方法称为最小平方法或最小二乘法。显然，在给定了 X 和 Y 的样本观察值之后，残差平方和的大小依赖于系数 β_0 和 β_1 的取值，客观上总有一对 β_0 和 β_1 的数值能够使残差平方和达到最小。利用微分法求函数极值的原理，即可得到满足式（4.7）的两个正规方程，如式（4.8）所示。

$$\begin{cases} \sum y_i = n\beta_0 + \beta_1 \sum x_i \\ \sum x_i y_i = \beta_0 \sum x_i + \beta_1 \sum x_i^2 \end{cases} \quad (4.8)$$

解上述方程可以求得系数 β_0 和 β_1。通常将 β_0 和 β_1 的计算公式，写成如式（4.9）所示。

$$\begin{cases} \beta_1 = \dfrac{\sum (x_i - \bar{x})(y_i - \bar{y})}{\sum (x_i - \bar{x})^2} = \dfrac{n\sum x_i y_i - \sum x_i \sum y_i}{n\sum x_i^2 - (\sum x_i)^2} \\ \beta_0 = \dfrac{\sum y_i}{n} - \beta_1 \times \dfrac{\sum x_i}{n} = \bar{y} - \beta_1 \bar{x} \end{cases} \quad (4.9)$$

除回归系数外，一元线性回归模型中还需要估计总体随机误差的方差。随机误差本身是不能直接观测的，需要用最小二乘估计的残差进行估计，如式（4.10）所示。

$$S^2 = \frac{\sum_{i=1}^{n} e_i^2}{n-2} \qquad (4.10)$$

S^2 又叫作回归估计的标准误差。标准误差越小，表明观测值与拟合值之间的离差越小，回归曲线的代表性越强。反之，标准误差越大，表明观测值与拟合值之间的离差越大，回归曲线的代表性越差。

（3）步骤 3：模型检验。

模型检验包括拟合优度检验和显著性检验。

① 拟合优度检验。

拟合优度检验是对回归模型拟合效果的检验。其中涉及的三个重要指标是总平方和 SST、回归平方和 SSR、残差平方和 SSE。利用这三个指标，可以构建可决系数 R^2，这是评价回归模型拟合优度的重要指标，如式（4.11）所示。

$$R^2 = \frac{SSR}{SST} \qquad (4.11)$$

可决系数 R^2 表示模型的总离差中可解释部分所占的比例。可决系数 R^2 越高，模型拟合效果越好；可决系数 R^2 越小，模型拟合效果越差。其中，总平方和 SST、回归平方和 SSR、残差平方和 SSE 的计算方法如式（4.12）~式（4.15）所示。

$$SST = SSR + SSE \qquad (4.12)$$

$$SST = \sum_{i=1}^{n}(y_i - \overline{y})^2 \qquad (4.13)$$

$$SSR = \sum_{i=1}^{n}(\widehat{y_i} - \overline{y})^2 \qquad (4.14)$$

$$SSE = \sum_{i=1}^{n}(y_i - \widehat{y_i})^2 \qquad (4.15)$$

② 显著性检验。

一元线性回归模型的显著性检验主要是指对各回归系数的显著性检验，检验的目的是确定自变量是否对因变量有显著影响。检验的步骤如下。

首先，提出假设。原假设 $H_0: \beta_1 = 0$，备择假设 $H_1: \beta_1 \neq 0$。

其次，确定显著性水平。显著性水平的大小根据犯第一类错误和犯第二类错误的损失确定,一般情况下,取显著性水平为0.05。

再次,计算统计量t_{β_1},如式(4.16)所示。其中,S_{β_1}为回归系数β_1的标准误差。

$$t_{\beta_1} = \frac{\beta_1}{S_{\beta_1}} \qquad (4.16)$$

接着,确定临界值。t检验的临界值是由显著性水平和自由度决定的,可通过查表的方式确定临界值t_α。

最终,做出推断。若$t_{\beta_1} > t_\alpha$,则拒绝原假设,认为自变量对因变量的影响是显著的;若$t_{\beta_1} < t_\alpha$,则接受原假设,认为自变量对因变量的影响不显著。

(4)步骤4:模型预测。

依据最终确定的一元线性回归模型进行预测,预测值如式(4.17)所示。这里的回归预测是一种有条件的预测,也就是说必须先给出自变量的具体取值。

$$\widehat{y_i} = \beta_0 + \beta_1 x_i \qquad (4.17)$$

4.1.3 多元线性回归模型

在线性回归分析中,如果有两个或两个以上的自变量,就称为多元线性回归。事实上,一种现象常常是与多个因素相联系的,由多个自变量的最优组合共同来预测或估计因变量,比只用一个自变量进行预测或估计更有效,更符合实际。因此多元线性回归比一元线性回归的实用意义更大。建立多元线性回归模型步骤如下所示。

(1)步骤1:构建模型。

现实中,影响因变量的自变量通常不止一个而有多个,此时只考虑一个自变量是不够的。多元线性回归模型用于研究两个及两个以上自变量对一个因变量的相对影响。多元线性回归模型是对一元线性回归模型的扩展,其基本原理与一元线性回归模型相似,在个别环节上相对更复杂。多元线性回归模型的一般形式如式(4.18)所示。

$$Y = \beta_0 + \beta_1 X_1 + \beta_2 X_2 + \cdots + \beta_p X_p + \varepsilon \qquad (4.18)$$

式中，$\beta_1, \beta_2, \cdots, \beta_p$ 称为回归参数；β_0 称为回归模型的截距。对多元线性回归模型的一个重要假设是自变量之间不能存在较强的相关关系，否则会引起多重共线性问题。此外，要求模型中的样本个数要大于自变量个数。

（2）步骤2：模型估计。

多元线性回归模型的回归系数估计也采用最小二乘法。设总偏差为 Q，如式（4.19）所示。

$$\sum_{i=1}^{n} e_i^2 = \sum_{i=1}^{n} \left(y_i - \widehat{y_i} \right)^2 = \sum_{i=1}^{n} \left[y_i - \left(\beta_0 + \beta_1 x_{1i} + \beta_2 x_{2i} + \cdots \beta_p x_{pi} \right) \right]^2 = 最小 \quad (4.19)$$

为了求解方便，将回归方程写成矩阵形式，如式（4.20）所示。

$$Y = \hat{B}X + e \quad (4.20)$$

因此，回归模型的参数估计，如式（4.21）所示。

$$\hat{B} = (X^\mathrm{T} X)^{-1} X^\mathrm{T} Y \quad (4.21)$$

模型的随机误差的方差利用残差平方和除以自由度进行估计，如式（4.22）所示。

$$S^2 = \frac{\sum e^2}{n - p} \quad (4.22)$$

式中，p 为自变量个数。残差平方和 $\sum e^2$ 的计算如式（4.23）所示。

$$\sum e^2 = Y^\mathrm{T} Y - \hat{B} X^\mathrm{T} Y \quad (4.23)$$

（3）步骤3：模型检验。

模型检验包括拟合优度检验和显著性检验。

① 拟合优度检验。

多元线性回归模型的拟合优度仍可采用一元线性回归模型的可决系数 R^2 进行计算，如式（4.24）所示。

$$R^2 = \frac{\mathrm{SSR}}{\mathrm{SST}} \quad (4.24)$$

由于多元线性回归模型所含的变量个数未必与一元线性回归模型相同，仍以式（4.24）衡量拟合优度欠妥。因此，常用修正的可决系数 $\hat{R}^2$ 计算，如式（4.25）所示。

$$\hat{R}^2 = 1 - \frac{n-1}{n-p}(1-R^2) \qquad (4.25)$$

② 显著性检验。

多元线性回归模型的显著性检验主要包括两个方面：一是回归系数的显著性检验；二是回归方程的显著性检验。

回归系数的显著性检验的目的是检验各个自变量是否对因变量有显著影响，对于没有显著影响的自变量可以从回归模型中剔除。其基本原理与一元线性回归模型相同，此处不再重复叙述。采用统计量 t_{β_j}，计算如式（4.26）所示。

$$t_{\beta_j} = \frac{\beta_j}{S_{\beta_j}} \qquad j=1,2,\cdots,p \qquad (4.26)$$

其中，t_{β_j} 的值越大，自变量对因变量的影响越显著。

回归方程的显著性检验用于检验回归模型总体函数的线性关系是否显著，实质上是判断回归平方和与残差平方和比值的大小的问题。其步骤如下。

首先提出假设。假设总体回归方程不显著，原假设 $H_0 : \beta_1 = \beta_2 = \cdots = \beta_p = 0$，备择假设 $H_1 : \beta_1, \beta_2 \cdots \beta_p$ 不全为 0。

其次，方差分析。列出方差分析表，如表 4.2 所示。

表 4.2 方差分析表

离差平方和	平方和	自由度	方差
回归平方和	$SSR = \sum_{i=1}^{n}(\widehat{y_i}-\overline{y})^2$	$p-1$	$SSR/(p-1)$
残差平方和	$SSE = \sum_{i=1}^{n}(\widehat{y_i}-y_i)^2$	$n-p$	$SSE/(n-p)$
总离差平方和	$SST = \sum_{i=1}^{n}(y_i-\overline{y})^2$	$n-1$	

再次，计算 F 统计量，如式（4.27）所示。

$$F = \frac{\text{SSR}/(p-1)}{\text{SSE}/(n-p)} \tag{4.27}$$

式中，p 表示自变量个数；n 表示观测值个数；$p-1$ 对应回归平方和的自由度；$n-p$ 对应残差平方和的自由度。F 统计量服从自由度为 $p-1$ 和 $n-p$ 的 F 分布。

最终，做出判断。选取显著性水平为 0.05，查找分布表确定 F 分布的临界值 F_α。若 $F > F_\alpha$，则拒绝原假设，认为在总体回归函数中，自变量与因变量之间的线性回归关系显著；否则，拒绝原假设，认为在总体回归函数中，自变量与因变量之间的线性回归关系不显著，建立的多元线性回归模型没有意义。

（4）步骤 4：模型预测。

通过各种关系的检验得到较好的回归模型后可用于数值预测。基于回归模型的预测值如式（4.28）所示。

$$\widehat{y_i} = \beta_0 + \beta_1 x_{1i} + \beta_2 x_{2i} + \cdots + \beta_p x_{pi} \tag{4.28}$$

4.1.4 非线性回归模型

迄今为止，我们已解决了线性模型的估计问题。但在实际问题中，变量间的关系并非总是线性关系，经济变量间的非线性关系比比皆是。例如，大家熟悉的柯布-道格拉斯生产函数，如式（4.29）所示。

$$Q = AK^\alpha L^\beta \tag{4.29}$$

在这样的非线性关系中，可以通过代数变换将非线性关系转化成线性关系来处理，但不是所有的非线性关系都可以转化成线性关系的，需要具备一定的条件。正如前面介绍的一元线性回归模型和多元线性回归模型，线性回归模型的基本形式如式（4.30）所示，其特点是可以写成每一个解释变量和一个系数相乘的形式。

$$Y = \beta_0 + \beta_1 X_1 + \beta_2 X_2 + \cdots \tag{4.30}$$

线性回归模型的线性包含两重含义：①变量的线性，变量以其原型出现在模型中，而不以 X^α 之类的函数形式出现在模型中；②参数的线性，因变量 Y 是各参数的线性函数。根据非线性回归模型的构成形式，非线性回归模型可以分成以下几个类别。

(1)非标准线性回归模型。虽然因变量 Y 与自变量 $X_1, X_2 \cdots X_k$ 之间不存在线性关系,但与未知参数 $\beta_1, \beta_2 \cdots \beta_p$ 之间存在线性关系,这种类型的非线性回归模型称为非标准线性回归模型。其一般形式如式(4.31)所示。

$$Y = \beta_0 + \beta_1 f_1(X_1, X_2 \cdots X_k) + \beta_2 f_2(X_1, X_2 \cdots X_k) + \cdots + \beta_p f_p(X_1, X_2 \cdots X_k) \tag{4.31}$$

式中,$f_1, f_2 \cdots f_p$ 是关于 $X_1, X_2 \cdots X_k$ 的 p 个已知的非线性函数;$\beta_0, \beta_1 \cdots \beta_p$ 是 $p+1$ 个未知参数。例如,对于下面这个如式(4.32)所示的方程,

$$Y = \alpha + \beta_1 X_1^2 + \beta_2 \sqrt{X_2} + \beta_3 \frac{X_3}{X_4} + \cdots \tag{4.32}$$

只需要定义:$Z_1 = X_1^2$,$Z_1 = \sqrt{X_2}$,$Z_3 = \dfrac{X_3}{X_4}$,非线性回归方程便可以改写成线性回归方程,如式(4.33)所示。

$$Y = \alpha + \beta_1 Z_1 + \beta_2 Z_2 + \beta_3 Z_3 + \cdots \tag{4.33}$$

(2)可线性化的非线性回归模型。虽然因变量 Y 与自变量 $X_1, X_2 \cdots X_k$ 和未知参数 $\beta_1, \beta_2 \cdots \beta_p$ 之间不存在线性关系,但是可以通过适当的变换将其化为标准的线性回归模型,这种类型的非线性回归模型称为可线性化的非线性回归模型。例如,对于下面这个方程,如式(4.34)所示。

$$Y = X_1 X_2^\beta X_3^\gamma X_4 \tag{4.34}$$

对式(4.34)左右两边取对数,得到式(4.35)。

$$\lg Y = \lg X_1 + \beta \lg X_2 + \gamma \lg X_3 + \lg X_4 \tag{4.35}$$

再令 $Y' = \lg Y$,$X_1' = \lg X_1$,$X_2' = \lg X_2$,$X_3' = \lg X_3$,$X_4' = \lg X_4$。非线性回归方程便可以改写成线性回归方程,如式(4.36)所示。

$$Y' = X_1' + \beta X_2' + \gamma X_3' + X_4' \tag{4.36}$$

(3)不可线性化的非线性回归模型。如果因变量 Y 与自变量 $X_1, X_2 \cdots X_k$ 和未知参数 $\beta_1, \beta_2 \cdots \beta_p$ 之间都不存在线性关系,而且不能通过适当的变换将其化为标准的线性回归模型,则这种类型的非线性回归模型称为不可线性化的非线性回归模型。

接下来，对于非标准线性回归模型和可线性化的非线性回归模型，我们来介绍几种线性化方法。

（1）非标准线性回归模型线性化方法——变量替换法。

非标准线性回归模型的一般形式如式（4.37）所示。

$$Y = \beta_0 + \beta_1 f_1(X_1, X_2 \cdots X_k) + \beta_2 f_2(X_1, X_2 \cdots X_k) + \cdots + \beta_p f_p(X_1, X_2 \cdots X_k) \tag{4.37}$$

令
$$\begin{cases} Z_1 = f_1(X_1, X_2 \cdots X_k) \\ Z_2 = f_2(X_1, X_2 \cdots X_k) \\ \vdots \\ Z_p = f_p(X_1, X_2 \cdots X_k) \end{cases} \tag{4.38}$$

则可以把原模型转化为一个标准的多元线性回归模型，如式（4.39）所示。

$$Y = \beta_0 + \beta_1 Z_1 + \beta_2 Z_2 + \cdots + \beta_p Z_p + u \tag{4.39}$$

常见的非标准线性回归模型包括多项式函数模型、双曲函数模型、对数函数模型、S型曲线模型。

① 多项式函数模型。

多项式函数模型的一般形式如式（4.40）所示。

$$Y_i = \beta_0 + \beta_1 X_i + \beta_2 X_i^2 + \cdots + \beta_k X_i^k + u_i \tag{4.40}$$

$$令 Z_{1i} = X_i, Z_{2i} = X_i^2, \cdots Z_{ki} = X_i^k \tag{4.41}$$

则可以把原模型转化为一个标准的线性回归模型，如式（4.42）所示。

$$Y_i = \beta_0 + \beta_1 Z_{1i} + \beta_2 Z_{2i} + \cdots + \beta_k Z_{ki} + u_i \tag{4.42}$$

② 双曲函数模型。

双曲函数模型的一般形式如式（4.43）所示。

$$\frac{1}{Y_i} = \alpha + \beta \frac{1}{X_i} + u_i \tag{4.43}$$

$$令 Y_i^* = \frac{1}{Y_i}, X_i^* = \frac{1}{X_i} \tag{4.44}$$

则可以把原模型转化为一个标准的线性回归模型，如式（4.45）所示。

$$Y_i^* = \alpha + \beta X_i^* + u_i \tag{4.45}$$

③ 对数函数模型。

对数函数模型的一般形式如式（4.46）所示。

$$Y_i = \alpha + \beta \lg X_i + u_i \tag{4.46}$$

$$令 X_i^* = \lg X_i \tag{4.47}$$

则可以把原模型转化为一个标准的线性回归模型，如式（4.48）所示。

$$Y_i = \alpha + \beta X_i^* + u_i \tag{4.48}$$

④ S 型曲线模型。

S 型曲线模型的一般形式如式（4.49）所示。

$$Y_i = \frac{1}{\alpha + \beta e^{-X_i} + u_i} \tag{4.49}$$

首先对式（4.49）进行倒数变换，得到式（4.50）。

$$\frac{1}{Y_i} = \alpha + \beta e^{-X_i} + u_i \tag{4.50}$$

$$令 Y_i^* = \frac{1}{Y_i}, X_i^* = e^{-X_i} \tag{4.51}$$

则可以把原模型转化为一个标准的线性回归模型，如式（4.52）所示。

$$Y_i^* = \alpha + \beta X_i^* + u_i \tag{4.52}$$

（2）可线性化的非线性回归模型线性化方法。

常见的可线性化的非线性回归模型包括指数函数模型、幂函数模型。

① 指数函数模型。

指数函数模型的一般形式如式（4.53）所示。

$$Y_i = A e^{bX_i + u_i} \tag{4.53}$$

对式（4.53）两边取对数得到式（4.54）。

$$\ln Y_i = \ln A + bX_i + u_i \tag{4.54}$$

$$\text{令 } Y_i^* = \ln Y_i, \alpha = \ln A \tag{4.55}$$

则可以把原模型转化为一个标准的线性回归模型，如式（4.56）所示。

$$Y_i^* = \alpha + bX_i + u_i \tag{4.56}$$

② 幂函数模型。

幂函数模型的一般形式如式（4.57）所示。

$$Y_i = AX_{1i}^{\beta_1} X_{2i}^{\beta_2} \cdots X_{ki}^{\beta_k} e^{u_i} \tag{4.57}$$

对式（4.57）两边取对数得到式（4.58）。

$$\ln Y_i = \ln A + \beta_1 \ln X_{1i} + \beta_2 \ln X_{2i} + \cdots + \beta_k \ln X_{ki} + u_i \tag{4.58}$$

$$\text{令 } Y_i^* = \ln Y_i, \beta_0 = \ln A, X_{1i}^* = \ln X_{1i}, X_{2i}^* = \ln X_{2i}, \cdots X_{ki}^* = \ln X_{ki} \tag{4.59}$$

则可以把原模型转化为一个标准的线性回归模型，如式（4.60）所示。

$$Y_i^* = \beta_0 + \beta_1 X_{1i}^* + \beta_2 X_{2i}^* + \cdots + \beta_k X_{ki}^* + u_i \tag{4.60}$$

4.1.5 含哑变量回归模型

在实际建模过程中，因变量不仅受定量变量影响，还受定性变量影响。例如：在研究收入和学历之间的关系时，样本中既有本科生，又有研究生、博士生，打算研究其影响情况；在研究某省家庭收入和支出的关系时，样本中既包括农村家庭，又包括城镇家庭，打算研究二者的差别；在研究学生的考试成绩时，学生中既有男性同学，又有女性同学，打算研究成绩与性别是否有一定的关联。

因为定性变量通常表示的是某种特征的有和无，所以采用量化方法时可取值1或0。这种变量称为虚拟变量（Dummy Variable），也称为哑变量，通常用字母 D 表示，D 取 1 或 0，用 1 表示具有某一"品质"或属性，用 0 表示不具有该"品质"或属性。哑变量使得我们可以将那些无法量化的变量引入回归模型。当哑变量应用于模型中时，对哑变量回归系数的估计与检验方法和定量变量相同。

哑变量设置规则：当定性变量只有两个水平时，可在回归分析中引入一个哑变量。例如，用变量 X 代表性别，当 $X=1$ 时代表男性；当 $X=0$ 时代表女性，如式（4.61）所示。

$$X = \begin{cases} 1 & 男性 \\ 0 & 女性 \end{cases} \quad (4.61)$$

如果定性自变量有 k 个水平，则需要在回归模型中引入 $k-1$ 个哑变量，如式（4.62）所示。其中，当哑变量 $X_1, X_2, \cdots, X_{k-1}$ 全部为 0 时，表示最后一种水平的情况。

$$X_1 = \begin{cases} 1 & 水平1 \\ 0 & 其他水平 \end{cases}, X_2 = \begin{cases} 1 & 水平2 \\ 0 & 其他水平 \end{cases}, \cdots, X_{k-1} = \begin{cases} 1 & 水平k-1 \\ 0 & 其他水平 \end{cases} \quad (4.62)$$

例如，用变量 X 代表学历，学历包含本科生、研究生、博士生三种类型，因此选择两个哑变量，如式（4.63）所示。其中，当哑变量 X_1 和 X_2 取值都为 0 时，代表博士生学历情况。

$$X_1 = \begin{cases} 1 & 本科生学历 \\ 0 & 其他水平 \end{cases}, X_2 = \begin{cases} 1 & 研究生学历 \\ 0 & 其他水平 \end{cases} \quad (4.63)$$

我们来看一个例子，样本数据中包含月工资收入、工作年限、性别三个指标，如表 4.3 所示。我们用月工资收入作为因变量，工作年限和性别作为自变量，建立回归方程，分析工作年限和性别对月工资收入的影响。

表4.3 月工资收入与工作年限、性别之间的关系

月工资收入（元）	工作年限（年）	性　别
2900	2	男
3000	6	女
4800	8	男
1800	3	女
2900	2	男
4900	7	男
4200	9	女
4800	8	女

由于工作年限是定量变量，性别是定性变量，且性别只有两种类型，因此只需要引入一个哑变量进行分析，建立的回归方程如式（4.64）所示。

$$E(Y) = \beta_0 + \beta_1 X_1 + \beta_2 X_2 \quad (4.64)$$

式中，Y 表示月工资收入；X_1 表示工作年限；X_2 表示性别；$X_2 = 1$ 时代表男性工资情况；$X_2 = 0$ 时代表女性工资情况。

根据哑变量 X_2 的取值范围，可以得到月工资收入平均值 $E(Y)$ 的不同情况，如式（4.65）所示。

$$E(Y) = \begin{cases} E(Y/\text{男性}) = (\beta_0 + \beta_2) + \beta_1 X_1 & X_2 = 1 \\ E(Y/\text{女性}) = \beta_0 + \beta_1 X_1 & X_2 = 0 \end{cases} \quad (4.65)$$

式中，β_0 表示女性职工的期望月工资收入；$\beta_0 + \beta_2$ 表示男性职工的期望月工资收入；β_1 表示工作年限每增加 1 年，男性或女性工资的平均增加值；β_2 表示男性职工的期望月工资收入与女性职工的期望月工资收入之间的差值，$\beta_2 = (\beta_0 + \beta_2) - \beta_0$。

4.1.6 逻辑回归模型

哑变量作为一种定性变量，以 0 或 1 的数值量化，既可以放在自变量的位置，又可以放在因变量的位置。在之前的内容中，我们介绍了哑变量作为自变量的场景，在这种场景下我们可以采用含有哑变量的线性回归方程进行分析，接下来我们来看哑变量作为因变量的情形。在这种模型中，因变量描述的是特征、选择或种类等不能量化的事物，如乘公交还是自驾车上班、考不考研究生等。在这些情况下，因变量是定性变量，我们可以用定义哑变量的方法来刻画它们。这种因变量为哑变量的模型被称为定性选择模型或定性响应模型。如果只有两个选择，我们可以用 0 和 1 分别表示它们，如乘公交为 0，自驾车为 1，这样的模型称为二元选择模型；多于两个选择（如上班方式加上一种骑自行车）的定性选择模型称为多元选择模型。

对于二元选择模型，Y_i 有两种可能性，一般形式如式（4.66）所示。

$$Y_i = \beta_0 + \beta_1 X_{1i} + \beta_2 X_{2i} + \cdots + \beta_k X_{ki} + u_i \quad (4.66)$$

对于多元选择模型，当 Y 有 $n+1$ 种可能性时，一般形式如式（4.67）所示。

$$\begin{cases} Y_{1i} = \beta_{10} + \beta_{11}X_{1i} + \beta_{12}X_{2i} + \cdots + \beta_{1k}X_{ki} + u_{1i} \\ Y_{2i} = \beta_{20} + \beta_{21}X_{1i} + \beta_{22}X_{2i} + \cdots + \beta_{2k}X_{ki} + u_{2i} \\ \vdots \\ Y_{ni} = \beta_{n0} + \beta_{n1}X_{1i} + \beta_{n2}X_{2i} + \cdots + \beta_{nk}X_{ki} + u_{ni} \end{cases} \quad (4.67)$$

例如，研究学生在上完大学后是否读研，与家庭年收入 INCOME 和大学平均绩点成绩 GPA 的关系。其中，是否读研作为因变量，家庭年收入和大学成绩作为自变量。很明显因变量是哑变量，而自变量是数值型变量。构建的模型如式（4.68）所示。

$$Y_i = \beta_0 + \beta_1 \text{GPA}_i + \beta_2 \text{INCOME}_i + u_i \quad (4.68)$$

式中，$Y_i = \begin{cases} 1 & \text{学生去读研} \\ 0 & \text{学生不去读研} \end{cases}$；$\text{GPA}_i$ 表示学生大学平均绩点成绩；INCOME_i 表示家庭年收入。

根据样本数据，我们可以确定回归方程中的参数 β_0、β_1、β_2，确定参数取值后，我们得到的回归方程如式（4.69）所示。

$$Y_i = -0.7 + 0.4\text{GPA}_i + 0.002\text{INCOME}_i \quad (4.69)$$

我们采用上述回归方程进行预测，假设学生甲的平均分为 3.5 分，家庭年收入为 50 万元，将其代入式（4.69），Y 的拟合值为 0.8；假设学生乙的平均分为 1 分，家庭年收入为 1 万元，将其代入式（4.69），Y 的拟合值为-0.298。这时，我们会发现方程中的问题，当 $Y_i = 1$ 时，说明学生读研；当 $Y_i = 0$ 时，说明学生不读研。若我们得到的数值非 0、非 1，这时说明什么呢？为此，我们通过一定方式对 Y_i 进行转换，将其限制在 0~1 之间，于是我们对式（4.69）进行变换，构造新方程，如式（4.70）所示。

$$\ln \frac{Y_i}{1 - Y_i} = \beta_0 + \beta_1 X_{1i} + \beta_2 X_{2i} + \ldots + \beta_k X_{ki} + u_i \quad (4.70)$$

式（4.70）便是逻辑回归模型的基本形式，逻辑回归模型是传统的回归模型中的一种，常用于因变量为离散型变量时的回归分析。通常，当因变量的属性分类为二分类（$Y = 1$ 或 $Y = 0$）时，逻辑回归模型的分类效果较好。下面，我们从数学公式上对逻辑回归模型进行推导。

记 π 为当自变量 $X=x$ 时，$Y=1$ 的概率（$0<\pi<1$），π 与 X 之间的关系通常能用逻辑函数描述，如图 4.3 所示。逻辑函数描述的关系是：一开始随着 X 的增大，概率 π 增长得缓慢，然后逐渐加快，最后趋于平稳，但始终小于 1。

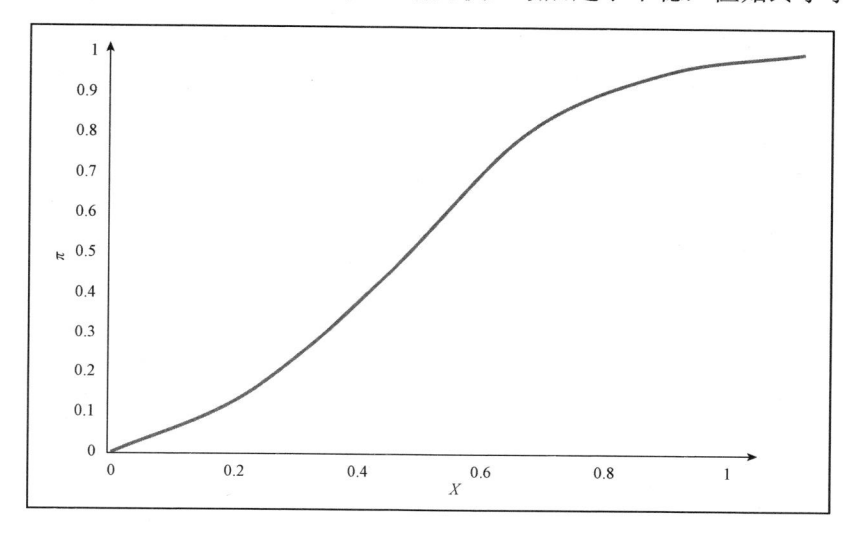

图 4.3　逻辑函数

对上述关系进行描述，如式（4.71）所示。

$$\pi = P(Y=1|X=x) = \frac{e^{\beta_0+\beta_1 x+\varepsilon}}{1+e^{\beta_0+\beta_1 x+\varepsilon}} \tag{4.71}$$

这等价于用逻辑函数对概率建模。将逻辑回归模型推广到多元变量，相应的模型形式如式（4.72）所示。

$$\pi = P(Y=1|X_1=x_1,\cdots,X_p=x_p) = \frac{e^{\beta_0+\beta_1 x_1+\cdots\beta_p x_p+\varepsilon}}{1+e^{\beta_0+\beta_1 x_1+\cdots\beta_p x_p+\varepsilon}} \tag{4.72}$$

通过逻辑变化将其转化为线性表达式。因为 π 表示某事件发生的概率，所以 $\dfrac{\pi}{1-\pi}$ 表示该事件的优势比，如式（4.73）所示。

$$\frac{\pi}{1-\pi} = e^{\beta_0+\beta_1 x_1+\cdots\beta_p x_p+\varepsilon} \tag{4.73}$$

对式（4.73）两侧同时取对数，如式（4.74）所示。

$$\ln \frac{\pi}{1-\pi} = \beta_0 + \beta_1 x_1 + \cdots \beta_p x_p + \varepsilon \tag{4.74}$$

因此，拟合逻辑回归模型就是采用逻辑函数对因变量的概率进行建模。

在逻辑回归模型中，通常采用最大似然法估计其中的参数。对于变量的选择，则可以利用模型拟合的似然值，进行基于卡方分布的统计检验来筛选最优变量组合。

概括来看，利用逻辑回归模型进行分类的步骤如下所示。

（1）步骤1：依据分析目标设定模型的因变量和自变量。

（2）步骤2：利用逻辑函数写出模型的线性回归方程，并估计模型中的各个参数。

（3）步骤3：对模型的拟合程度及各变量进行显著性检验，确定最优模型。

（4）步骤4：依据拟合模型计算每个观测值的拟合概率并进行分类预测。若拟合概率大于0.5，则分类结果为$Y=1$；若拟合概率小于0.5，则分类结果为$Y=0$。

需要指出的是，在大多数情况下若无明确说明，则建议取0.5作为分类的分割点。对于逻辑回归模型分类正确率的评价标准是：设在一个大小为n的样本中，$Y=1$的样本有n_1个，$Y=0$的样本有n_2个，则可以用$\max\left(\frac{n_1}{n}, \frac{n_2}{n}\right)$作为分类正确的基准率。只要检验集中的分类正确率大于基准率，就可以认为拟合的逻辑回归模型是有效的。

4.1.7 Python 回归分析案例

在之前的内容中，我们在介绍回归分析的分类时，重点介绍了一元线性回归模型、多元线性回归模型、非线性回归模型、含哑变量的回归模型、逻辑回归模型五种回归模型，接下来我们通过两个案例，看一下在 Python 中如何实现回归分析。

（1）案例1：基于 Python 实现一元线性回归。

我们获取到不同广告公司的运营数据，包括销售收入和广告费用，如表4.4

所示。

表 4.4　不同广告公司的运营数据

企 业 编 号	销售收入（万元）	广告费用（万元）
1	618	45
2	3195	430
3	1675	240
4	753	160
5	1942	390
6	1019	80
7	906	50
8	673	130
9	2395	410
10	1267	200
11	531	40
12	1691	175
13	2580	510
14	93	10
15	192	50
16	1339	340
17	3627	580
18	902	80
19	1907	360
20	967	160

基于该数据，我们用广告费用作为自变量，销售收入作为因变量，建立一元线性回归方程，并预测当某公司广告费用为 100 万元时，所对应的销售收入情况。Python 代码如下。

```
import pandas as pda
import numpy as npy
import matplotlib.pylab as pyl
data=pda.read_excel("D:/广告与收入数据.xls")
print(data)

#画散点图
import matplotlib.pyplot as plt
plt.scatter(data["广告费用"],data["销售收入"])
```

```
#线性回归分析
from sklearn.linear_model import LinearRegression
x = data['广告费用'].values.reshape(-1,1)
y = data['销售收入'].values.reshape(-1,1)
reg = LinearRegression()
reg.fit(x, y)
print("The linear model is: Y = {:.5} + {:.5}X".format(reg.intercept_[0], reg.coef_[0][0]))
X=100
predictions = reg.predict(X)
print(predictions)
```

基于广告公司的广告费用与销售收入，可以画出散点图，如图4.4所示。

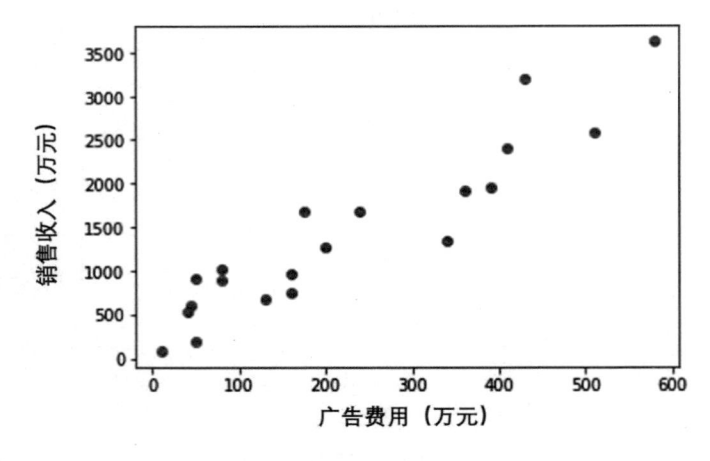

图 4.4　广告费用与销售收入散点图

根据样本数据，建立的一元线性回归方程如式（4.75）所示。

$$Y = 274.55 + 5.1309X \qquad (4.75)$$

对数据进行预测，当广告费用投入100万元时，销售收入约为787.64万元。

（2）案例2：基于Python实现逻辑回归。

我们获取到学生申请国外研究生入学资格情况的数据，其中包括ADMIT（是否成功申请到国外研究生入学资格）、GRE（国外研究生入学考试成绩）、GPA（大学平均绩点成绩）、RANK（大学排名），部分样本数据如表4.5所示。

表 4.5 学生申请国外研究生入学资格情况（部分样本数据）

ADMIT	GRE（分）	GPA（分）	RANK
0	380	3.61	3
1	660	3.67	3
1	800	4	1
1	640	3.19	4
0	520	2.93	4
1	760	3	2
1	560	2.98	1
0	400	3.08	2
1	540	3.39	3
0	700	3.92	2

基于该数据，我们用 GRE、GPA、RANK 作为自变量，ADMIT 作为因变量，建立逻辑回归方程，评估模型的准确率，并预测当某学生 GRE=0.85 分、GPA=0.42 分、RANK=2 时，该学生是否可以申请到国外研究生入学资格。Python 代码如下。

```
import pandas as pda
dataf=pda.read_excel("D:/研究生录取数据.xls")

x=dataf.iloc[:,1:4].as_matrix()
y=dataf.iloc[:,0:1].as_matrix()
from sklearn.linear_model import LogisticRegression as LR
from sklearn.linear_model import RandomizedLogisticRegression as RLR
r1=RLR()
r1.fit(x,y)
r1.get_support(indices=True)#特征筛选
print(dataf.columns[r1.get_support(indices=True)])

t=dataf[dataf.columns[r1.get_support(indices=True)]].as_matrix()
r2=LR()
r2.fit(t,y)
print("训练结束")
print("模型正确率为:"+str(r2.score(x,y)))

#预测能否申请到国外研究生入学资格
import numpy as npy
```

```
x3=npy.array([[0.85,0.42,2]])
rst=r2.predict(x3)
print(rst)
```

运行程序后，可以得到该模型准确率为 0.3175。当该学生 GRE=0.85 分、GPA=0.42 分、RANK=2 时，ADMIT=1，即该学生可以成功申请到国外研究生入学资格。不难发现该模型准确率不高，所以该案例不适合用逻辑回归模型，在 4.2 节，我们将介绍基于分类的数据化运营模型，这种模型可以解决上述问题。

4.2 基于分类的数据化运营模型

分类是数据化运营的主要任务之一。例如，银行信用等级评估中的"安全"和"风险"；客户流失分析中的"是"和"否"；上市公司财务分析中的"财务状况正常"和"财务状况异常"等。数据分类方法的基本思想是构建一个模型或分类器来预测研究对象的分类属性，这个分类属性通常称为离散型变量。

数据分类包括以下步骤：首先，将原始数据集随机分为训练集和测试集；其次，构建模型或分类器，即通过在训练集上"学习"来构建模型或分类器；再次，在测试集上检验模型或分类器的分类准确率，即模型或分类器正确分类的个数占检验集的百分比；接着，选择最优的模型或分类器；最后，利用拟合得到的最优模型或分类器对其余的、未知的数据集进行分类预测，如图 4.5 所示。目前，常用的机器学习分类方法包括决策树算法、KNN 算法（K 最邻近算法）、朴素贝叶斯算法、逻辑回归算法、支持向量机算法、神经网络算法等。常见的检验方法与指标有混淆矩阵、准确率、召回率、F_1 指标等。

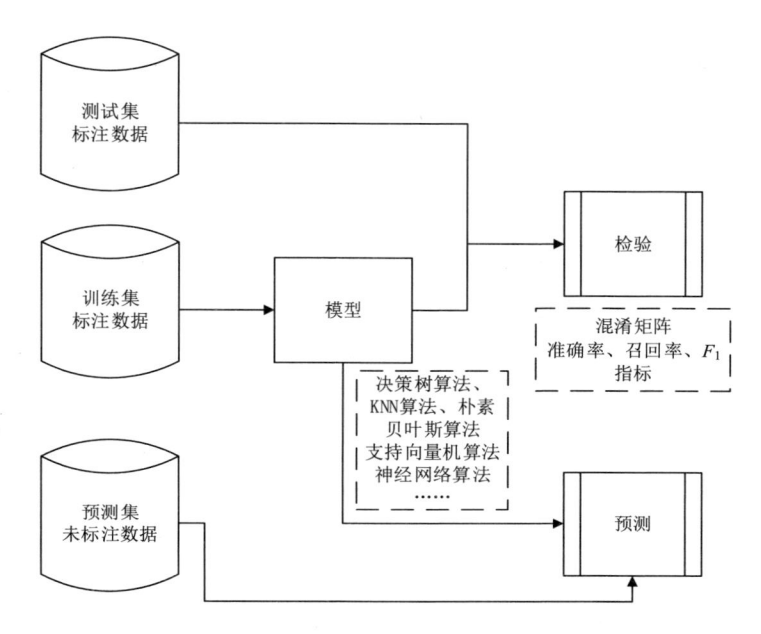

图 4.5 数据分类过程

4.2.1 常见的准确率检验方法

准确率是指对一个事物表达或描述的正确程度,用来反映对事物的正确解答程度。常见的准确率检验方法与指标有混淆矩阵、准确率、召回率、F_1指标等。

混淆矩阵:又叫误差矩阵,是表示精度评价的一种标准格式,用 n 行 n 列的矩阵来表示。混淆矩阵的每一列代表预测类别,每一列的数据总数表示预测为该类别的数据的数目;每一行代表数据的真实归属类别,每一行的数据总数表示该类别的数据实例的数目。混淆矩阵说明如表 4.6 所示。

表 4.6 混淆矩阵说明

	正 例	负 例
正样本	TP	FN
负样本	FP	TN

其中,TP(True Positive)表示将正样本预测为正例的数目,即真实结果为1,预测结果也为1;TN(True Negative)表示将负样本预测为负例的数目,即真实结果为0,预测结果也为0;FP(False Positive)表示将负样本预测为正例的

数目，即真实结果为 0，预测结果为 1；FN（False Negative）表示将正样本预测为负例的数目，即真实结果为 1，预测结果为 0。

例如，在如表 4.7 所示的混淆矩阵案例中，样本总数为 15+5+30+40=90 个；类 1 的真实样本数为 15+30=45 个；类 2 的真实样本数为 5+40=45 个；预测为类 1 的数据总数为 15+5=20 个；预测为类 2 的数据总数为 30+40=70 个；预测准确率为（15+40）/90≈61.1%。

表 4.7 混淆矩阵案例　　　　　　　　　　　　（单位：个）

实际类别		预测	
		类 1	类 2
实际类别	类 1	15	30
	类 2	5	40

准确率（Precision）：又叫查准率，表示预测为正例的样本中（TP+FP）有多少是真正的正样本（TP），计算方法如式（4.76）所示。

$$\text{Precision} = \frac{TP}{TP + FP} \tag{4.76}$$

召回率（Recall）：也叫查全率，表示在真正的正样本中（TP+FN），预测为正例的样本数（TP）所占的比例，计算方法如式（4.77）所示。

$$\text{Recall} = \frac{TP}{TP + FN} \tag{4.77}$$

F_1 指标是准确率和召回率的调和平均值，计算方法如式（4.78）所示。

$$F_1 = \frac{2 \times \text{Precision} \times \text{Recall}}{\text{Precision} + \text{Recall}} \tag{4.78}$$

例如，在如表 4.7 所示的混淆矩阵案例中，可以通过公式分别计算类 1 和类 2 的准确率、召回率、F_1 指标，计算结果如表 4.8 所示。

表 4.8 准确率、召回率、F_1 指标计算结果

	准 确 率	召 回 率	F_1 指标
类 1	0.75	0.333 333 333	0.461 538
类 2	0.571 428 57	0.888 888 889	0.695 652

4.2.2 决策树算法

决策树（Decision Tree）算法是在已知各种情况发生概率的基础上，通过构建决策树模型来求取净现值的期望值大于或等于零的概率，评价项目风险，判断项目可行性的决策分析方法，是直观运用概率分析的一种图解法。由于这种算法的决策分支画成图形很像一棵树的枝干，故称决策树算法。在机器学习中，决策树是一个预测模型，代表的是对象属性与对象值之间的一种映射关系。

决策树分类的思想类似于找对象。我们来看一个案例，某女孩的母亲要给这个女孩介绍男朋友，于是有了下面的对话。

女儿：多大年纪了？

母亲：26岁。

女儿：长得帅不帅？

母亲：挺帅的。

女儿：收入高不？

母亲：不算很高，中等情况。

女儿：是公务员吗？

母亲：是，在税务局上班。

女儿：那好，我去见见。

这个女孩的决策过程就是典型的分类树决策过程，根据母亲和女儿的对话可以判断女儿找对象的标准，即根据年龄、长相、收入和是否公务员将相亲结果分为两个类别：见和不见。由此构建的决策树模型如图4.6所示。当模型构建好以后，母亲就可以按照这个标准去给女孩找对象了，即可以使用该模型进行预测。

通过上面的案例，我们不难发现：决策树是一个树结构（二叉树或非二叉树）。决策树的每个非叶节点表示一个特征属性上的测试，每个分支代表这个特征属性在某个值域上的输出，而每个叶节点存放一个类别。使用决策树进行决策的过程就是从根节点开始，测试待分类项中相应的特征属性，并按照其值选择输出分支，直到到达叶节点，将叶节点存放的类别作为决策结果。

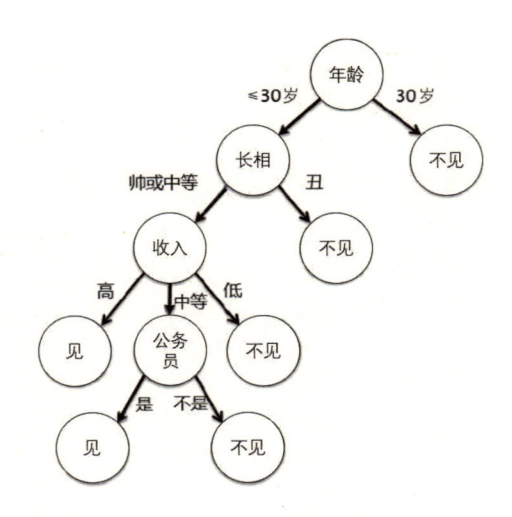

图 4.6 决策树模型

构建决策树的关键步骤是分裂属性。所谓分裂属性，就是在某个节点处按照某一特征属性的不同划分构建不同的分支，目标是让各个分裂子集尽可能"纯"。尽可能"纯"就是尽量让一个分裂子集中的待分类项属于同一类别。分裂属性分为以下三种不同的情况。

（1）属性是离散值且不要求生成二叉决策树。此时用属性的每一个划分作为一个分支。

（2）属性是离散值且要求生成二叉决策树。此时使用属性划分的一个子集进行测试，按照"属于此子集"和"不属于此子集"生成两个分支。

（3）属性是连续值。此时确定一个值作为分裂点 split_point，按照>split_point 和≤split_point 生成两个分支。

决策树模型最早在 1984 年被提出，它首次将决策树的研究置于坚实的概率论和统计学基础之上，分析和表述都十分严谨。随着模型的广泛应用，在早期的决策树模型上衍生了很多新的算法，常见的决策树模型有分类及回归树（CART）、ID3、C4.5、CHAID、Decision Stump、随机森林、多元自适应回归样条，以及梯度推进机（GBM）等。这里，我们重点讲解 ID3 算法。ID3 算法以信息论为基础，以信息熵和信息增益为衡量标准，实现对数据的归纳分类，步骤如下所示。

（1）步骤 1：计算信息熵。

假设一个随机变量 $X = \{x_1, x_2, \cdots, x_n\}$，取到每一种元素的概率分别是 $\{p_1, p_2, \cdots, p_n\}$，那么 X 的信息熵定义如式（4.79）所示。

$$H(X) = -\sum_{i=1}^{n} p_i \log_2 p_i \quad (4.79)$$

一个变量的变化情况越多，那么该变量携带的信息量越大，信息熵越大，该系统越不稳定，存在的不定因素越多。

对于分类系统来说，类别 C 是变量，它的取值是 $C_1, C_2, \cdots, C_n$，而每一个类别出现的概率分别是 $P(C_1), P(C_2), \cdots, P(C_n)$，这里的 n 就是类别的总数，此时分类系统的信息熵定义如式（4.80）所示。

$$H(X) = -\sum_{i=1}^{n} P(C_i) \log_2 P(C_i) \quad (4.80)$$

（2）步骤2：计算信息增益。

ID3 算法采用信息增益作为衡量分裂属性优劣的标准，采用信息熵作为衡量节点纯度的标准。信息增益的计算如式（4.81）所示。

$$\text{Info\_Gain} = \text{Entropy} - \sum_{i=1}^{n} p_i \cdot \text{Entropy}_i \quad (4.81)$$

式中，Entropy 表示父节点的信息熵；Entropy_i 表示节点 i 的信息熵，信息熵越大，节点的信息量越多，越不纯；p_i 表示子节点 i 的信息量与父节点的信息量之比。Info_Gain 越大，分裂后的信息熵越小，子节点越纯，分类的效果越好，因此选择 Info_Gain 最大的属性作为分裂属性。

（3）步骤3：构建决策树模型。

通常一棵决策树包含一个根节点、若干个分支节点和若干个叶节点。叶节点对应决策结果，根节点和分支节点对应属性测试，每个节点包含的样本集合根据属性测试的结果划分到子节点中。在步骤2中，我们可以计算不同属性对应的信息增益，选择整个训练集信息增益最大的数据属性作为根节点，第一次划分后，数据被向下传递到树分支的下一个节点，在这个节点我们根据属性信息增益的大小再次划分数据。构建决策树是一个递归的过程，递归结束的条件是所有属性都被遍历完，或者每个分支下的所有样本都属于同一类别。

我们来看一个案例，某金融机构以发放贷款为主要业务，目前在企业的 CRM 系统中存储着之前贷款客户的姓名、已婚情况、年收入情况、房产情况与偿还情况。通过决策树模型判断该金融机构在发放贷款的过程中，对客户的哪些信息是最重视的。另外，通过构建好的决策树模型，对新客户进行预测，分析是否金融机构会给其发放贷款。贷款客户信息如表 4.9 所示。

表 4.9 贷款客户信息

编号	姓名	已婚情况	年收入情况（≥8万元）	房产情况	偿还情况
1	李**	是	否	有	可以偿还
2	王**	是	否	有	可以偿还
3	李*	否	否	有	可以偿还
4	杨*	否	否	有	可以偿还
5	王*	是	否	无	可以偿还
6	杜*	否	是	无	可以偿还
7	马*	否	否	无	无法偿还
8	刘*	否	否	无	无法偿还

（1）步骤 1：计算信息熵，如式（4.82）所示。

$$\text{Entropy}(S) = -\left(\frac{2}{8}\right)\log_2\left(\frac{2}{8}\right) - \left(\frac{6}{8}\right)\log_2\left(\frac{6}{8}\right) \approx 0.811278 \quad (4.82)$$

（2）步骤 2：计算"房产情况""年收入情况""已婚情况"属性的信息增益。"房产情况"信息增益 $\text{Gain}_{房产情况}$ 的计算方法如式（4.83）～式（4.86）所示。

$$\text{Entropy}(有房产) = -\left(\frac{4}{4}\right)\log_2\left(\frac{4}{4}\right) = 0 \quad (4.83)$$

$$\text{Entropy}(无房产) = -\left(\frac{2}{4}\right)\log_2\left(\frac{2}{4}\right) - \left(\frac{2}{4}\right)\log_2\left(\frac{2}{4}\right) = 1 \quad (4.84)$$

$$\text{Entropy}(房产情况属性) = \left(\frac{4}{8}\right) \times \text{Entropy}(有房产) + \left(\frac{4}{8}\right) \times \text{Entropy}(无房产) = \frac{1}{2} \quad (4.85)$$

$$\text{Gain}_{房产情况} = \text{Entropy}(S) - \text{Entropy}(房产情况属性) = 0.811278 - \frac{1}{2} = 0.311278 \quad (4.86)$$

同理，可以计算出 $\text{Gain}_{\text{年收入情况}} = 0.005\,604\,8$，$\text{Gain}_{\text{已婚情况}} = 0.204\,434$。

（3）步骤 3：根据信息增益，构建决策树模型。

由于 $\text{Gain}_{\text{房产情况}} > \text{Gain}_{\text{已婚情况}} > \text{Gain}_{\text{年收入情况}}$，因此构建的贷款案例决策树模型如图 4.7 所示。从图 4.7 中不难发现，在审批客户信息的过程中，该金融机构最重视客户是否有房，其次重视是否已婚，最后重视年收入情况。若某客户无房、未婚、年收入小于 8 万元，则该金融机构可能会拒绝发放贷款。

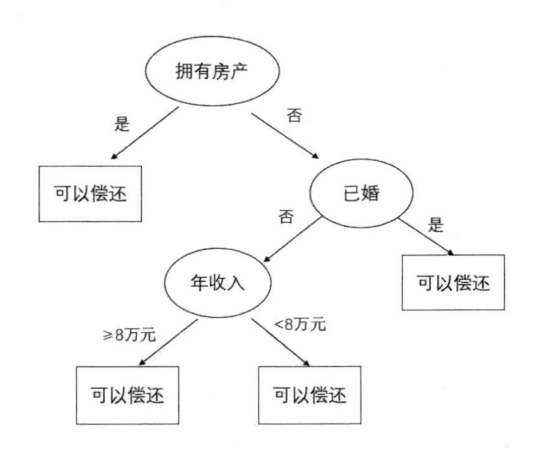

图 4.7 贷款案例决策树模型

4.2.3 朴素贝叶斯算法

朴素贝叶斯算法是以概率论为基础的分类方法。朴素贝叶斯算法假定一个属性分类值对给定类别的影响独立于其他属性分类值，反映了条件独立的特性。朴素贝叶斯算法的基本思想是：对于给出的待分类项，求解在此项出现的条件下各个类别出现的概率，哪个类别出现的概率最大，就认为此待分类项属于哪个类别。

针对二分类问题，在给定自变量 $X(x_1, x_2, \cdots, x_p)$ 和分类型因变量 $Y(Y=1, Y=0)$ 时，分别计算概率 $P(Y=1 | X_1 = x_1, \cdots, X_p = x_p)$ 和 $P(Y=0 | X_1 = x_1, \cdots, X_p = x_p)$。若 $P(Y=1 | X_1 = x_1, \cdots, X_p = x_p) > P(Y=0 | X_1 = x_1, \cdots, X_p = x_p)$，则待分类项属于类别 $Y=1$；反之，待分类项属于类别 $Y=0$。

针对如何计算 $P(Y|X)$，贝叶斯定理中有明确定义。设自变量为

$X(x_1, x_2, \cdots, x_p)$，因变量为属性类别 $Y(y_1, y_2, \cdots, y_c)$，记 $P(Y|X)$ 为后验概率。例如，设 $X(x_1, x_2, \cdots, x_p)$ 表示某客户的年龄、性别、收入等个人特征或消费行为，$Y(y_1, y_2, \cdots, y_c)$ 表示该客户是否会流失，则后验概率 $P(Y|X)$ 表示在给定该客户个人特征或消费行为的条件下，该客户流失的概率。记 $P(Y)$ 为先验概率，表示该客户在不考虑个人特征或消费行为的情况下流失的概率。同理，$P(X|Y)$ 表示在已知客户是否流失的条件下，客户具有特定个人特征或消费行为的概率。基于此，贝叶斯定理如式（4.87）所示。

$$P(Y|X) = \frac{P(Y)P(X|Y)}{p(X)} \qquad (4.87)$$

朴素贝叶斯算法中的"朴素"是指在计算 $P(X|Y)$ 时，假定各特征属性条件独立，以降低计算的复杂度，如式（4.88）所示。

$$P(x|y_i)P(y_i) = P(x_1|y_i)P(x_2|y_i)\cdots P(x_p|y_i)P(y_i) = P(y_i)\prod_{j=1}^{p}P(x_j|y_i)$$
$$(4.88)$$

基于贝叶斯定理的思想，朴素贝叶斯算法的基本思想可以表述为：若 $P(Y_i|X) > P(Y_j|X)$，则待分类项属于类别 i；若 $P(Y_i|X) < P(Y_j|X)$，则待分类项属于类别 j。

基于此，朴素贝叶斯算法的建模步骤如下所示。

（1）步骤 1：设定原始数据集中的自变量 $X(x_1, x_2, \cdots, x_p)$ 和因变量 $Y(y_1, y_2, \cdots, y_c)$，并获取训练集样本。

（2）步骤 2：根据贝叶斯定理，对于因变量中的 C 个类别属性，在给定 $X(x_1, x_2, \cdots, x_p)$ 的条件下计算具有最高后验概率 $P(Y_j|X_1 = x_1, \cdots, X_p = x_p)$ 的属性类别 $Y(y_1, y_2, \cdots, y_c)$。

（3）步骤 3：依据贝叶斯定理计算结果，并做出分类判断。若 $P(Y_i|X) > P(Y_j|X)$，则待分类项属于类别 i；若 $P(Y_i|X) < P(Y_j|X)$，则待分类项属于类别 j。

举个简单的例子，一起肇事逃逸事件，已知只有两种颜色的车，比例为蓝车

15%、绿车 85%，目击者指证是蓝车，但根据现场分析，在当时那种条件下，目击者看正确车的颜色的可能性是 80%，那么，肇事的车是蓝车的概率到底是多少？

解答：

设 A={目击者看到车是蓝色的}，B={车的实际颜色是蓝色}

P(A)=80%×15%+20%×85%=29%

即：车是蓝色（15%）×目击者看对（80%）+车是绿色（85%）×目击者看错（20%）

P(AB)=80%×15%=12%

即：车是蓝色（15%）×目击者看对（80%）

P(B|A)=P(AB)/P(A)=12%/29%≈41%

4.2.4　KNN 算法

KNN 的全称是 K Nearest Neighbors，即 K 最邻近算法，最初由 Cover 和 Hart 于 1968 年提出，是一个理论上比较成熟的算法，也是最简单的机器学习算法之一。该算法的思路非常简单直观：如果一个样本在特征空间中的 K 个最相似（特征空间中最邻近）的样本中的大多数属于某一个类别，则该样本也属于这个类别。该算法在定类决策上只依据最邻近的一个或几个样本的类别来决定待分类样本所属的类别。

KNN 算法的计算步骤如下。

（1）步骤 1：算距离。对于未知样本，计算它与训练集中的每个对象的距离。常见的距离包括欧氏距离、曼哈顿距离、切比雪夫距离。

① 欧氏距离：两个点之间的距离，如式（4.89）所示。

$$D=\sqrt{(x_1-x_2)^2+(y_1-y_2)^2+\ldots+(z_1-z_2)^2} \quad (4.89)$$

② 曼哈顿距离：两个点在标准坐标系上的绝对轴距总和，在二维空间中计算，如式（4.90）所示。

$$D=|x_1-x_2|+|y_1-y_2| \quad (4.90)$$

③ 切比雪夫距离：各坐标数值差的最大值，在二维空间中计算，如式（4.91）所示。

$$D = \max(|x_1 - x_2|, |y_1 - y_2|) \qquad (4.91)$$

（2）步骤 2：找近邻。圈定距离最近的 K 个训练对象，作为未知样本的近邻。

K 值的选择对 KNN 算法极其重要。K 值的选择，可以通过交叉验证（将样本数据按照一定比例，拆分成训练数据和测试数据，如 6：4 拆分成训练数据和测试数据），从选取一个较小的 K 值开始，不断增大 K 值，然后计算验证集合的方差，最终找到一个比较合适的 K 值。

通过交叉验证计算方差后，大致可以绘制出如图 4.8 所示的图。

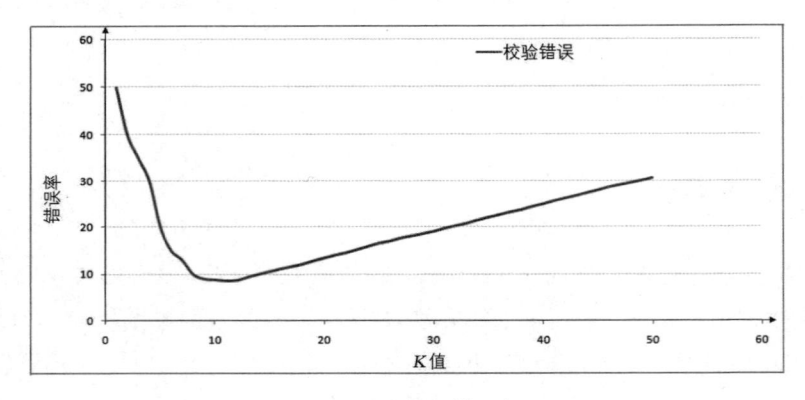

图 4.8　K 值与错误率

从图 4.8 中不难发现，当增大 K 值后，一般错误率会先降低，因为有周围更多的样本可以借鉴了，分类效果会变好。但注意，当 K 值更大的时候，错误率会更高。这很好理解，如一共就 35 个样本，当 K 值增大到 30 的时候，KNN 算法基本上就没意义了。所以选择 K 值的时候可以选择一个较大的临界 K 值，当它继续增大或减小的时候，错误率都会上升，如图 4.8 中的 $K=10$。

（3）步骤 3：进行分类。根据这 K 个近邻归属的主要类别，对测试对象进行分类。

4.2.5　支持向量机算法

支持向量机（Support Vector Machine，SVM）是由 Vapnik 等人在 1992 年提

出的一种新的分类算法。它的基本思想是：使用一种非线性映射将训练集数据映射到较高的维度上，在新的维度上搜索一个最佳的线性超平面，不同类别的数据总能够被线性超平面（决策边界）分开。因此，SVM 算法的关键在于确定"支持向量"和"决策边界"。在实践中，即使是最快的 SVM 模型也需要较长的训练时间，但其对复杂的非线性超曲面的建模能力是高度准确的，而且不容易出现过拟合问题。

针对二分类问题，给定自变量 X_1、X_2 和因变量 Y，对数据进行分类，如图 4.9 所示，可以画出无限条直线，SVM 算法的目标就是找到其中"最好的"一条直线。

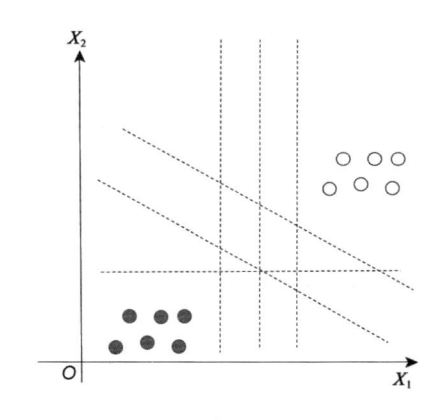

图 4.9 线性超平面示意图

SVM 算法的建模步骤：SVM 通过搜索最大边缘超平面来实现分类，并期望具有较大边缘的线性超平面对测试集或未知数据集的分类，比具有较小边缘的线性超平面更准确。这里的"边缘"定义为：从超平面到其边缘的一个侧面的最短距离等于从该超平面到其边缘的另一个侧面的最短距离。

（1）步骤 1：设定超平面，如式（4.92）所示。

$$\boldsymbol{W}\boldsymbol{X} + b = 0 \tag{4.92}$$

式中，$\boldsymbol{X}(x_1, x_2, \cdots, x_n)^{\mathrm{T}}$ 是列向量；$\boldsymbol{W}(w_1, w_2, \cdots, w_n)$ 是权重行向量；n 是自变量的个数；b 表示偏倚。此时，使位于超平面上方的点满足 $\boldsymbol{W}\boldsymbol{X} + b > 0$，位于超平面下方的点满足 $\boldsymbol{W}\boldsymbol{X} + b < 0$。

（2）步骤2：确定支持向量。调整权重行向量，定义超平面边缘侧面的类，如式（4.93）所示。

$$\begin{cases} H_1 : \boldsymbol{WX} + b \geqslant y_1 \\ H_2 : \boldsymbol{WX} + b \leqslant y_2 \end{cases} \tag{4.93}$$

即落在 H_1 或其上方的点属于 y_1 类，而落在 H_2 或其下方的点属于 y_2 类。此时，落在超平面 H_1 和 H_2 上的训练集数据称为支持向量。

（3）步骤3：确定最大边缘的计算公式。从超平面到 H_1 上的任意点的距离是 $\dfrac{1}{\|\boldsymbol{W}\|}$。根据定义，该距离等于 H_2 上任意点到超平面的距离。因此，最大边缘是 $\dfrac{2}{\|\boldsymbol{W}\|}$。

（4）步骤4：利用SVM模型分类。基于训练集得到SVM模型，将最大边缘超平面写为决策边界，如式（4.94）所示。

$$d(\boldsymbol{X}^{\mathrm{T}}) = \sum_{i=1}^{l} y_i \alpha_i \boldsymbol{X}_i \boldsymbol{X}^{\mathrm{T}} + b_0 \tag{4.94}$$

式中，y_i 表示支持向量 $\boldsymbol{X}_i$ 的属性分类；$\boldsymbol{X}^{\mathrm{T}}$ 表示测试集；α_i 和 b_0 是优化或SVM算法自动确定的数值参数；l 是支持向量的个数。需要注意的是，SVM算法的复杂度并不取决于数据集中变量的维度，而取决于确定的支持向量个数。这是SVM算法不易出现过拟合问题的本质原因。

以上步骤适用于线性可分的数据分类情况。对于数据时不时线性可分的情况，无法找到一条将这些属性分类分开的直线。此时，将线性SVM算法扩展为非线性SVM算法的步骤是：首先，用非线性映射将原始训练集数据变换到高维空间中；其次，在新空间中搜索线性超平面；最后，在新空间中找到的最大边缘超平面对应于原空间中的非线性超曲面。

4.2.6 神经网络算法

神经网络算法是模拟生物神经网络进行信息处理的一种数学模型，以对大脑的生理研究成果为理论基础，目的在于模拟大脑的某些激励与机制，实现一些特定的功能。

神经元是神经网络操作的基本信息处理单位。神经元数学模型如图 4.10 所示。一个神经元对输入信号 $X(x_1, x_2, \cdots, x_p)$ 的输出为 $Y = f\left(\sum_{i=1}^{p} \omega_i x_i + b\right)$。其中的激活函数 f 主要包括阶梯函数、分段线性函数和非线性转移函数等多种形式。

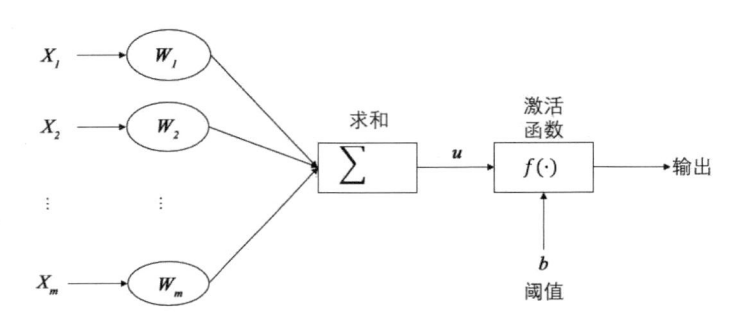

图 4.10 神经元数学模型

神经网络的学习也称为训练，是指神经网络在受到外部环境的刺激下调整神经网络的参数，以一种新的方式对外部环境做出反应的一个过程。在神经网络的发展过程中，提出了多种不同的学习算法，目前并没有一种特定的学习算法能够适用于所有的网络结构或具体问题。在分类预测中，误差校正学习算法是使用广泛的一种，该算法根据神经网络的输出误差对神经元的连接强度进行修正，是一种有指导的学习算法。

神经网络的学习是否完成常用误差函数来测度。当误差函数小于某一个设定的阈值时，停止神经网络的学习。误差是衡量实际输出 Y_k 与期望输出 T_k 之间误差大小的函数，并利用最小二乘函数进行定义，如式（4.95）所示。

$$E = \frac{1}{2}\sum_{k=1}^{n}[Y_k - T_k]^2 \quad k \text{ 表示训练集样本量，} n \text{ 表示训练次数} \quad (4.95)$$

在利用人工神经网络模型进行分类预测时，需要确定网络连接的拓扑结构、神经元的特征和学习算法等，常用的人工神经网络模型如下。

（1）BP 神经网络：一种按误差逆向传播算法训练的多层前馈网络，学习算法是误差校正学习算法。

（2）LM 神经网络：基于梯度下降法和牛顿法结合的多层前馈网络，具有迭代次数少、收敛速度快、精度高等特点。

（3）RBF（径向基）神经网络：能够以任意精度逼近任意连续函数，从输入层到隐含层的变换是非线性的，而从隐含层到输出层的变换是线性的，适合解决分类问题。

（4）FNN 模糊神经网络：模糊权重系数或输入信号是模糊量的神经网络，同时具备神经网络与模糊系统的优点。

以 BP 神经网络为例，我们来看神经网络的建模步骤。BP 神经网络算法的特征是先利用输出后的误差来估计输出层的直接前导层的误差，再用这个误差估计更前一层的误差，如此反向传播后就获得了所有其他各层的误差估计。BP 神经网络三层模型的工作原理图如图 4.11 所示。

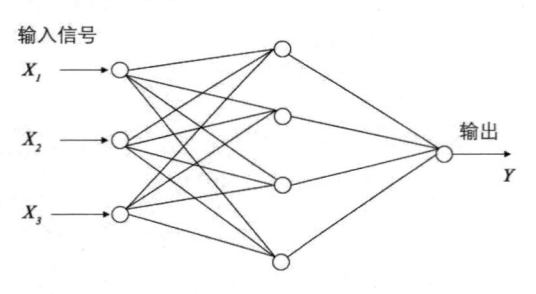

图 4.11　BP 神经网络三层模型的工作原理图

（1）步骤 1：设定学习次数的上限，初始化学习次数为 0，对权值和阈值赋予 -1~1 之间的随机数。

（2）步骤 2：输入样本数据，网络正向传播，得到中间层与输出层的值。比较输出层与信号值的误差，用误差函数判断误差是否小于误差上限。若不小于，则更新中间层和输出层的权值和阈值。

（3）步骤 3：基于更新的权值和阈值，再次输入样本数据得到新的中间层与输出层的值，计算误差是否符合标准。

（4）步骤 4：如此反复，判断学习次数是否达到指定值，若达到，则学习结束。

4.2.7　Python 分类分析案例

在之前的内容中，我们介绍分类算法的分类时，重点介绍了常见的准确率检验算法、决策树算法、朴素贝叶斯算法、KNN 算法、支持向量机算法、神经网络算法。接下来我们通过一个案例，看一下在 Python 中如何实现分类算法。

我们获得了某网课平台中课程的相关数据，包括课程是否是实战课程、课时数、是否促销、是否提供配套资料、销售量。网课样本数据如表 4.10 所示。

表 4.10　网课样本数据

序号	课程是否是实战课程	课时数	是否促销	是否提供配套资料	销售量
1	是	多	是	否	高
2	否	少	是	是	低
3	是	少	是	否	低
4	是	多	否	否	低
5	是	少	否	是	高
6	是	多	是	是	高
7	否	多	是	否	低
8	否	少	是	是	高
9	是	多	是	否	高
10	否	少	否	否	低

基于网课数据，建立决策树模型，找到哪些是影响课程销售量的主要因素，并对新课程的销售量情况进行预测。Python 代码如下。

```
import pandas as pda
fname="D:/lesson.csv"
dataf=pda.read_csv(fname,encoding="gbk")

x=dataf.iloc[:,1:5].as_matrix()
y=dataf.iloc[:,5].as_matrix()
for i in range(0,len(x)):
    for j in range(0,len(x[i])):
        thisdata=x[i][j]
        if(thisdata=="是" or thisdata=="多" or thisdata=="高"):
            x[i][j]=int(1)
        else:
            x[i][j]=int(-1)
for i in range(0,len(y)):
```

```
        thisdata=y[i]
        if(thisdata=="高"):
            y[i]=1
        else:
            y[i]=-1
#容易出错的地方,需要进行格式转化
xf=pda.DataFrame(x)
yf=pda.DataFrame(y)
x2=xf.as_matrix().astype(int)
y2=yf.as_matrix().astype(int)
#建立决策树
from sklearn.tree import DecisionTreeClassifier as DTC
dtc=DTC(criterion="entropy")
dtc.fit(x2,y2)

from sklearn.tree import export_graphviz
from sklearn.externals.six import StringIO
with open("D:/tree.dot","w") as file:

file=export_graphviz(dtc,feature_names=["combat","num","promotion"
,"data"],out_file=file)

#直接预测销售量高低
import numpy as npy
x3=npy.array([[1,-1,-1,1],[1,1,1,1],[-1,1,-1,1]])
rst=dtc.predict(x3)
print(rst)
```

  这里需要注意的是,在 Python 中生成的决策树可视化图形是 dot 文件,需要在 DOC 命令下使用 Graphviz 程序进行文件转化,将 dot 文件转换成 png 图片格式。DOC 命令下的 Graphviz 程序如图 4.12 所示。

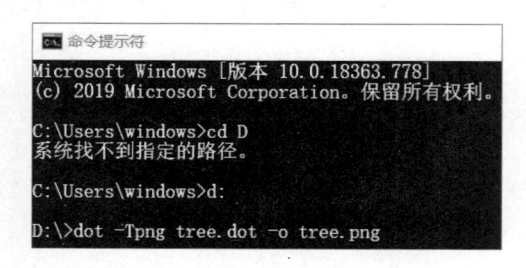

图 4.12 DOC 命令下的 Graphviz 程序

最终生成课程销售量分析决策树可视化图形，如图 4.13 所示。从图 4.13 中可以看出，决定课程销售量的主要因素依次是：课程是否是实战课程、是否促销、是否提供配套资料、课时数。另外，在 Python 代码最后，我们对三门课程进行销售量预测，在课程是实战课程、课时数少、不促销、提供配套资料的情况下，预测课程销售量高；在课程是实战课程、课时数多、促销且提供配套资料的情况下，预测课程销售量高；当课程不是实战课程且不促销，课时数多且提供配套资料的情况下，预测课程销售量低。

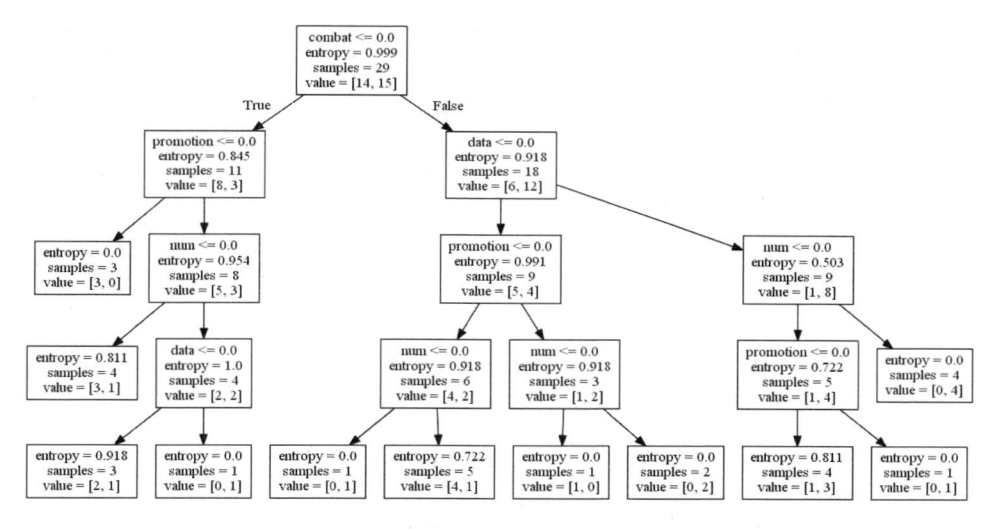

图 4.13　课程销售量分析决策树可视化图形

4.3　基于聚类的数据化运营模型

聚类分析（Cluster Analysis），又称群分析，是根据"物以类聚"的道理，对样品或指标进行分类的一种多元统计分析方法，它们讨论的对象是大量的样品，要求能合理地按各自的特性来进行合理的分类，没有任何模式可供参考或依循，即是在没有先验知识的情况下进行的。聚类分析起源于分类学，在古老的分类学中，人们主要依靠经验和专业知识来实现分类，很少利用数学工具进行定量的分类。随着人类科学技术的发展，对分类的要求越来越高，仅凭经验和专业知识难以确切地进行分类，于是人们逐渐地把数学工具引入分类学，形成了数值分类学，之后又将多元分析的技术引入数值分类学形成了聚类分析。

聚类是将数据分类到不同的类或簇的一个过程,同一个类或簇中的对象有很大的相似性,而不同类或簇间的对象有很大的相异性,聚类分析的目标就是在相似的基础上收集数据来分类。聚类分析被应用于很多方面,在商业上,聚类分析被用来发现不同的客户群,并通过购买模式刻画不同的客户群的特征;在生物上,聚类分析被用来动植物分类和对基因进行分类,获取对种群固有结构的认识;在保险行业上,聚类分析通过一个高的平均消费来鉴定汽车保险单持有者的分组,同时根据住宅类型、价值、地理位置来鉴定一个城市的房产分组;在因特网应用上,聚类分析被用来在网上进行文档归类来修复信息。在不同的应用领域,聚类技术都得到了发展,这些技术方法被用来描述数据,衡量不同数据源间的相似性,以及把数据源分类到不同的簇中。

4.3.1 聚类算法的分类

聚类分析计算方法主要有如下几种:基于划分的方法、基于层次的方法、基于密度的方法、基于模块性优化的方法、基于图划分的方法,如图 4.14 所示。

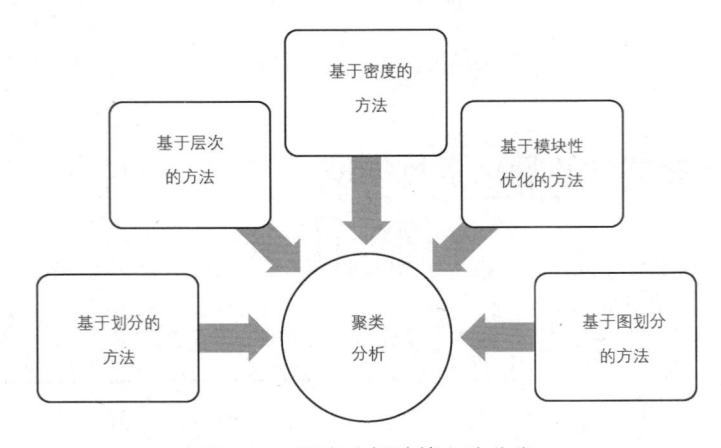

图 4.14 聚类分析计算方法分类

1. 基于划分的方法

基于划分的方法通过目标函数对信息网络进行划分,通过调节各节点的簇分布特征，最终达到簇间元素相似度尽可能小而簇内元素相似度尽可能大的效果，如图 4.15 所示。

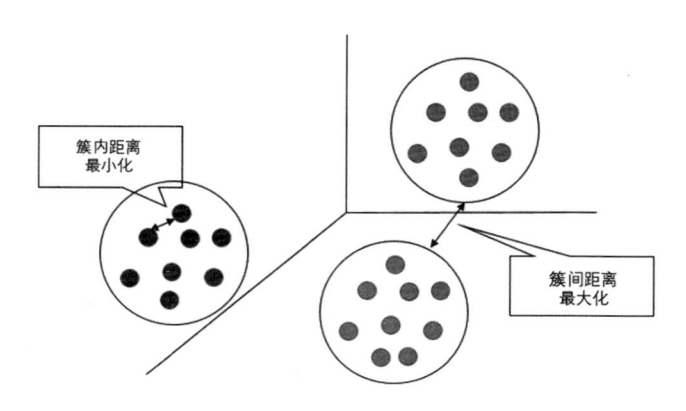

图 4.15　基于划分的方法

基于划分的方法是最早的聚类技术，可以追溯到 20 世纪 60 年代。1967 年，MacQueen 提出了 K-MEANS 算法，该算法首先从 m 个数据对象中任意选择 K 个对象作为初始聚类中心，根据数据点到初始聚类中心的欧式距离对数据点进行分配，计算每个簇的新聚类中心（簇中所有对象的平均值），不断重复这一过程直至目标函数收敛，通常选择均方差函数作为目标函数。该算法时间效率高且适于处理大规模数据，但算法对初始值敏感，聚类结果具有随机性，且不适用于非凸形状的簇或大小存在很大差异的簇集合。通过簇中心进行有效搜索，可以提高传统 K-MEANS 算法的准确率。1990 年，Rousseeuw 等人提出了 PAM 和 CLARA 算法，PAM 算法从簇中选取一个合适的元素作为簇中心，有效避免对噪声数据和孤立点数据敏感的问题；CLARA 算法引入随机采样技术来搜索簇中心，将原有数据扩展成大数据集的聚类过程。

基于划分的方法简单、快速，对于球状或团状的簇可以产生很好的聚类效果。但同时具有一些缺点：首先，目标函数优化基于贪婪搜索策略，聚类结果往往会限于最优局部解；其次，算法不能发现非凸形状的簇，或者大小差别很大的簇，噪声数据和孤立点数据会对聚类结果产生重要影响；最后，像 K-MEANS 这种经典的聚类算法，受初始聚类中心影响，聚类结果具有不确定性。

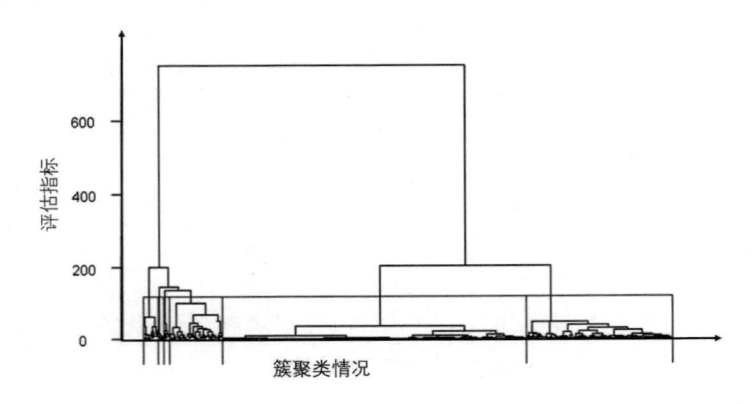

2. 基于层次的方法

基于层次的方法以聚类树的形式组织数据结构，采用自底向上或自顶向下的方式对数据进行聚类，直到条件满足为止，如图 4.16 所示。根据层次分解方式的不同，基于层次的方法包括凝聚型基于层次的方法和分裂型基于层次的方法两种。基于层次的方法需要采用某种准则量化不同簇之间的距离，当距离函数不相同时，最终得到的簇结构会有较大差异。

图 4.16　基于层次的方法

基于层次的方法最早由 S.C. Johnson 在 1967 年提出，将每个对象归为一簇，采用簇间距离函数将最近的两簇合并，并重新计算簇间距离，重复此过程直到最后合并成一簇为止。这种聚类方法不能回溯，一旦某步没有很好地进行合并或分裂操作，就会严重影响聚类效果。为了尽最大可能避免错误，一些学者对该方法进行改进，如 Chameleon 提出采用簇内与簇间的互连性和相似度的相关程度作为聚类准则；Dougherty 提出采用信息增量作为距离函数，每次合并使信息增量最大的两个簇，直至产生聚类结果；Li Jianfu 提出在两个簇合并过程中，不仅要考虑两个簇本身的相似度，还应考虑对其他簇的影响。这些方法在一定意义上可以提高层次聚类的准确性，但不能改变层次聚类不能回溯的本质问题。

基于层次的方法无须用户指定聚类个数，可以根据聚类树中被合并簇的距离来决定簇的个数。该方法具有以下缺点：首先，该方法采用的距离公式类似于基于划分的方法中的簇内方差准则函数，不能发现非凸形状的簇，或者大小差别很大的簇；其次，该方法采用距离函数度量不同簇之间的差异性，具有较高的时间和空间复杂度；再次，该方法不能回溯，一旦一个合并或分裂被执行后就不能修正；最后，与基于划分的方法相似，受限于贪婪搜索策略，聚类结果只具有局部最优解。

3. 基于密度的方法

基于密度的方法用密度作为数据间的相似度，当某个区域中的点密度满足阈值条件时，就把它们加入与之最近的聚类中去，如图 4.17 所示。相比于基于划分的方法和基于层次的方法，这种方法可以对噪声数据和孤立点数据进行过滤，并可以发现任意形状的簇。

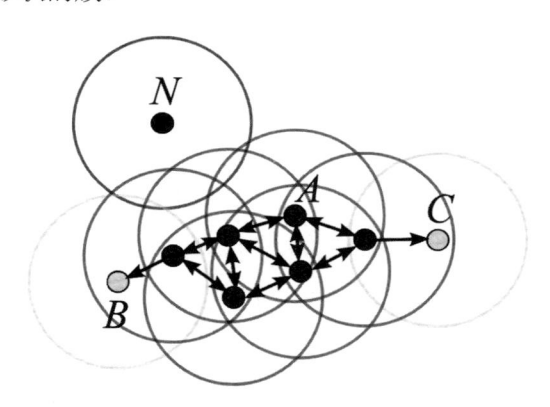

图 4.17 基于密度的方法（彩色图见插页）

基于密度的经典聚类方法是 DBSCAN 算法，DBSCAN 算法最早由 Ester 在 1996 年提出，该算法通过引入密度可达的概念，将大于某一密度的点定义为核心点，相邻核心点相互直接可达，所有相互可达的点形成一个聚类，而不属于任一聚类的点视为噪声数据。DBSCAN 算法对初始半径 ε 和领域最小点数 MinPts 十分敏感，参数的选取会直接影响聚类效果。Ankerst 等人在 1999 年提出了 OPTICS 算法，该算法通过生成一个参数化的数据库对传统基于密度的聚类方法进行改进，得到更好的聚类效果。目前，基于密度的聚类方法的研究主要集中在领域半径和密度阈值的参数设置上。Januzaj 等人在 2004 年提出考虑簇分布局部特性和全局特性确定算法参数；Brecheisen 等人在 2006 年提出采用多阶量化的方法确定算法参数，在很大程度上减少了核心点领域的查询次数，降低了聚类分析的时间复杂度，但算法对参数的敏感依然不可忽略。

基于密度的方法依据聚类评估准则，对位于不同密度区域的数据点进行聚类，不仅可以发现任意形状的簇，还可以对噪声数据和孤立点数据进行过滤，但对领域半径和密度阈值参数非常敏感。

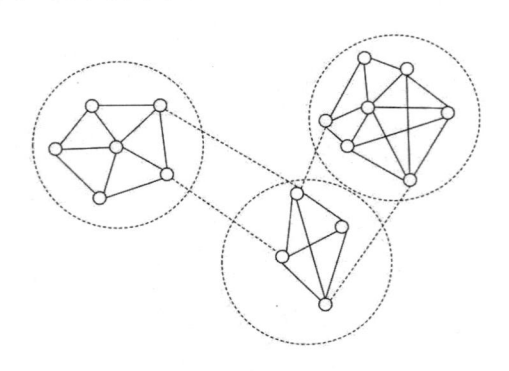

4. 基于模块性优化的方法

基于模块性优化的方法通过交换不同社区的节点使得模块质量函数值 Q 有最大增量，不断迭代直到取得最优解，如图 4.18 所示。

图 4.18　基于模块性优化的方法

基于上述思想，Newman 最早在 2004 年提出了社区挖掘算法 FN，通过层次聚类树检索并合并使模块质量函数值 Q 增加最大或减少最小的社区，最终用 Q 值最大对应的社区划分作为聚类结果，算法执行效率较低；Guimera 和 Amaral 对模块度函数进行改进，在 2005 年提出模块性优化算法 SA，通过节点交换、社区合并、社区分解等方法产生候选集，并基于 Metropolis 准则对候选集进行检验，算法时间复杂度较高；2008 年，Blondel 提出了快速模块性优化算法 FUA，算法结合了多层次聚类与局部优化技术，以社区为节点、以社区间的连接关系为边构建社区网络，迭代交换不同网络中的节点以使得模块质量函数值 Q 增加到最大。随着算法改进，时间复杂度得到明显改善。

类似基于分层的方法，基于模块性优化的方法同样无须用户指定聚类个数，可以根据被合并簇的距离来决定簇的个数，而且在执行效率上被不断改善，但仍存在一些不足，如粒度有限问题，即对于阶数比较小但表征一定主题的社区无法很好地做到用户分群。之所以出现这种现象，是因为基于模块性优化的方法假设随机图没有确定的社区结构，然而这种假设常常与实际相悖。

5. 基于图划分的方法

基于图划分的方法通过图形分割解决数据聚类问题，如图 4.19 所示。基于图划分的方法具有计算复杂度小、执行效率高的优点，而且可以对分布在任意空间的数据样本进行聚类，收敛于全局最优解。由于图划分准则的最优解求解过程是一个非确定性多项式（Non-deterministic Polynomial，NP）问题，因此常采用基于图的谱聚类算法，将图最优解问题转换成求解相似矩阵或 Laplacian 矩阵的谱分解问题，从而达到图划分准则的逼近。

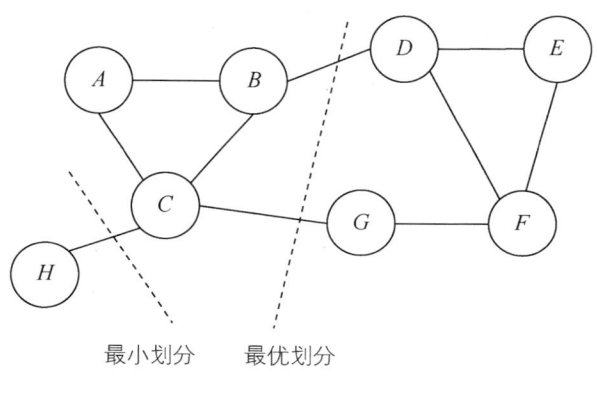

图 4.19 基于图划分的方法

基于图的谱聚类算法最早由 Donath 和 Hoffman 在 1973 年提出，采用基于邻接矩阵的特征向量对图进行划分；此后，Fiedler 采用拉普拉斯矩阵的第二特征向量对图进行划分，为后续研究奠定了基础。近十年，谱聚类算法发展迅速，算法研究方向主要集中在相似矩阵构建和谱聚类效果的改进上。

谱聚类算法具有计算复杂度小、执行效率高的优点。但是，该算法在相似矩阵实现时需要设置一个高斯径向基函数的尺度参数，算法对尺度参数十分敏感，尺度参数会对聚类结果的好坏产生重要影响；另外，该算法需要采用 K-MEANS 对相似矩阵对应的特征向量进行聚类，受初始聚类中心影响，谱聚类结果具有不确定性。

6. 不同聚类方法比较

不同聚类方法比较如表 4.11 所示。不难发现，在众多方法中，只有基于密度和基于图划分的方法可以对分布在任意空间的数据样本进行聚类，发现粒度不同的簇群体，但基于图划分的方法相比基于密度的方法，具有收敛于全局最优解、计算复杂度小、执行效率高的优势。尽管基于图划分的方法，受高斯核和初始聚类中心的影响，聚类结果具有不确定性，但对其进行改进，如构建基于数据特征权重的高斯核相似矩阵，并采用谱聚类集成方法，避免这些影响因素，可以产生稳定的聚类结果。

表 4.11 不同聚类方法比较

聚类方法	优 点	缺 点
基于划分的方法	简单、快速 对于球状簇有很好的聚类效果	聚类结果限于最优局部解 不能发现非凸形状的簇 噪声数据影响聚类结果
基于层次的方法	无须指定聚类个数	聚类结果限于最优局部解 不能发现非凸形状的簇 时间和空间复杂度都很高 一旦执行不能修正
基于密度的方法	可以发现任意形状簇 对噪声数据不敏感	对算法参数敏感
基于模块性优化的方法	无须指定聚类个数	无法发现阶数较小的类别
基于图划分的方法	可以发现任意形状簇 收敛于全局最优解 计算复杂度小，执行效率高	对算法参数敏感 聚类结果具有随机性

通过上述内容介绍，我们不难发现，聚类分析的一个重要用途是将目标群体进行多指标、多维度的划分，在数据化运营中具有重要应用。例如：企业可以对根据特定运营目的和商业目的挑选出的指标变量进行聚类分析，把目标受众划分成几个具有明显特征区别的细分群体，在运营活动中为这些细分群体采取精细化、个性化的运营和服务，从而提升企业运营效率和产品商业效果；企业也可以按照不同的商业目的，依照特定的指标标量来为众多的产品种类进行聚类分析，把企业的产品体系进一步细分成具有不同价值、不同目的的多维度的产品组合，并在此基础上制定相应的开发计划、运营计划和服务规划；企业还可以对运营数据进行聚类分析，找到数据指标中的离散点，提前关注与监控产品质量。

4.3.2 Python 聚类分析案例

我们通过一个具体的案例分析，学习聚类分析中应用广泛的 K-MEANS 算法，同时看一下在 Python 中如何实现聚类技术。K-MEANS 算法是一种简单的迭代型聚类算法，它将一个给定的数据集分为用户指定的 K 个聚类。在划分过程中，需要同时满足两个条件：①每个组至少包含一个对象；②每个对象必须属于且只属于一个组。K-MEANS 算法流程图如图 4.20 所示。

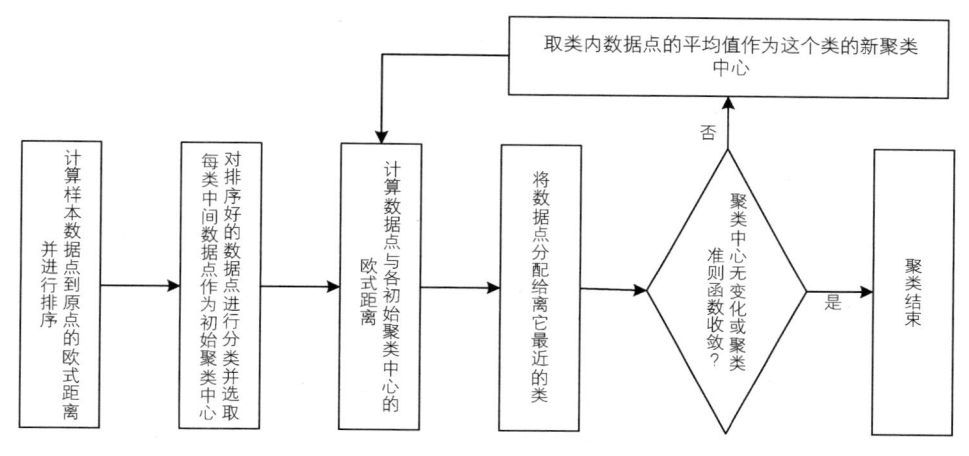

图 4.20　K-MEANS 算法流程图

首先，计算样本数据集中所有数据点到原点的欧式距离，并根据它们到原点的欧式距离进行排序。欧氏距离计算方法如式（4.96）所示。

$$D=\sqrt{(x_1-x_2)^2+(y_1-y_2)^2+\ldots+(z_1-z_2)^2} \quad (4.96)$$

其次，将排序好的数据点平均分成 K 类，选择每类的中间数据点作为 K 个初始聚类中心。

再次，计算样本数据集中每个数据点到这 K 个初始聚类中心的欧式距离，并将这些数据点分配给离它最近的类。

接着，取每类中所有数据点的平均值作为这个类的新聚类中心。

最后，计算用户聚类均方误差 E，以此为聚类准则函数，如式（4.97）所示。

$$E=\sum_{j=1}^{K}\left[\sum_{i=1}^{N_j}(X_i-X_j)^2\right]^{\frac{1}{2}} \quad (4.97)$$

式中，X_i 表示第 i 个样本数据；X_j 表示第 j 个聚类中心；N_j 表示样本数据的总量，$\left[\sum_{i=1}^{N_j}(X_i - X_j)^2\right]^{\frac{1}{2}}$ 表示所有样本数据到第 j 个聚类中心的距离；K 表示类的个数，即聚成 K 个类别；$\sum_{j=1}^{K}\left[\sum_{i=1}^{N_j}(X_i - X_j)^2\right]^{\frac{1}{2}}$ 表示所有样本数据到所有聚类中心的距离求和。

判断聚类准则函数是否收敛或聚类中心和上次是否完全相同，若收敛或聚类中心无变化，则说明聚类完成；若不收敛或有变化，则返回数据点分配过程，直至达到收敛条件或聚类中心不再变化，聚类结束。

某移动运营商想结合用户通话行为，通过聚类方法将用户分成不同的群体，针对不同群体的消费行为，提供个性化套餐，从而达到精细化运营，增加客户黏性，提升企业效益。移动运营商通话样本数据如表 4.12 所示，其中包括用户编号（ID）、上班通话时长（Peak）、下班通话时长（OffPeak）、周末通话时长（Weekend）、国际漫游时长（International）、总通话时长（Total）、平均通话时长（Average）。

表 4.12　移动运营商通话样本数据

用户编号	上班通话时长（分钟）	下班通话时长（分钟）	周末通话时长（分钟）	国际漫游时长（分钟）	总通话时长（分钟）	平均通话时长（分钟）
K110870	1242.00	175.80	100.50	218.71	1518.30	1.79
K110900	664.20	389.10	136.50	336.64	1189.80	3.98
K110980	1315.80	135.90	61.20	486.34	1512.90	2.09
K111000	1341.60	38.70	75.00	230.33	1455.30	1.67
K111200	1023.00	444.30	66.00	372.31	1533.30	1.59
K111340	1398.60	171.00	30.60	460.59	1600.20	1.69
K111440	1009.80	288.00	23.40	202.61	1321.20	2.10
K111520	687.00	441.30	56.00	227.87	1184.30	2.40
K111720	853.80	493.20	72.60	399.64	1419.60	2.04

对移动运营商通话样本数据进行聚类分析，Python 代码如下。

```
import pandas as pda
import numpy as npy
dataf=pda.read_excel("D:/移动用户细分聚类.xls")
x=dataf.iloc[:,1:7].as_matrix()
```

第 4 章　辅助决策式数据化运营

```
#数据探索与数据预处理
dataf.describe()
dataf.corr()

#标准化
dataf["Peak_mins"]=(dataf["Peak_mins"]-
dataf["Peak_mins"].mean())/dataf["Peak_mins"].std()
dataf["OffPeak_mins"]=(dataf["OffPeak_mins"]-
dataf["OffPeak_mins"].mean())/dataf["OffPeak_mins"].std()
dataf["Weekend_mins"]=(dataf["Weekend_mins"]-
dataf["Weekend_mins"].mean())/dataf["Weekend_mins"].std()
dataf["International_mins"]=(dataf["International_mins"]-
dataf["International_mins"].mean())/dataf["International_mins"].st
d()
dataf["Total_mins"]=(dataf["Total_mins"]-
dataf["Total_mins"].mean())/dataf["Total_mins"].std()
dataf["average_mins"]=(dataf["average_mins"]-
dataf["average_mins"].mean())/dataf["average_mins"].std()

from sklearn.cluster import KMeans
kms=KMeans(n_clusters=5)
y=kms.fit_predict(x)
print(y)
dy = pda.DataFrame(y)
dy.to_excel("D:/移动用户聚类结果.xls")
```

分析过程如下。

（1）步骤 1：对移动运营商通话样本数据进行数据探索。通过 Python 描述性统计，如图 4.21 所示，可以看到样本数据总数为 498 条，各维度数据不存在缺失值。

	Peak_mins	OffPeak_mins	Weekend_mins	International_mins	Total_mins	average_mins
count	498.000000	498.000000	498.000000	498.000000	498.000000	498.000000
mean	1066.961998	300.030610	53.948780	315.032691	1420.941388	3.631835
std	508.360802	189.762800	36.069568	141.376123	569.859056	2.819320
min	23.428029	3.203925	1.227075	0.237180	54.809360	0.699305
25%	700.200000	154.425001	25.050000	221.228008	1094.925000	2.102314
50%	1030.200000	274.050001	44.400001	294.071215	1370.850001	2.729681
75%	1382.100001	426.825000	74.875000	389.031784	1781.300001	4.205864
max	2846.399999	896.100000	189.000000	892.557103	3423.300000	31.188889

图 4.21　Python 描述性统计

通过构建 Python 相关系数矩阵，如图 4.22 所示，可以发现 Peak_mins 和 Total_mins 相关性很高，所以先对变量进行处理，只选取其中一个，再构造一个新的变量 Peak_mins/Total_mins。

	Peak_mins	OffPeak_mins	Weekend_mins	International_mins	Total_mins	average_mins
Peak_mins	1.000000	0.121031	0.144755	0.691529	0.941547	-0.036751
OffPeak_mins	0.121031	1.000000	0.024680	0.261998	0.442531	0.009302
Weekend_mins	0.144755	0.024680	1.000000	0.128180	0.200648	-0.106626
International_mins	0.691529	0.261998	0.128180	1.000000	0.712259	-0.034018
Total_mins	0.941547	0.442531	0.200648	0.712259	1.000000	-0.036436
average_mins	-0.036751	0.009302	-0.106626	-0.034018	-0.036436	1.000000

图 4.22　Python 相关系数矩阵

（2）步骤 2：对数据进行标准化处理。

由于数据中各个维度量纲不统一，因此采用零均值标准化方法对数据进行标准化处理，处理后各列指标平均值为 0，方差为 1，如图 4.23 所示。

	Peak_mins	OffPeak_mins	Weekend_mins	International_mins	Total_mins	average_mins
count	4.980000e+02	4.980000e+02	4.980000e+02	4.980000e+02	4.980000e+02	4.980000e+02
mean	3.089898e-16	-5.176443e-16	3.814441e-16	2.572685e-16	-4.514461e-16	1.108440e-15
std	1.000000e+00	1.000000e+00	1.000000e+00	1.000000e+00	1.000000e+00	1.000000e+00
min	-2.052743e+00	-1.564198e+00	-1.461667e+00	-2.226653e+00	-2.397316e+00	-1.040155e+00
25%	-7.214600e-01	-7.673032e-01	-8.011956e-01	-6.635115e-01	-5.721000e-01	-5.425141e-01
50%	-7.231478e-02	-1.369110e-01	-2.647323e-01	-1.482674e-01	-8.790136e-02	-3.199899e-01
75%	6.199101e-01	6.681731e-01	5.801628e-01	5.234200e-01	6.323645e-01	2.036054e-01
max	3.500345e+00	3.141129e+00	3.744187e+00	4.085021e+00	3.513779e+00	9.774361e+00

图 4.23　标准化后 Python 描述性统计

（3）步骤 3：对数据进行聚类分析。

选取的变量为 Peak_mins/Total_mins、Offpeak_mins、Weekend_mins、International_mins、Total_mins、average_mins。调用 sklearn.cluster 聚类模块中的 K-MEANS 算法，进行聚类分析。根据聚类结果分析每一类用户在现有变量上的特征，这里选取平均值作为参考依据，得到移动用户聚类分析结果，如图 4.24 所示。

类别	offPeak	Weekend	International	Total	Average	Peak/Total
0	278	54	257	1006	3.9	0.67
1	334	57	405	1943	3.4	0.8
2	39	18	15	110	2.7	0.49
3	327	55	322	1473	3.5	0.74
4	357	63	534	2687	3.4	0.85

图 4.24　移动用户聚类分析结果

从图 4.24 中可以看出，第 0 类用户的平均通话时长指标高，其他指标均偏低，所以第 0 类用户属于常聊用户；第 1 类用户的所有指标均处于中等偏上水平，所以第 1 类用户属于中高端用户；第 2 类用户的所有指标均较低，所以第 2 类用户属于低端用户；第 3 类用户的所有指标均处于中等水平，所以第 3 类用户属于中端用户；第 4 类用户几乎所有指标都最高，只有平均通话时长指标较低，所以第 4 类用户属于高端用户。

移动公司可以针对这五类用户推荐不同的套餐，高端用户推荐各项指标偏高，套餐费用偏高的套餐；中端用户和中高端用户可以较高端用户指标、费用偏低一点进行套餐推荐；常聊用户可以推荐符合常聊特点的套餐，如通话次数优惠类套餐；低端用户可以推荐资费便宜的套餐。

第 5 章

数据驱动式数据化运营

从数据发挥作用的角度来看,数据化运营分为辅助决策式数据化运营和数据驱动式数据化运营。数据驱动式数据化运营是指以整个运营过程的最优化结果为目标,以关键数据为触发和优化方式,将运营业务的工作流程、逻辑、技巧封装为特定的应用,借助计算机技术并结合企业内部的流程和机制形成一体化的数据化工作流程。本章将重点讲述数据化运营过程中重要的最优解求解思维,包括层次分析最优解思维、线性规划最优解思维、节约里程最优解思维。针对每种最优解求解思维,本章将从模型原理、模型应用、模型 Excel 实现几个方面来详细讲述,让读者能够将理论与实践相结合,熟练掌握与运用数据驱动式数据化运营的方法。

5.1 层次分析最优解思维应用

层次分析法(Analytic Hierarchy Process,AHP),是指将与决策有关的元素分解成目标、准则、方案等层次,在此基础上进行定性和定量分析的决策方法。该方法是美国运筹学家匹兹堡大学教授 T.L.Saaty 于 20 世纪 70 年代初在为美国国防部研究"根据各个工业部门对国家福利的贡献大小而进行电力分配"课题时,应用网络系统理论和多目标综合评价方法,提出的一种层次权重决策分析方法。由于在处理复杂的决策问题上的实用性和有效性,层次分析法很快在世界范围内得到重视。层次分析法的应用已遍及经济计划和管理、能源政策和分配、行为科学、军事指挥、运输、农业、教育、人才、医疗和环境等领域。

层次分析法的基本原理是：根据问题的性质和要达到的总目标，将问题分解为不同的组成因素，并按照因素间的相互关联影响及隶属关系将因素按不同层次聚集组合，形成一个多层次的分析结构模型，最终使问题归结为底层（供决策的方案、措施等）相对于最高层（总目标）的相对重要权值的确定或相对优劣次序的排定。

层次分析法的基本思路与人对一个复杂的决策问题的思维、判断过程大体上是一样的。不妨以假期旅游为例：有三个旅游胜地——桂林、黄山、北戴河供游客选择，游客会根据景色、费用、居住、饮食、旅途等一些准则去反复比较这三个候选地点，如图 5.1 所示。首先，游客会确定这些准则在心目中各占多大比重，如果游客经济宽绰、醉心旅游，自然会看重景色，而平素俭朴或手头拮据的游客会优先考虑费用，中老年游客还会对居住、饮食等条件给予较大关注。其次，游客会就每一个准则将三个地点进行对比，如桂林景色最好，黄山次之；黄山费用最低，北戴河次之；北戴河居住等条件较好等。最后，游客要将这两个层次的比较判断进行综合，在桂林、黄山、北戴河中确定哪个作为最佳旅游地点。

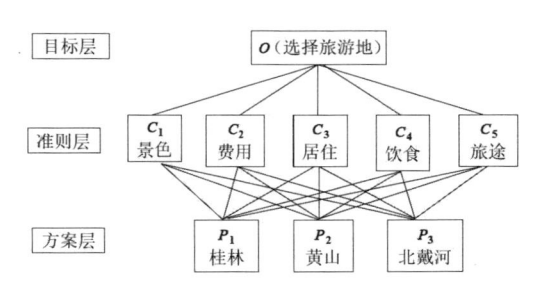

图 5.1 层次结构模型样例

5.1.1 层次分析法步骤

在层次分析法的分析过程中，有四个步骤：建立层次结构模型、构造成对比较矩阵、计算权向量并进行一致性检验、计算组合权向量并进行组合一致性检验，如图 5.2 所示。

（1）步骤 1：建立层次结构模型。在深入分析实际问题的基础上，将有关的各个因素按照不同属性自上而下地分解成若干层次，同一层的因素从属于上一层的因素（或对上层因素有影响），同时支配下一层的因素（或受到下层因素的作用）。最上层为目标层，通常只有 1 个因素；最下层通常为方案层（或对象层）；中间可以有 1 或 n 层，通常为准则层（或指标层）。当准则过多时（如多于 9 个），应进一步分解出子准则层。

（2）步骤2：构造成对比较矩阵。从层次结构模型的第二层开始，对于从属于（或影响）上一层每个因素的同一层因素，用成对比较法和1～9比较尺度构造成对比较矩阵，直到最下层。

（3）步骤3：计算权向量并进行一致性检验。对每一个成对比较矩阵计算最大特征根及对应特征向量，利用一致性指标、随机一致性指标和一致性比率进行一致性检验。若检验通过，则特征向量（归一化后）即权向量；若未通过，则重新构造成对比较矩阵，并计算其所对应的最大特征根及对应特征向量，直至检验通过为止。

（4）步骤4：计算组合权向量并进行组合一致性检验。计算最下层对目标的组合权向量，并根据公式进行组合一致性检验。若检验通过，则可按照组合权向量表示的结果进行决策，否则须重新构造一致性比率较大的成对比较矩阵，或者重新构造模型，直至符合要求为止。

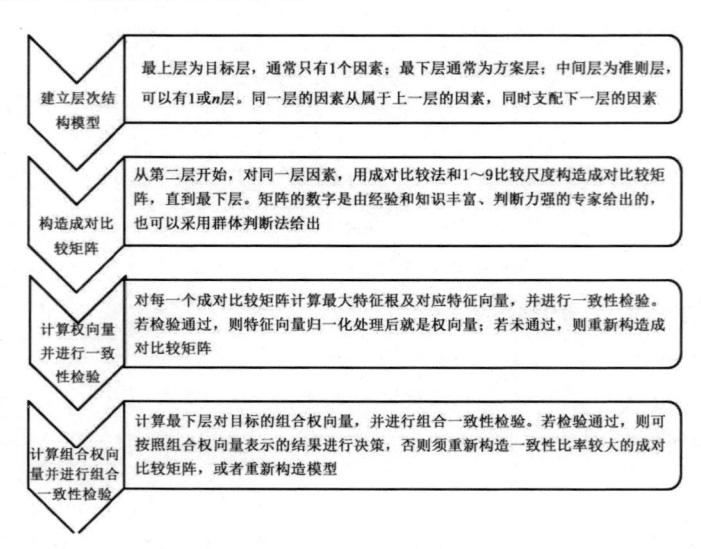

图 5.2　层次结构模型分析步骤

接下来，我们对层次分析法中的每一个关键步骤进行详细阐述，并通过案例分析对关键技术进行解析。

1．建立层次结构模型

将问题包含的因素分层：最高层是要实现的目标，也称目标层；中间层是为实现目标而采取的各种措施、方案所必须遵循的准则，也称策略层、约束层、准则层等；底是用于解决问题的各种措施，也称方案层。把各种所要考虑的因素放在适当的层次内，用层次结构图清晰地表达这些因素的关系。

例 5.1.1：某一个消费者选购电视机时，对市场正在出售的四种电视机考虑了八项准则作为评估依据，建立的层次结构模型如图 5.3 所示。其中，目标层是选购电视机，准则层包括品牌、外观、价格、尺寸、耗电量、厂家信誉、音效、保修服务；方案层包括三星、索尼、夏普、小米四家公司。

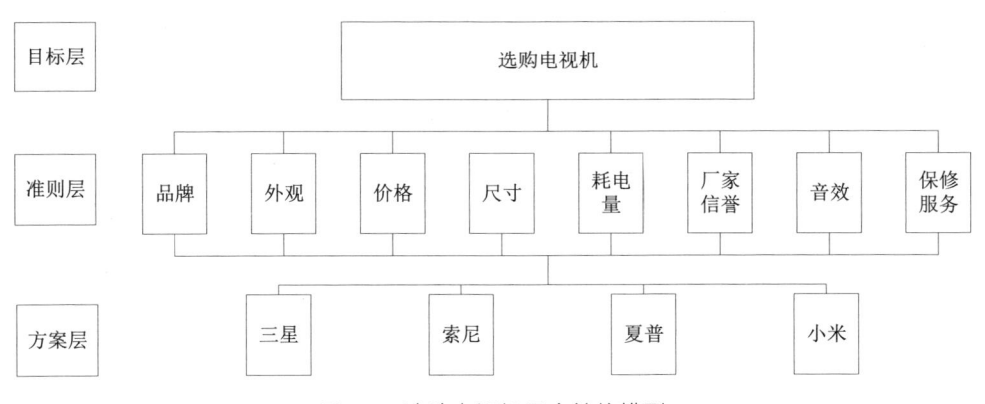

图 5.3 选购电视机层次结构模型

例 5.1.2：对三个干部候选人张三、李四、王五，按选拔干部的五个标准——品德、才能、资历、年龄和群众关系，建立层次结构模型，如图 5.4 所示。其中，目标层是选拔干部，准则层包括品德、才能、资历、年龄和群众关系；方案层包括张三、李四、王五三个人选。

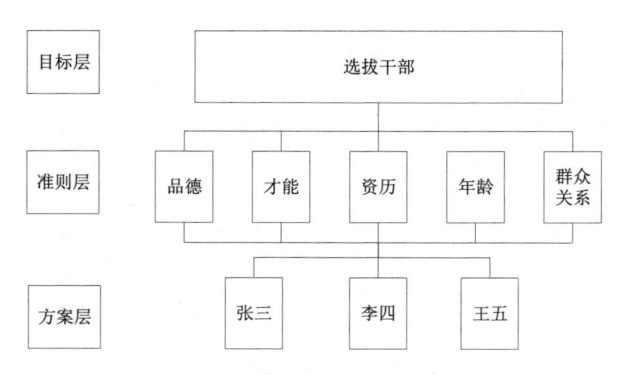

图 5.4 选拔干部层次结构模型

例 5.1.3：国家科技部每年对申报课题进行审批，需要从甲、乙、丙三个项目中找到最为合理的科研项目进行资金支持，审核标准包括成果贡献、人才培养、课题可行性。其中，成果贡献包括应用价值、科学意义两项指标；课题可行性包括难易程度、研究周期、财政支持三项指标，建立层次结构模型，如图 5.5 所示。其中，目标层是合理选择科研课题。准则层包括两层，第一层包括成果贡献、人才培养、课题可行性；第二层包括从属于成果贡献的应用价值和科学意义，从属于课题可行性的难易程度、研究周期、财政支持。方案层包括甲、乙、丙三个项目。

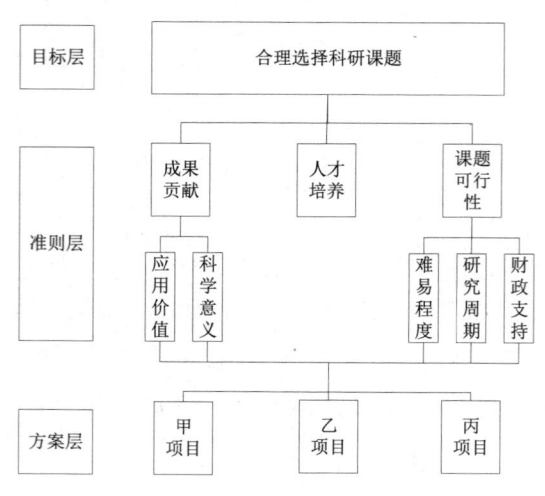

图 5.5 合理选择科研课题层次结构模型

2．构造成对比较矩阵

在确定各层次各因素之间的权重时，如果只选取定性的结果，则常常不容易被别人接受，因而 T.L.Saaty 教授提出一致矩阵法，即不把所有因素放在一起比较，而两两相互比较，同时采用相对尺度，以尽可能减少性质不同的因素相互比较的困难，以提高准确度。

设要比较 n 个因素 $y=(y_1,y_2,\cdots y_n)$ 对目标 z 的影响，从而确定它们在 z 中所占的比重，每次取两个因素 y_i 和 y_j，用 a_{ij} 表示 y_i 与 y_j 对 z 的影响程度之比，按 1~9 的比较尺度来度量 a_{ij}。n 个被比较的元素构成一个两两比较的成对比较矩阵 $\boldsymbol{A}=(a_{ij})_{n\times n}$。显然，矩阵 $\boldsymbol{A}=\begin{bmatrix} a_{11} & \cdots & a_{1n} \\ \vdots & \ddots & \vdots \\ a_{n1} & \cdots & a_{nn} \end{bmatrix}$ 具有如下性质，如式（5.1）所示。

$$a_{ij}>0，\quad a_{ij}=\frac{1}{a_{ji}} \quad a_{ii}=1 \quad (i,j=1,2,\cdots n) \quad (5.1)$$

所以又称成对比较矩阵 $\boldsymbol{A}=(a_{ij})_{n\times n}$ 为正互反矩阵，简称正互阵。成对比较矩阵元素 a_{ij} 的取值采用数值 1~9 及其倒数作为比较尺度，如表 5.1 所示。

表 5.1　1~9 比较尺度

因素 y_i 比因素 y_j	量 化 值
同等重要	1
稍微重要	3
较强重要	5
强烈重要	7
极端重要	9
两相邻判断的中间值	2、4、6、8

选择 1~9 比较尺度是基于下述依据的。

（1）在估计事物本质的区别时，人们常用五种判断表示，即相等、较强、强、很强、绝对强。当需要更高精度时，还可以在相邻判断之间做出比较，这样，总共有九个等级，它们有连贯性，便于在实践中应用。

（2）心理学家认为，人们在同时比较若干个对象时，能够区别差异的心理学极限为 7 ± 2 个对象，它们之间的差异正好可以用 9 个数值表示出来。T.L.Saaty 教授还将 1~9 比较尺度方法同其他比较尺度方法进行过比较，结果表明 1~9 比较尺度方法是可行的，并且能够将思维判断量化。

例如，选拔干部考虑三个条件：品德 y_1、才能 y_2、资历 y_3。某决策人用成对比较法，得到成对比较矩阵为 $\begin{bmatrix} 1 & 2 & 7 \\ 1/2 & 1 & 4 \\ 1/7 & 1/4 & 1 \end{bmatrix}$，其中 $a_{12}=2$ 表示品德与才能重要性之比为 2，即决策人认为品德比才能重要。

3．计算权向量并进行一致性检验

从理论上分析得到：如果 A 是完全一致的成对比较矩阵，则应该满足式（5.2）。

$$a_{ij} \cdot a_{jk} = a_{ik} \quad 1 \leqslant i,j,k \leqslant n \tag{5.2}$$

但实际上，在构造成对比较矩阵时要求满足式（5.2）是不可能的，因此退而要求成对比较矩阵有一定的一致性，即允许成对比较矩阵存在一定程度的不一致性。由分析可知，对于完全一致的成对比较矩阵，其绝对值最大的特征根等于该矩阵的维数。对成对比较矩阵的一致性要求，转化为要求：其绝对值最大的特征根和该矩阵的维数相差不大。

接下来，我们来学习成对比较矩阵的特征向量和最大特征根的求解方法。假定有 n 个物体，它们的质量分别为 $w_1, w_2, \cdots, w_n$，并且假定它们的质量和为 1 个单位，即 $\sum_{i=1}^{n} w_i = 1$。两两比较它们之间的质量很容易得出成对比较矩阵 A，如式（5.3）所示。

$$A = \begin{bmatrix} \dfrac{w_1}{w_1} & \dfrac{w_1}{w_2} & \cdots & \dfrac{w_1}{w_n} \\ \dfrac{w_2}{w_1} & \dfrac{w_2}{w_2} & \cdots & \dfrac{w_2}{w_n} \\ \vdots & \vdots & \vdots & \vdots \\ \dfrac{w_n}{w_1} & \dfrac{w_n}{w_2} & \cdots & \dfrac{w_n}{w_n} \end{bmatrix} = \begin{bmatrix} a_{11} & \cdots & a_{1n} \\ \vdots & \ddots & \vdots \\ a_{n1} & \cdots & a_{nn} \end{bmatrix} \tag{5.3}$$

其中，成对比较矩阵 A 中的元素满足式（5.4）。

$$a_{ii} = 1, \quad a_{ij} = \dfrac{1}{a_{ji}} \quad a_{ij} \cdot a_{jk} = a_{ik} \tag{5.4}$$

用质量向量 $W = [w_1, w_2, \cdots, w_n]^T$ 右乘矩阵 A，结果如式（5.5）所示。

$$AW = \begin{bmatrix} \dfrac{w_1}{w_1} & \dfrac{w_1}{w_2} & \cdots & \dfrac{w_1}{w_n} \\ \dfrac{w_2}{w_1} & \dfrac{w_2}{w_2} & \cdots & \dfrac{w_2}{w_n} \\ \vdots & \vdots & \vdots & \vdots \\ \dfrac{w_n}{w_1} & \dfrac{w_n}{w_2} & \cdots & \dfrac{w_n}{w_n} \end{bmatrix} \begin{bmatrix} w_1 \\ w_2 \\ \vdots \\ w_n \end{bmatrix} = \begin{bmatrix} nw_1 \\ nw_2 \\ \vdots \\ nw_n \end{bmatrix} = nW \quad (5.5)$$

由式（5.5）不难看出，以 n 个物体质量为分量的向量 W 是成对比较矩阵的特征向量。根据矩阵理论，n 为上述矩阵 A 的唯一非零的，也是最大的特征根，而 W 是该特征值所对应的特征向量。

上面的例子显示，如果有一组物体需要估算相对质量，但没有称重仪器，那么可以通过两两比较这组物体相对质量的方法，得出每对物体的质量比值，从而形成成对比较矩阵，通过求解成对比较矩阵的最大特征根和所对应的特征向量，就可以计算出这组物体的相对质量。同样，对于复杂的社会的、经济的及管理科学等领域的问题，通过建立层次结构模型，构造两两因素成对比较矩阵，就可应用求解最大特征根和特征向量的方法，来确定相应的各种方案、措施、政策等相对于总目标的重要性排序权值，以供决策使用。

对于成对比较矩阵 A 的特征向量 W，常见的求解方法有两种：和积法、方差法。和积法步骤如下所示。

（1）步骤1：将成对比较矩阵 $A = \begin{bmatrix} a_{11} & \cdots & a_{1n} \\ \vdots & \ddots & \vdots \\ a_{n1} & \cdots & a_{nn} \end{bmatrix}$ 的每一列元素进行归一化处理，如式（5.6）所示。

$$\overline{a_{ij}} = a_{ij} / \sum_{k=1}^{n} a_{kj} \quad \text{（其中，} i, j = 1, 2, \cdots, n\text{）} \quad (5.6)$$

（2）步骤2：将归一化的成对比较矩阵按行相加，如式（5.7）所示。

$$\overline{w_i} = \sum_{j=1}^{n} \overline{a_{ij}} \quad \text{（其中，} i = 1, 2, \cdots, n\text{）} \quad (5.7)$$

（3）步骤3：将向量 $\overline{w_i} = \left(\overline{w_1}, \overline{w_2}, \cdots, \overline{w_n} \right)^T$ 归一化，如式（5.8）所示。

$$w_i = \overline{w_i} / \sum_{k=1}^{n} \overline{w_k} \quad （其中，i = 1, 2, \cdots, n） \tag{5.8}$$

所得到的 $W = [w_1, w_2, \cdots, w_n]^T$ 即所求的特征向量。

方差法步骤如下所示。

（1）步骤1：将成对比较矩阵 $A = \begin{bmatrix} a_{11} & \cdots & a_{1n} \\ \vdots & \ddots & \vdots \\ a_{n1} & \cdots & a_{nn} \end{bmatrix}$ 的每一行元素进行相乘处理，得到向量 $A = [a_1, a_2, \cdots, a_n]^T$，如式（5.9）所示。

$$a_i = \prod_{j=1}^{n} a_{ij} = a_{i1} \times a_{i2} \times \cdots \times a_{in} \quad （其中，i = 1, 2, \cdots, n） \tag{5.9}$$

（2）步骤2：对向量 $A = [a_1, a_2, \cdots, a_n]^T$ 中的元素开 n 次方，得到向量 $A' = [a'_1, a'_2, \cdots, a'_n]^T$，如式（5.10）所示。

$$a'_i = \sqrt[n]{a_i} \quad （其中，i = 1, 2, \cdots, n） \tag{5.10}$$

（3）步骤3：对向量 $A' = [a'_1, a'_2, \cdots, a'_n]^T$ 进行归一化处理，如式（5.11）所示。

$$w_i = a'_i / \sum_{k=1}^{n} a'_k \quad （其中，i = 1, 2, \cdots, n） \tag{5.11}$$

所得到的 $W = [w_1, w_2, \cdots, w_n]^T$ 即所求的特征向量。

（4）步骤4：当得到成对比较矩阵 A 的特征向量 W 后，可以进一步计算最大特征根 λ，如式（5.12）所示。

$$\lambda_{\max} = \frac{1}{n} \sum_{i=1}^{n} \frac{(AW)_i}{w_i} \tag{5.12}$$

例5.1.4：当成对比较矩阵 $A = \begin{bmatrix} 1 & 2 & 6 \\ 1/2 & 1 & 4 \\ 1/6 & 1/4 & 1 \end{bmatrix}$ 时，利用和积法求其特征向量和最大特征根。

第 5 章 数据驱动式数据化运营

解：

$$A = \begin{bmatrix} 1 & 2 & 6 \\ 1/2 & 1 & 4 \\ 1/6 & 1/4 & 1 \end{bmatrix} \xrightarrow{\text{列向量归一化}} \begin{bmatrix} 0.6 & 0.615 & 0.545 \\ 0.3 & 0.308 & 0.364 \\ 0.1 & 0.077 & 0.091 \end{bmatrix} \xrightarrow{\text{按行求和}} \begin{bmatrix} 1.760 \\ 0.972 \\ 0.268 \end{bmatrix} \xrightarrow{\text{归一化}} \begin{bmatrix} 0.587 \\ 0.324 \\ 0.089 \end{bmatrix} = W$$

由于 $AW = \begin{bmatrix} 1.769 \\ 0.974 \\ 0.268 \end{bmatrix}$，故 $\lambda_{\max} = \frac{1}{3}\left(\frac{1.769}{0.587} + \frac{0.974}{0.324} + \frac{0.268}{0.089}\right) \approx 3.009$

综上，$W = \begin{bmatrix} 0.587 & 0.324 & 0.089 \end{bmatrix}$，$\lambda_{\max} \approx 3.009$

例 5.1.5：当成对比较矩阵 $A = \begin{bmatrix} 1 & 1/5 & 1/3 \\ 5 & 1 & 3 \\ 3 & 1/3 & 1 \end{bmatrix}$ 时，利用方差法求其特征向量和最大特征根。

解：

$$A = \begin{bmatrix} 1 & 1/5 & 1/3 \\ 5 & 1 & 3 \\ 3 & 1/3 & 1 \end{bmatrix} \xrightarrow{\text{行向量乘法化}} \begin{bmatrix} 0.067 \\ 15 \\ 1 \end{bmatrix} \xrightarrow{n\text{次方根}} \begin{bmatrix} 0.405 \\ 2.466 \\ 1 \end{bmatrix} \xrightarrow{\text{归一化}} \begin{bmatrix} 0.105 \\ 0.637 \\ 0.258 \end{bmatrix} = W$$

由于 $AW = \begin{bmatrix} 0.318 \\ 1.935 \\ 0.785 \end{bmatrix}$，故 $\lambda_{\max} = \frac{1}{3}\left(\frac{0.318}{0.105} + \frac{1.935}{0.637} + \frac{0.785}{0.258}\right) \approx 3.0385$

综上，$W = \begin{bmatrix} 0.105 & 0.637 & 0.258 \end{bmatrix}$，$\lambda_{\max} \approx 3.0385$

在一般决策问题中，由于决策者不可能给出精确的 $\frac{w_i}{w_j}$ 的度量，只能对它们进行判断估计。这样，实际给出的 a_{ij} 判断与理想的 $\frac{w_i}{w_j}$ 有偏差，不能保证成对比较矩阵具有完全的一致性。因此，为了保证应用层次分析法得到的结论基本合理，还需要对构造的成对比较矩阵进行一致性检验。所谓一致性，是指判断思维的逻辑一致性，如当甲比丙是强烈重要，而乙比丙是稍微重要时，显然甲一定比乙重要。这就是判断思维的逻辑一致性。

定义一致性指标 CI，如式（5.13）所示。

$$CI = \frac{\lambda_{max} - n}{n - 1} \tag{5.13}$$

当 CI = 0 时，说明成对比较矩阵有完全的一致性；当 CI 接近于 0 时，说明成对比较矩阵有满意的一致性；CI 越大，不一致程度越严重。

为衡量 CI 的大小，引入随机一致性指标 RI，如式（5.14）所示。

$$RI = \frac{CI_1 + CI_2 + \ldots + CI_n}{n} \tag{5.14}$$

随机一致性指标 RI 和成对比较矩阵的阶数有关。一般情况下，矩阵阶数越大，则出现一致性随机偏离的可能性越大，其对应关系如表 5.2 所示。

表 5.2 随机一致性指标 RI 与矩阵阶数的对应关系

矩阵阶数	1	2	3	4	5	6	7	8	9	10
RI	0	0	0.58	0.90	1.12	1.24	1.32	1.41	1.45	1.49

考虑到一致性的偏离可能是随机原因造成的，因此在检验成对比较矩阵是否具有满意的一致性时，还需要将 CI 和随机一致性指标 RI 进行比较，得出检验系数 CR，如式（5.15）所示。

$$CR = \frac{CI}{RI} \tag{5.15}$$

一般，如果 CR < 0.1，则认为该成对比较矩阵通过一致性检验，否则不具有满意的一致性。

例 5.1.6：当成对比较矩阵 $A = \begin{bmatrix} 1 & 1/3 & 4 \\ 3 & 1 & 7 \\ 0.25 & 1/7 & 1 \end{bmatrix}$ 时，判断该成对比较矩阵是否是一致性矩阵；如不是一致性矩阵，该矩阵的不一致程度是否可以接受？

根据计算，$\lambda_{max} = 3.032$，$CI = \frac{\lambda_{max} - n}{n - 1} = \frac{3.032 - 3}{3 - 1} = 0.016$

RI 通过查表（见表 5.2）为 0.58，故 $CR = \frac{CI}{RI} = \frac{0.016}{0.58} \approx 0.028$

这说明成对比较矩阵 A 不是一致性矩阵，但 A 具有满意的一致性，A 的不一致程度是可接受的。

4．计算组合权向量并进行组合一致性检验

当成对比较矩阵为一致性矩阵时，可以用它对应于最大特征根 λ_{max} 的特征向量作为被比较因素的权向量。当成对比较矩阵基本符合完全一致性条件，不一致程度可接受时，允许其特征向量作为权向量，否则要重新进行成对比较，对成对比较矩阵加以调整。当方案少于或等于两个时不用考虑一致性问题，方案越多，不一致程度越严重；CI 越大，成对比较矩阵的不一致程度越严重。

所谓层次单排序，是指根据成对比较矩阵，计算对于上一层次某因素而言，本层次与之有联系的因素的重要性次序的权值。该权值是本层次所有因素相对于上一层次而言的重要性进行排序的基础。层次单排序可以归结为计算判断矩阵的特征根和特征向量问题，即对成对比较矩阵 A，计算满足 $AW = \lambda_{max}W$ 的特征根与特征向量。其中，λ_{max} 为 A 的最大特征根；W 为对应于 λ_{max} 的正规化特征向量；W 的分量 w_i 是相应因素单排序的权值。

计算同一层次所有因素对于最高层（总目标）相对性的排序权值，称为层次总排序，这一过程是从最高层次到最低层次逐层次进行的。若上一层次 A 包含 n 个因素 $A_1, A_2, \cdots, A_n$，其层次总排序权值分别为 $a_1, a_2, \cdots, a_n$，下一层次 B 包含 m 个元素 $B_1, B_2, \cdots, B_m$，它们对于因素 A_j 的层次单排序权值分别为 $b_{1j}, b_{2j}, \cdots, b_{mj}$。若 B_k 与 A_j 无关，则 $b_{kj} = 0$。B 层次总排序权值如表 5.3 所示。

表 5.3　B 层次总排序权值

	A_1	A_2	…	A_n	B 层次总排序权值
	a_1	a_2	…	a_n	
B_1	b_{11}	b_{12}	…	b_{1n}	$\sum_{j=1}^{n} a_j b_{1j}$
B_2	b_{21}	b_{22}	…	b_{2n}	$\sum_{j=1}^{n} a_j b_{2j}$
$\vdots$	$\vdots$	$\vdots$	$\vdots$	$\vdots$	$\vdots$
B_m	b_{m1}	b_{m2}	…	b_{mn}	$\sum_{j=1}^{n} a_j b_{mj}$

层次一致性检验也是从高到低逐层次进行的。如果 B 层次某些因素对于 A_j 单排序的一致性指标为 CI_j，相应的平均随机一致性指标为 CR_j，则 B 层次总排序随机一致性比率如式（5.16）所示。

$$\mathrm{CR} = \frac{\sum_{j=1}^{n} a_j \mathrm{CI}_j}{\sum_{j=1}^{n} a_j \mathrm{CR}_j} \qquad (5.16)$$

当 CR < 0.1 时，认为层次总排序结果具有满意的一致性，否则需要重新调整判断矩阵的元素取值。

例 5.1.7：某人采用层次分析法制定假期旅游计划，其中考虑的因素有五项，分别为景色、费用、居住、饮食和旅途，有甲、乙、丙三个地区可供选择。旅行案例准则层成对比较矩阵与旅行案例方案层成对比较矩阵，分别如表 5.4、表 5.5 所示。

表 5.4　旅行案例准则层成对比较矩阵

	景　色	费　用	居　住	饮　食	旅　途
景色	1	$\frac{1}{2}$	4	3	3
费用	2	1	7	5	5
居住	$\frac{1}{4}$	$\frac{1}{7}$	1	$\frac{1}{2}$	$\frac{1}{3}$
饮食	$\frac{1}{3}$	$\frac{1}{5}$	2	1	1
旅途	$\frac{1}{3}$	$\frac{1}{5}$	3	1	1

根据表 5.4，计算权向量、最大特征根，并进行一致性检验。

权向量 $\boldsymbol{W} = [0.263, 0.475, 0.055, 0.090, 0.110]$，$\lambda_{\max} = 5.073$，

$\mathrm{CI} = \dfrac{5.073 - 5}{5 - 1} \approx 0.018$，RI = 1.12（通过查表 5.2 获得），

$\mathrm{CR} = \dfrac{0.018}{1.12} \approx 0.016 < 0.1$，通过一致性检验。

表 5.5　旅行案例方案层成对比较矩阵

景色	甲地区	乙地区	丙地区	费用	甲地区	乙地区	丙地区
甲地区	1	2	5	甲地区	1	1/3	1/8
乙地区	1/2	1	2	乙地区	3	1	1/3
丙地区	1/5	1/2	1	丙地区	8	3	1
居住	甲地区	乙地区	丙地区	饮食	甲地区	乙地区	丙地区
甲地区	1	1	3	甲地区	1	3	4

续表

景色	甲地区	乙地区	丙地区	费用	甲地区	乙地区	丙地区
乙地区	1	1	3	乙地区	1/3	1	1
丙地区	1/3	1/3	1	丙地区	1/4	1	1
旅途	甲地区	乙地区	丙地区				
甲地区	1	1	1/4				
乙地区	1	1	1/4				
丙地区	4	4	1				

根据表 5.5，分别计算权向量、最大特征根，并进行一致性检验。

$$W_1' = [0.595, 0.277, 0.129] \quad W_2' = [0.082, 0.236, 0.682]$$

$$W_3' = [0.429, 0.429, 0.142] \quad W_4' = [0.633, 0.193, 0.175]$$

$$W_5' = [0.166, 0.166, 0.688] \quad RI = 0.58（通过查表5.2获得）$$

$$\lambda_{\max 1}' = 3.005 \quad CI_1' = 0.003 \quad CR_1' = \frac{0.003}{0.58} < 0.1, 通过一致性检验$$

$$\lambda_{\max 2}' = 3.002 \quad CI_2' = 0.001 \quad CR_2' = \frac{0.001}{0.58} < 0.1, 通过一致性检验$$

$$\lambda_{\max 3}' = 3 \quad CI_3' = 0 \quad CR_3' = \frac{0}{0.58} < 0.1, 通过一致性检验$$

$$\lambda_{\max 4}' = 3.009 \quad CI_4' = 0.005 \quad CR_4' = \frac{0.005}{0.58} < 0.1, 通过一致性检验$$

$$\lambda_{\max 5}' = 3 \quad CI_5' = 0 \quad CR_5' = \frac{0}{0.58} < 0.1, 通过一致性检验$$

组合权向量，并进行一致性检验，如表 5.6 所示。

表 5.6 旅行案例组合权向量

准则层 W	0.263	0.475	0.055	0.090	0.110
方案层 W'	0.595	0.082	0.429	0.633	0.166
	0.277	0.236	0.429	0.193	0.166
	0.129	0.682	0.142	0.175	0.688
$\lambda_{\max}'$	3.005	3.002	3	3.009	3

续表

	0.003	0.001	0	0.005	0
CI′	0.003	0.001	0	0.005	0
RI′	0.58	0.58	0.58	0.58	0.58
CR′	0.005	0.002	0	0.009	0

方案层（甲地区）综合得分 =0.263×0.595+0.475×0.082+⋯+0.110×0.166≈0.3（分）

方案层（乙地区）综合得分 =0.263×0.277+0.475×0.236+⋯+0.110×0.166≈0.246（分）

方案层（丙地区）综合得分 =0.263×0.129+0.475×0.682+⋯+0.110×0.688≈0.456（分）

组合一致性指标 CR=0.263×0.005+0.475×0.002+⋯+0.110×0<0.1

综上，由于方案层（丙地区）综合得分最高，因此最终旅游方案选择丙地区，且满足一致性检验结果。

5.1.2 层次分析法优缺点

通过上述分析，我们可以总结出层次分析法的优缺点。其中，层次分析法的优点如下。

1. 系统性的分析方法

层次分析法把研究对象作为一个系统，按照分解、比较判断、综合的思维方式进行决策，成为继机理分析、统计分析之后发展起来的系统分析的重要工具。系统的思想在于不割断各个因素对结果的影响，而层次分析法中每一层的权重设置最后都会直接或间接影响到结果，而且在每个层次中的每个因素对结果的影响程度都是量化的，非常清晰明确。层次分析法尤其适用于对无结构特性的系统评价及多目标、多准则、多时期等的系统评价。

2. 简洁实用的决策方法

层次分析法既不单纯追求高深数学，又不片面地注重行为、逻辑、推理，而把定性方法与定量方法有机地结合起来，使复杂的系统分解，能将人们的思维过程数学化、系统化，便于人们接受，且能把多目标、多准则又难以全部量化处理的决策问题化为多层次单目标问题，通过两两比较确定同一层次元素相对上一层次元素的数量关系后，进行简单的数学运算。层次分析法计算简便，且所得结果简单明确,容易被决策者了解和掌握。

3. 所需定量数据信息较少

层次分析法主要从评价者对评价问题的本质、要素的理解出发,比一般的定量方法更注重定性的分析和判断。由于层次分析法是一种模拟人们决策过程的思维方式的一种方法,因此层次分析法把判断各要素的相对重要性的步骤留给了大脑,只保留人脑对要素的印象,将这些印象化为简单的权重进行计算。这种思想能处理许多用传统的最优化技术无法着手的实际问题。

层次分析法的缺点如下。

1. 不能为决策提供新方案

层次分析法的作用是从备选方案中选择最优者。在应用层次分析法的时候,可能就会有这样一个情况:我们自身的创造能力不够,尽管我们在想出来的众多方案里选了一个最好的,但其效果仍然不如企业所做出来的方案效果好。而对于大部分决策者来说,如果一种分析工具能替决策者分析出在决策者已知的方案里的最优者,指出已知方案的不足,甚至提出改进方案,这种分析工具才是比较完美的。但显然,层次分析法没能做到这点。

2. 定量数据较少,定性成分多,不易令人信服

在如今对科学方法的评价中,一般都认为一种科学方法需要比较严格的数学论证和完善的定量方法。但现实世界中的问题和人脑考虑问题的过程很多时候并不是能简单地用数据来说明的。层次分析法是一种带有模拟人脑的决策方式的方法,因此必然带有较多的定性色彩。

3. 当指标过多时,数据统计量大,且权重难以确定

当我们希望能解决较普遍的问题时,指标的选取数量一般会随之增加。指标的增加意味着我们要构造层次更深、数量更多、规模更庞大的判断矩阵。那么我们需要对许多的指标进行两两比较的工作。一般情况下,我们对层次分析法的两两比较是用 1~9 来说明其相对重要性的,如果有越来越多的指标,我们对每两个指标之间的重要程度的判断可能就出现困难了,甚至会对层次单排序和总排序的一致性产生影响,无法通过一致性检验。如果无法通过一致性检验,就需要调

整,而在指标数量多的时候较难调整。

4. 特征根和特征向量的精确求法比较复杂

在求判断矩阵的特征根和特征向量时,层次分析法所用的方法和多元统计法所用的方法是一样的。在二阶、三阶的时候,我们还比较容易处理,但随着指标的增加,阶数随之增加,计算变得越来越困难。不过幸运的是,这个问题比较好解决,我们给大家讲述了两种比较常用的近似计算方法,即和积法和方差法。

5.1.3 Excel 层次分析法分析案例

我们通过一个案例,来学习层次分析法在 Excel 软件中的实现。

例 5.1.8:北京某公司为了提高公司办公水平,提高订单处理效率,实现各部门信息的整合,准备引进一套智能分析软件。经初步筛选,有三家软件公司基本符合条件,现在用层次分析法进一步确定软件供应商。考虑的因素有六项,分别为产品架构、系统集成性、可持续发展性、行业经验、研发能力、价格因素,分别有甲、乙、丙三家公司作为候选的软件供应商。软件供应商选择案例准则层成对比较矩阵与软件供应商选择案例方案层成对比较矩阵分别如表 5.7、表 5.8 所示。

表 5.7 软件供应商选择案例准则层成对比较矩阵

	产品架构	系统集成性	可持续发展性	行业经验	研发能力	价格因素
产品架构	1.00	2.00	1.00	3.00	1.00	0.50
系统集成性	0.50	1.00	2.00	4.00	1.00	1.00
可持续发展性	1.00	0.50	1.00	5.00	3.00	0.50
行业经验	0.33	0.25	0.20	1.00	0.33	0.33
研发能力	1.00	1.00	0.33	3.00	1.00	1.00
价格因素	2.00	1.00	2.00	3.00	1.00	1.00

表 5.8 软件供应商选择案例方案层成对比较矩阵

产品架构	公司甲	公司乙	公司丙	行业经验	公司甲	公司乙	公司丙
公司甲	1.00	0.33	0.50	公司甲	1.00	0.33	4.00
公司乙	3.00	1.00	4.00	公司乙	3.00	1.00	7.00

续表

产品架构	公司甲	公司乙	公司丙	行业经验	公司甲	公司乙	公司丙
公司丙	2.00	0.25	1.00	公司丙	0.25	0.14	1.00
系统集成性	**公司甲**	**公司乙**	**公司丙**	**研发能力**	**公司甲**	**公司乙**	**公司丙**
公司甲	1.00	0.25	0.33	公司甲	1.00	1.00	6.00
公司乙	4.00	1.00	4.00	公司乙	1.00	1.00	6.00
公司丙	3.00	0.25	1.00	公司丙	0.17	0.17	1.00
可持续发展性	**公司甲**	**公司乙**	**公司丙**	**价格因素**	**公司甲**	**公司乙**	**公司丙**
公司甲	1.00	3.00	0.33	公司甲	1.00	0.20	0.14
公司乙	0.33	1.00	6.00	公司乙	5.00	1.00	1.00
公司丙	3.00	0.17	1.00	公司丙	7.00	1.00	1.00

（1）步骤 1：针对准则层的成对比较矩阵，计算特征向量和最大特征根，即计算每一种准则的权向量，并进行一致性检验。准则层计算过程的 Excel 表格如图 5.6 所示。

	A	B	C	D	E	F	G	H	I	J	K	L	M	N	O
17		产品架构	系统集成性	可持续发展性	行业经验	研发能力	价格因素	按行相乘	开6次方	权重wi	Awi	Awi/wi	CI	RI	CR
18	产品架构	1.00	2.00	1.00	3.00	1.00	0.50								
19	系统集成性	0.50	1.00	2.00	4.00	1.00	1.00								
20	可持续发展性	1.00	0.50	1.00	5.00	3.00	0.50								
21	行业经验	0.33	0.25	0.20	1.00	0.33	0.33								
22	研发能力	1.00	1.00	0.33	3.00	1.00	1.00								
23	价格因素	2.00	1.00	2.00	3.00	1.00	1.00								

图 5.6　准则层计算过程的 Excel 表格

各列键入如下公式。

① 按行相乘：H18=PRODUCT(B18:G18)，下拉至 H23。

② 开 6 次方：I18=POWER(H18,1/6)，下拉至 I23；I24=SUM(I18:I23)。

③ 权重 wi：J18=I18/I$24，下拉至 J23。

④ Awi：K18=MMULT(B18:G23,J18:J23)，选中 K18～K23 六个单元格，在公式编辑栏按 Ctrl+Shift+Enter。

⑤ Awi/wi：L18=K18/J18，下拉至 L23；L24=AVERAGE(L18:L23)。

⑥ CI：M18=(L24-6)/5。

⑦ RI：N18=1.26（可查表 5.2 获得）。

⑧ CR：O18=M18/N18。

准则层计算结果的 Excel 表格如图 5.7 所示。可见 CR=0.077＜0.1，因此认为矩阵具有满意的一致性。六个准则，即产品架构、系统集成性、可持续发展性、行业经验、研发能力、价格因素的指标权重分别为 0.183、0.192、0.190、0.053、0.152、0.230。

	产品架构	系统集成性	可持续发展性	行业经验	研发能力	价格因素	按行相乘	开6次方	权重wi	Awi	Awi/wi	CI	RI	CR
产品架构	1.00	2.00	1.00	3.00	1.00	0.50	3.00	1.20	0.183	1.183	6.468	0.096	1.26	0.077
系统集成性	0.50	1.00	2.00	4.00	1.00	1.00	4.00	1.26	0.192	1.258	6.555			
可持续发展性	1.00	0.50	1.00	5.00	3.00	0.50	3.75	1.25	0.190	1.305	6.877			
行业经验	0.33	0.25	0.20	1.00	0.33	0.33	0.00	0.35	0.053	0.326	6.132			
研发能力	1.00	1.00	0.33	3.00	1.00	0.99	1.00	0.152	0.979	6.440				
价格因素	2.00	1.00	2.00	3.00	1.00	1.00	12.00	1.51	0.230	1.479	6.419			
								6.57			6.482			

图 5.7 准则层计算结果的 Excel 表格

（2）步骤 2：针对方案层的成对比较矩阵，计算特征向量和最大特征根，即计算甲、乙、丙三家公司在不同准则下的得分情况，并进行一致性检验。这里以产品架构所对应的方案层为例，我们来看下 Excel 实现过程，如图 5.8 所示。

产品架构	公司甲	公司乙	公司丙	按行相乘	开3次方	权重wi	Awi	Awi/wi	CI	RI	CR
公司甲	1.00	0.33	0.50								
公司乙	3.00	1.00	4.00								
公司丙	2.00	0.25	1.00								

图 5.8 方案层（产品架构）计算过程的 Excel 表格

各列键入如下公式。

① 按行相乘：E29=PRODUCT(B29:D29)，下拉至 E31。

② 开 3 次方：F29=POWER(E29,1/3)，下拉至 F31；F32=SUM(F29:F31)。

③ 权重 wi：G29=F29/F$32，下拉至 G31。

④ Awi：H29=MMULT(B29:D31,G29:G31),选中 H29～H31 三个单元格，在公式编辑栏按 Ctrl+Shift+Enter。

⑤ Awi/wi：I29=H29/G29，下拉至 I31；I32=AVERAGE(I29:L31)。

⑥ CI：J29=(I32-3)/2。

⑦ RI：K29=0.52（查表）。

⑧ CR：L29=J29/K29。

方案层（产品架构）计算结果的 Excel 表格如图 5.9 所示。可见

CR=0.1037>0.1，因此认为矩阵不具有一致性，需要重新构造成对比较矩阵。

产品架构	公司甲	公司乙	公司丙	按行相乘	开3次方	权重wi	Awi	Awi/wi	CI	RI	CR
公司甲	1.00	0.33	0.50	0.17	0.550	0.151	0.471	3.108	0.0539	0.52	0.1037
公司乙	3.00	1.00	4.00	12.00	2.289	0.630	1.958	3.108			
公司丙	2.00	0.25	1.00	0.50	0.794	0.218	0.679	3.108			
					3.633			3.108			

图 5.9　方案层（产品架构）计算结果的 Excel 表格

当 CR>0.1 时，认为判断矩阵不符合一致性要求，需要对该判断矩阵进行修正。按照甲:乙:丙=1:3:2 重新构造成对比较矩阵，并计算特征向量与最大特征根，如图 5.10 所示。

产品架构	公司甲	公司乙	公司丙	按行相乘	开3次方	权重wi	Awi	Awi/wi	CI	RI	CR
公司甲	1.00	0.33	0.50	0.17	0.550	0.167	0.500	3.000	0	0.52	0
公司乙	3.00	1.00	1.50	4.50	1.651	0.500	1.500	3.000			
公司丙	2.00	0.67	1.00	1.33	1.101	0.333	1.000	3.000			
					3.302			3.000			

图 5.10　改写比例后方案层（产品架构）计算结果的 Excel 表格

当重新构造成对比较矩阵后，CR=0，因此认为矩阵具有满意的一致性。在产品架构下，公司甲、公司乙、公司丙得分别为 0.167 分、0.500 分、0.333 分。

（3）步骤 3：计算组合权向量，并进行一致性检验，最终得到在考虑不同准则权重基础上，公司甲、乙、丙的综合得分，选出最优方案。组合权向量和组合一致性检验计算过程的 Excel 表格如图 5.11 所示。

	准则	产品架构	系统集成性	可持续发展性	行业经验	研发能力	价格因素	综合得分
	层次总排序计算							
104	准则	产品架构	系统集成性	可持续发展性	行业经验	研发能力	价格因素	综合得分
105	六准则权重	0.183	0.192	0.190	0.053	0.152	0.230	
106	三方案权重							
107	公司甲	0.167	0.125	0.545	0.263	0.462	0.078	
108	公司乙	0.500	0.500	0.182	0.659	0.462	0.435	
109	公司丙	0.333	0.375	0.273	0.079	0.077	0.487	
110								
111								
112		层次总排序一致性检验						
113	CIi	0.000	0.000	0.000	0.016	0.000	0.006	
114	RIi	0.520	0.520	0.520	0.520	0.520	0.520	
115	CRi	0.000	0.000	0.000	0.031	0.000	0.012	

图 5.11　组合权向量和组合一致性检验计算过程的 Excel 表格

各列键入如下公式。

① 按行相乘：J107= SUMPRODUCT(D$105:I$105,D107:I107)，下拉至 J109。

② 按行相乘：J113= SUMPRODUCT(D$105:I$105,D113:I113)，下拉至 J115。

组合权向量和组合一致性检验计算结果的 Excel 表格如图 5.12 所示。通过组合权向量计算，最终甲、乙、丙三家公司综合得分分别为 0.260 分、0.427 分、0.313 分，公司乙综合得分最高，最终软件供应商选择公司乙，且满足一致性检验结果。

	C	D	E	F	G	H	I	J
103				层次总排序计算				
104	准则	产品架构	系统集成性	可持续发展性	行业经验	研发能力	价格因素	综合得分
105	六准则权重	0.183	0.192	0.190	0.053	0.152	0.230	
106	三方案权重							
107	公司甲	0.167	0.125	0.545	0.263	0.462	0.078	0.260
108	公司乙	0.500	0.500	0.182	0.659	0.462	0.435	0.427
109	公司丙	0.333	0.375	0.273	0.079	0.077	0.487	0.313
110								
111								
112				层次总排序一致性检验				
113	CIi	0.000	0.000	0.000	0.016	0.000	0.006	0.002
114	RIi	0.520	0.520	0.520	0.520	0.520	0.520	0.520
115	CRi	0.000	0.000	0.000	0.031	0.000	0.012	0.004

图 5.12　组合权向量和组合一致性检验计算结果的 Excel 表格

5.2　线性规划最优解思维应用

线性规划（Linear Programming，LP），是运筹学中数学规划的一个重要分支。自从 1947 年 G.B.Dantzig 提出求解线性规划的单纯形法以来，线性规划在理论上趋向成熟，在实际应用中由于计算机能处理成千上万个约束条件和决策变量组成的线性规划问题，因此线性规划已经成为现代管理中经常采用的基本方法。在解决实际问题时，需要把问题归结成一个线性规划数学模型，关键及难点在于选择适当的决策变量建立适当的模型，这将直接影响到问题的求解。

线性规划问题的目标函数及约束条件均为线性函数；约束条件记为 s.t.（subject to）。目标函数可以是求最大值的，也可以是求最小值的。一般线性规划问题的（数学）标准型如式（5.17）、式（5.18）所示。

$$目标函数 \quad \max y = \sum_{j=1}^{n} c_j x_j \tag{5.17}$$

$$\text{约束条件(s.t.)} \begin{cases} \sum_{j=1}^{n} a_{ij} x_j = b_i & i = 1, 2, \cdots, m \\ x_j \geqslant 0 & j = 1, 2, \cdots, n \end{cases} \quad (5.18)$$

我们来看一个实际问题，假设小王是某学校的教材采购负责人，目前有 1000 元经费，需要采购单价为 50 元的 A 教材和单价为 40 元的 B 教材若干本，小王希望采购的教材尽可能多，但 B 教材数量不少于 A 教材数量，且不多于 A 教材数量的 2 倍，那小王需要怎样的一个采购方案呢？我们假设 A 教材数量和 B 教材数量分别为 x_1 和 x_2，因此我们的目标函数和约束条件如式（5.19）、式（5.20）所示。

$$\text{目标函数} \quad \max x_1 + x_2 \quad (5.19)$$

$$\text{约束条件} \begin{cases} x_1 \leqslant x_2 \\ 2x_1 \geqslant x_2 \\ 50x_1 + 40x_2 \leqslant 1000 \\ x_1, x_2 \geqslant 0 \end{cases} \quad (5.20)$$

上述问题既包含目标函数，又包含约束条件，所以可以抽象为一个线性规划问题，即在有限的资源和若干竞争约束下，求某个目标函数的最大化或最小化的最优策略。上述案例只有两个变量，属于二维空间的问题，我们在笛卡儿坐标系中画出约束条件和目标函数，如图 5.13 所示。从图 5.13 中我们可以看出，阴影区域就是满足所有约束条件的安全区域，最优解必在其中，我们把这个区域叫作可行域。红色曲线即目标函数，而要求目标函数达到最大值或最小值，就是平行地移动目标函数，让目标函数在可行域上达到截距最大（最小）。图 5.13 中的 A、B、C 三个点都属于目标函数与可行域的交点，我们称为可行解，使得目标函数达到最大（最小）的可行解称为最优解，最优解对应于图 5.13 中的 A 点。

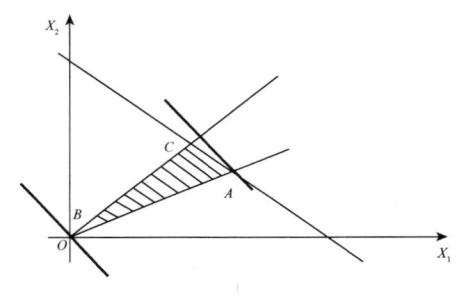

图 5.13 案例线性空间（彩色图见插页）

至此，我们可以总结出线性规划的几个特征：①线性规划的可行域总是一个凸集；②目标函数的可行解（包括最优解）一定出现在可行域的一个顶点上；③目标函数是直线（二维空间）或超平面（高维空间）的线性函数，所以它的局部最优解实际上就是全局最优解。

从实际问题中建立数学模型一般有以下三个步骤：①根据影响所要达到目的的因素找到决策变量；②由决策变量和所要达到目的之间的函数关系确定目标函数；③由决策变量所受的限制条件确定决策变量所要满足的约束条件。

所建立的数学模型具有以下特点：①每个模型都有若干个决策变量（$x_1, x_2, x_3, \cdots, x_n$），其中 n 为决策变量个数。变量的一组值表示一种方案，同时决策变量一般是非负的；②目标函数是决策变量的线性函数，根据具体问题可以求最大值（max）或最小值（min），二者统称为最优解（opt）；③约束条件也是决策变量的线性函数。当我们得到的数学模型的目标函数为线性函数，约束条件为线性等式或不等式时，称此数学模型为线性规划模型。

5.2.1 线性规划法分析案例

例 5.2.1：某厂生产甲、乙两种产品，都经过 A、B 两个工序，分别有 A1、A2 和 B1、B2 两台设备。甲产品可在工序 A、B 的任一台设备上加工，即有四种加工方案——A1B1、A1B2、A2B1、A2B2；乙产品可在工序 A 的任一台设备上加工，但工序 B 只能在 B1 设备上加工，即有两种加工方案——A1B1、A2B1。产品加工基本数据如表 5.9 所示。要求：合理安排生产计划，使该厂获利最大。

表 5.9　产品加工基本数据

	单位产品工序加工时间（小时）		设备有效使用时间（小时）	设备加工费用（元/小时）
	甲产品	乙产品		
A1	5	10	6000	0.05
A2	7	9	10 000	0.03
B1	6	8	4000	0.06

续表

	单位产品工序加工时间（小时）		设备有效使用时间（小时）	设备加工费用（元/小时）
	甲产品	乙产品		
B2	4		7000	0.11
原材料费用（元/件）	0.25	0.35		
售价（元/件）	1.25	2		

解析：

设按四种加工方案 A1B1、A1B2、A2B1、A2B2 分别加工了 x_1、x_2、x_3、x_4 件甲产品；按两种加工方案 A1B1、A2B1 分别加工了 x_5、x_6 件乙产品。据此，可以列出线性规划模型，如式（5.21）、式（5.22）所示。

目标函数

$$\max Z = 1\times(x_1+x_2+x_3+x_4)+1.65\times(x_5+x_6)-0.05a-0.03b-0.06c-0.11d \tag{5.21}$$

约束条件

$$\begin{cases} a = 5x_1+5x_2+10x_5 \leqslant 6000 \\ b = 7x_3+7x_4+9x_6 \leqslant 10000 \\ c = 6x_1+6x_2+8x_5+8x_6 \leqslant 4000 \\ d = 4x_2+4x_4 \leqslant 7000 \end{cases} \tag{5.22}$$

通过线性规划求解可得，当按方案 A1B2、A2B2 分别加工 965 件、785 件甲产品，按方案 A2B1 加工 500 件乙产品时，该厂获利最大，最大获利为 1023.9 元。

例 5.2.2：某品牌牙膏公司新开发了一款药物牙膏，公司准备投入 370 万元进行广告媒体宣传，希望消费者能了解新产品，并吸引消费者购买新产品。根据广告媒体预算情况，目前有五种媒体可供选择，相关信息如表 5.10 所示。要求：①至少进行 300 次电视广告播放；②至少有 550 万名潜在消费者被告知；③电视广告投入不超过 220 万元。在以上约束条件下，如何进行媒体组合，才能使每次宣传后购买人数最多？

表 5.10 媒体投放广告信息

媒体	被告知的潜在消费者（人/次）	广告费用（元/次）	媒体最高使用次数（次）	每次宣传后购买人数（人）
日间电视	3000	5000	550	65
夜间电视	6000	10 000	370	90

续表

媒体	被告知的潜在消费者（人/次）	广告费用（元/次）	媒体最高使用次数（次）	每次宣传后购买人数（人）
日报	150 000	40 000	30	40
期刊杂志	25 000	10 000	50	60
互联网	2500	5000	75	35

解析：

设日间电视、夜间电视、日报、期刊杂志、互联网五种媒体投入广告的次数分别为 x_1、x_2、x_3、x_4、x_5，目标是每次宣传后购买人数最多。据此，可以列出线性规划模型，如式（5.23）、式（5.24）所示。

目标函数 $\max Z = 65x_1 + 90x_2 + 40x_3 + 60x_4 + 35x_5$ （5.23）

约束条件

$$\begin{cases} x_1 + x_2 \geqslant 300 \\ 3000x_1 + 6000x_2 + 150000x_3 + 25000x_4 + 2500x_5 \geqslant 5500000 \\ 5000x_1 + 10000x_2 \leqslant 2200000 \\ x_1 \leqslant 550 \\ x_2 \leqslant 370 \\ x_3 \leqslant 30 \\ x_4 \leqslant 50 \\ x_5 \leqslant 75 \\ 5000x_1 + 10000x_2 + 40000x_3 + 10000x_4 + 5000x_5 \leqslant 3700000 \end{cases} \quad （5.24）$$

通过线性规划求解可得，当日间电视、夜间电视、日报、期刊杂志、互联网五种媒体投入广告的次数分别为 440 次、0 次、19 次、49 次、50 次时，每次宣传后购买人数最多，最多为 34 050 人。

例 5.2.3：某公司生产 A、B 两种不同的元件。已知当前月（3月）对 A 元件的需求为 1500 件，对 B 元件的需求为 1000 件。当前月（3月）与未来 3 个月的需求量如表 5.11 所示。

表 5.11　当前月（3 月）与未来 3 个月的需求量

元件	3 月需求量（件）	4 月需求量（件）	5 月需求量（件）	6 月需求量（件）
A	1500	1000	3000	5000
B	1000	1000	500	3000

该公司生产 A、B 两种元件过程中，成本包括生产成本、库存成本与生产波动成本三部分。其中，生产波动成本是指在员工流动、解雇、培训时期所花费用。假设每个月当生产水平增加一个单位时，新增成本是 0.5 元；当生产水平下降一个单位时，减少成本是 0.2 元。A、B 两种元件的生产成本、库存成本与生产波动成本如表 5.12 所示。

表 5.12　A、B 两种元件的生产成本、库存成本与生产波动成本

元件	生产成本（元/件）	库存成本（元/件）	生产波动成本（元/件）
A	20	0.3	0.5
B	10	0.15	0.2

假设机器生产能力、人工生产能力和库存能力的总供应量如表 5.13 所示。

表 5.13　机器生产能力、人工生产能力和库存能力的总供应量

月份	机器生产能力（小时）	人工生产能力（小时）	库存能力（平方英尺[①]）
4 月	400	300	10 000
5 月	500	300	10 000
6 月	600	300	10 000

假设 A 元件和 B 元件对机器、人工、库存的需求量如表 5.14 所示。

表 5.14　A 元件和 B 元件对机器、人工和库存的需求量

元件	机器（小时/单位）	人工（小时/单位）	库存（平方英尺/单位）
A	0.10	0.05	2
B	0.08	0.07	3

3 个月生产计划的期初库存量是 500 单位的 A 元件和 200 单位的 B 元件，3 个月生产计划的期末库存量最小为 400 单位的 A 元件和 200 单位的 B 元件。建

---

① 1 平方英尺≈0.0929 平方米

立满足需求情况的生产与库存模型，使总生产成本最小。

解析：

设 A 元件 3 个月产量分别为 x_{11}、x_{12}、x_{13}，B 元件 3 个月产量分别为 x_{21}、x_{22}、x_{23}；设 A 元件 3 个月库存量分别为 S_{11}、S_{12}、S_{13}，B 元件每个月库存量分别为 S_{21}、S_{22}、S_{23}；3 个月总生产水平增加量分别为 I_1、I_2、I_3；3 个月总生产水平减少量分别为 D_1、D_2、D_3。决策变量设置如表 5.15 所示。

表 5.15　决策变量设置

变量名称	A 元件	B 元件
第 1 个月产量	x_{11}	x_{21}
第 2 个月产量	x_{12}	x_{22}
第 3 个月产量	x_{13}	x_{23}
第 1 个月库存量	S_{11}	S_{21}
第 2 个月库存量	S_{12}	S_{22}
第 3 个月库存量	S_{13}	S_{23}
第 1 个月总生产水平增加量	I_1	
第 2 个月总生产水平增加量	I_2	
第 3 个月总生产水平增加量	I_3	
第 1 个月总生产水平减少量	D_1	
第 2 个月总生产水平减少量	D_2	
第 3 个月总生产水平减少量	D_3	

目标函数为总成本，总成本=生产成本+库存成本+生产波动成本。其中，生产成本、库存成本、生产波动成本、目标函数分别如式（5.25）～式（5.28）所示。

$$生产成本\quad 20x_{11} + 20x_{12} + 20x_{13} + 10x_{21} + 10x_{22} + 10x_{23} \tag{5.25}$$

$$库存成本\quad 0.3S_{11} + 0.3S_{12} + 0.3S_{13} + 0.15S_{21} + 0.15S_{22} + 0.15S_{23} \tag{5.26}$$

$$生产波动成本\quad 0.5I_1 + 0.5I_2 + 0.5I_3 - 0.2D_1 - 0.2D_2 - 0.2D_3 \tag{5.27}$$

目标函数

$$\max Z = 20x_{11} + 20x_{12} + 20x_{13} + 10x_{21} + 10x_{22} + 10x_{23} + 0.3S_{11} + 0.3S_{12} + 0.3S_{13} + \\ 0.15S_{21} + 0.15S_{22} + 0.15S_{23} + 0.5I_1 + 0.5I_2 + 0.5I_3 - 0.2D_1 - 0.2D_2 - 0.2D_3$$

（5.28）

约束条件由生产均衡约束条件、机器生产能力约束条件、人工生产能力约束条件、库存能力约束条件、期末库存能力最小约束条件、生产波动成本约束条件构成，分别如式（5.29）~式（5.34）所示。

生产均衡约束条件
$$\begin{cases} 500 + x_{11} - S_{11} = 1000 \\ 200 + x_{21} - S_{21} = 1000 \\ S_{11} + x_{12} - S_{12} = 3000 \\ S_{21} + x_{22} - S_{22} = 500 \\ S_{12} + x_{13} - S_{13} = 5000 \\ S_{22} + x_{23} - S_{23} = 3000 \end{cases}$$

（5.29）

机器生产能力约束条件
$$\begin{cases} 0.1x_{11} + 0.08x_{21} \leqslant 400 \\ 0.1x_{12} + 0.08x_{22} \leqslant 500 \\ 0.1x_{13} + 0.08x_{23} \leqslant 600 \end{cases}$$

（5.30）

人工生产能力约束条件
$$\begin{cases} 0.05x_{11} + 0.07x_{21} \leqslant 300 \\ 0.05x_{12} + 0.07x_{22} \leqslant 300 \\ 0.05x_{13} + 0.07x_{23} \leqslant 300 \end{cases}$$

（5.31）

库存能力约束条件
$$\begin{cases} 2S_{11} + 3S_{21} \leqslant 10000 \\ 2S_{12} + 3S_{22} \leqslant 10000 \\ 2S_{13} + 3S_{23} \leqslant 10000 \end{cases}$$

（5.32）

期末库存能力最小约束条件
$$\begin{cases} S_{13} \geqslant 400 \\ S_{23} \geqslant 200 \end{cases}$$

（5.33）

生产波动成本约束条件
$$\begin{cases} x_{11} + x_{21} - 2500 = I_1 - D_1 \\ x_{12} + x_{22} - (x_{11} + x_{21}) = I_2 - D_2 \\ x_{13} + x_{23} - (x_{12} + x_{22}) = I_3 - D_3 \end{cases}$$

（5.34）

通过线性规划求解，可以求得总成本最小为 225 295 元，此时决策变量取值如表 5.16 所示。

表5.16　决策变量取值　　　　　　　　　　（单位：件）

变量名称	A 元件	B 元件
第1个月产量	$x_{11}=500$	$x_{21}=2500$
第2个月产量	$x_{12}=3200$	$x_{22}=2000$
第3个月产量	$x_{13}=5200$	$x_{23}=0$
第1个月库存量	$S_{11}=0$	$S_{21}=1700$
第2个月库存量	$S_{12}=200$	$S_{22}=3200$
第3个月库存量	$S_{13}=400$	$S_{23}=200$
第1个月总生产水平增加量	$I_1=500$	
第2个月总生产水平增加量	$I_2=2200$	
第3个月总生产水平增加量	$I_3=0$	
第1个月总生产水平减少量	$D_1=0$	
第2个月总生产水平减少量	$D_2=0$	
第3个月总生产水平减少量	$D_3=0$	

通过上述案例分析，我们不难发现线性规划法是解决多变量最优决策问题的方法，可以在各种相互关联的多变量约束条件下，解决或规划一个对象的线性目标函数最优问题，即给予一定数量的人力、物力和资源，如何应用而能得到最大经济效益。

其中，目标函数是决策者要求达到目标的数学表达式，用一个极大值或极小值表示；约束条件是指实现目标的能力资源和内部条件的限制因素。线性规划法是决策系统的静态最优化数学规划方法之一，作为经营管理决策中的数学手段，在现代决策中的应用是非常广泛的，可以用来解决科学研究、工程设计、生产安排、军事指挥、经济规划等问题。然而，线性规划法具有自身局限性，算法对数据的准确性要求很高，只能对线性的问题进行规划约束，而且计算量大。

5.2.2　Excel 线性规划法求解

Excel的规划求解模块是一款以可选加载项的方式，随微软Office软件一同发行的，求解运筹学问题的专业软件。其中，模块内置单纯形法、对偶单纯形法、分支定界算法、广义既约梯度算法和演化算法，能够用于求解线性规划、整数规划和非线性规划问题，操作简单，求解迅速。Excel 的规划求解模块默认是不加载的，要使用规划求解模块必须先使之成为默认加载项，这样每次启动 Excel，都会加载这个模块。下面以 Excel 2016 版本为例，简单演示加载的方法，其他版本大同小异。

（1）步骤 1：单击文件菜单，单击左侧最下面的"选项"按钮，如图 5.14 所示。

图 5.14　Excel 文件菜单

（2）步骤 2：弹出"Excel 选项"对话框，单击左侧下面倒数第二项的加载项，如图 5.15 所示。

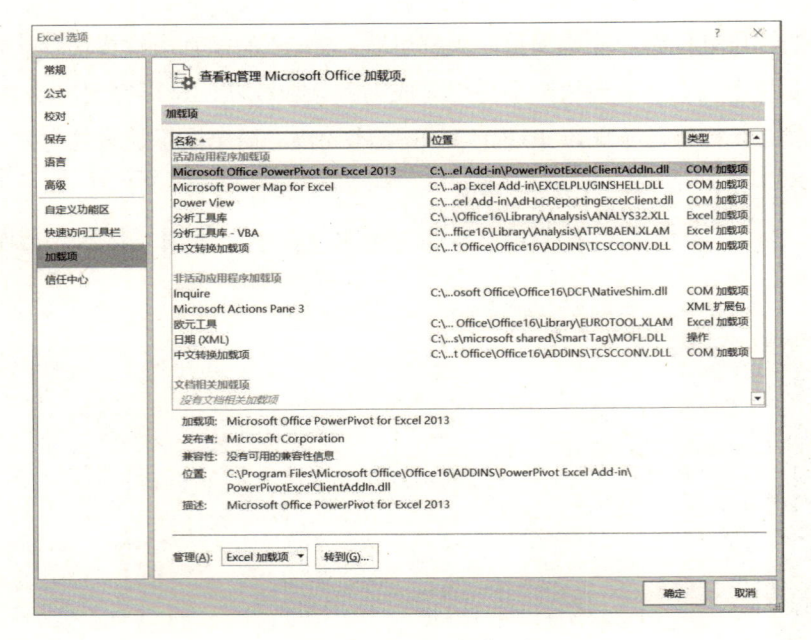

图 5.15　Excel 加载项

（3）步骤 3：在"加载项"对话框中，单击"转到"按钮。在弹出的"加载宏"对话框中，勾选"规划求解加载项"后，单击"确定"按钮，就完成了，如图 5.16 所示。

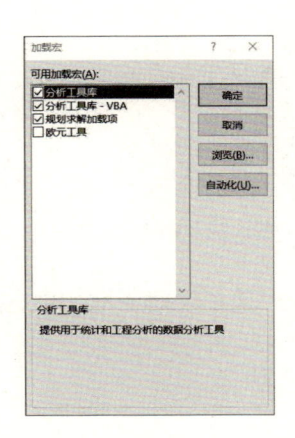

图 5.16　Excel 规划求解加载项

此时，在 Excel 工具栏上单击"数据"选项卡，可以看到"规划求解"按钮，这就表示加载成功了，如图 5.17 所示。

图 5.17　Excel 工具栏

接下来，我们通过具体案例来学习如何运用 Excel 的规划求解模块求解线性规划问题。假设某家具厂生产四种小型家具，由于该四种家具具有不同的大小、形状、质量和风格，所以它们需要的主要原料（木材和玻璃）、制作时间、最大销售量与利润均不相同。该厂每天可提供的木材、玻璃和工人的劳动时间分别为 600 单位、1000 单位与 400 小时，基本数据如表 5.17 所示。应如何安排这四种家具的日产量，才能使得该厂的日利润最大？

表 5.17　某家具厂基本数据

家具类型	1	2	3	4	可提供量
劳动时间（小时/件）	2	1	3	4	400 小时
木材（单位/件）	4	2	1	2	600 单位
玻璃（单位/件）	6	2	1	2	1000 单位
单位利润（元/件）	60	20	40	30	
最大销售量（件）	100	200	50	100	

解析：

设置四种家具的日产量分别为决策变量 x_1、x_2、x_3、x_4。目标是日利润最大，约束条件为三种资源的供应量限制和产品销售量限制。据此，可以列出线性规划模型，如式（5.35）、式（5.36）所示。

$$\text{目标函数}\quad \max Z = 60x_1 + 20x_2 + 40x_3 + 30x_4 \quad (5.35)$$

$$\text{约束条件}\begin{cases} 4x_1 + 2x_2 + x_3 + 2x_4 \leqslant 600\ （木材约束） \\ 6x_1 + 2x_2 + x_3 + 2x_4 \leqslant 1000\ （玻璃约束） \\ 2x_1 + x_2 + 3x_3 + 4x_4 \leqslant 400\ （劳动时间约束） \\ x_1 \leqslant 100\ （家具1需求量约束） \\ x_2 \leqslant 200\ （家具2需求量约束） \\ x_3 \leqslant 50\ （家具3需求量约束） \\ x_4 \leqslant 100\ （家具4需求量约束） \\ x_1, x_2, x_3, x_4 \geqslant 0\ （非负约束） \end{cases} \quad (5.36)$$

要想用 Excel 的规划求解模块来求解这个数学模型，首先必须在"规划求解"对话框中把决策变量、目标函数和约束条件一一输入，然后才能求解。用 Excel 进行规划求解，大体分为五个步骤。

（1）步骤 1：输入常数，如图 5.18 所示。

	A	B	C	D	E	F
1	家具类型	1	2	3	4	可提供量
2	劳动时间（小时/件）	2	1	3	4	400小时
3	木材（单位/件）	4	2	1	2	600单位
4	玻璃（单位/件）	6	2	1	2	1000单位
5	单位利润（元/件）	60	20	40	30	
6	最大销售量（件）	100	200	50	100	
7	日产量					

图 5.18　输入常数

如图 5.18 所示，其中 B7～E7 四个单元格是用于存放决策变量的，也就是未知数，将来由规划求解模块来确定变量的值。

（2）步骤 2：输入目标函数的计算公式，如图 5.19 所示。

	A	B	C	D	E	F
1	家具类型	1	2	3	4	可提供量
2	劳动时间（小时/件）	2	1	3	4	400小时
3	木材（单位/件）	4	2	1	2	600单位
4	玻璃（单位/件）	6	2	1	2	1000单位
5	单位利润（元/件）	60	20	40	30	
6	最大销售量（件）	100	200	50	100	
7	日产量					
8						
9	目标函数	=SUMPRODUCT(B7:E7,B5:E5)				

图 5.19　输入目标函数的计算公式

在 B9 单元格内输入目标函数计算公式，计算公式为：=SUMPRODUCT(B7:E7,B5:E5)，它等价于：=B7*B5+C7*C5+D7*D5+E7*E5。由于决策变量单元格是空白的，在 Excel 中转换成数值默认为 0，所以按下回车键之后，结果如图 5.20 所示。

第 5 章　数据驱动式数据化运营

	A	B	C	D	E	F
1	家具类型	1	2	3	4	可提供量
2	劳动时间（小时/件）	2	1	3	4	400小时
3	木材（单位/件）	4	2	1	2	600单位
4	玻璃（单位/件）	6	2	1	2	1000单位
5	单位利润（元/件）	60	20	40	30	
6	最大销售量（件）	100	200	50	100	
7	日产量					
8						
9	目标函数	0				

图 5.20　输入目标函数计算结果

其中，SUMPRODUCT 函数是规划求解模块中使用率较高的函数，必须深入理解和牢牢掌握。下面对该函数进行详细讲解。在公式 SUMPRODUCT(B7:E7,B5:E5)中，B7:E7 是 Excel 中表示单元格范围的标准格式，可以用来表示多个单元格。范围是一个矩形区域，冒号前面的单元格地址应当是这个矩形区域左上角单元格的地址，冒号后面的单元格地址应当是这个矩形区域右下角单元格的地址。例如，B1:E6 表示的单元格范围如图 5.21 所示。

	A	B	C	D	E	F
1	家具类型	1	2	3	4	可提供量
2	劳动时间（小时/件）	2	1	3	4	400小时
3	木材（单位/件）	4	2	1	2	600单位
4	玻璃（单位/件）	6	2	1	2	1000单位
5	单位利润（元/件）	60	20	40	30	
6	最大销售量（件）	100	200	50	100	
7	日产量					
8						
9	目标函数	0				

图 5.21　B1:E6 表示的单元格范围

本题中的 B7:E7 是一个一行四列的向量，存放四种家具产品的日产量，可称为生产数量向量，用 X 表示；B5:E5 也是一个一行四列的向量，存放四种家具的单位利润，可称为单位利润向量，用 A 表示。即：$A = [a_1, a_2, a_3, a_4]$，$X = [x_1, x_2, x_3, x_4]$，显然总利润 $Z = a_1 x_1 + a_2 x_2 + a_3 x_3 + a_4 x_4 = \sum_{i=1}^{4} a_i x_i$。

也就是说，如果两个参数是形状相同的向量，则 SUMPRODUCT 函数求出的是两个向量的内积；如果参数超过两个，则 SUMPRODUCT 函数求出的是给定的这些向量的内积；如果两个参数是形状相同的矩阵，则 SUMPRODUCT 函数求出的是两个矩阵的内积，即：假设矩阵 $C = \begin{bmatrix} c_{11} & c_{12} \\ c_{21} & c_{22} \\ c_{31} & c_{32} \end{bmatrix}$，矩阵 $X = \begin{bmatrix} x_{11} & x_{12} \\ x_{21} & x_{22} \\ x_{31} & x_{32} \end{bmatrix}$，

那么 $C \cdot X = c_{11}x_{11} + c_{12}x_{12} + c_{21}x_{21} + c_{22}x_{22} + c_{31}x_{31} + c_{32}x_{32} = \sum_{i=1}^{3}\sum_{j=1}^{2} c_{ij}x_{ij}$。

（3）步骤3：逐一输入每个约束条件左侧的计算公式。

在单元格B10～D10中输入：= SUMPRODUCT(B7:E7,B2:E2)<=400。

在单元格B11～D11中输入：=SUMPRODUCT(B7:E7,B3:E3)<=600。

在单元格B12中输入：=SUMPRODUCT(B7:E7,B4:E4)<=1000。

在单元格B13中输入：=B7<=100。

在单元格B14中输入：=C7<=200。

在单元格B15中输入：=D7<=50。

在单元格B16中输入：=E7<=100。

如果使用拖曳方式来复制公式，那就只需要在B10单元格中输入公式后，将单元格B10右下角的拖放柄拖曳到单元格B12即可。这一步结束后，结果如图5.22所示。

	A	B	C	D	E	F
1	家具类型	1	2	3	4	可提供量
2	劳动时间（小时/件）	2	1	3	4	400小时
3	木材（单位/件）	4	2	1	2	600单位
4	玻璃（单位/件）	6	2	1	2	1000单位
5	单位利润（元/件）	60	20	40	30	
6	最大销售量（件）	100	200	50	100	
7	日产量					
8						
9	目标函数	0				
10	约束条件	0	<=	400		
11		0	<=	600		
12		0	<=	1000		
13		0	<=	100		
14		0	<=	200		
15		0	<=	50		
16		0	<=	100		

图5.22 输入约束条件计算公式

（4）步骤4：启动规划求解模块，设置相关参数。

首先用鼠标在工具栏上单击"数据"选项卡，然后单击右侧的"规划求解"

按钮，接着在弹出的"规划求解参数"对话框中设置目标函数所在的单元格是$B$9，目标函数是求最大值的，决策变量所在的单元格为$B$7:$E$7，如图 5.23 所示。

图 5.23　规划求解模块参数设置

接下来，单击"规划求解参数"对话框右侧的"添加"按钮来添加约束条件。"单元格引用"设置为单元格$B$10:$B$16，"约束"设置为单元格$D$10:$D$16，如图 5.24 所示。

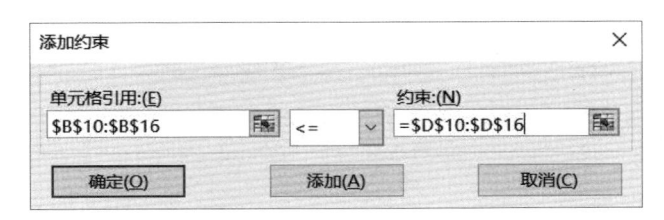

图 5.24　规划求解模块约束条件设置

这是第一个约束条件，输入完毕后，单击"添加"按钮，可以添加下一个约束条件。通过约束条件设置决策变量 x_1、x_2、x_3 和 x_4，即家具产量为整数且大于或等于 0。全部约束条件添加完毕后，单击"确定"按钮，结果如图 5.25 所示。

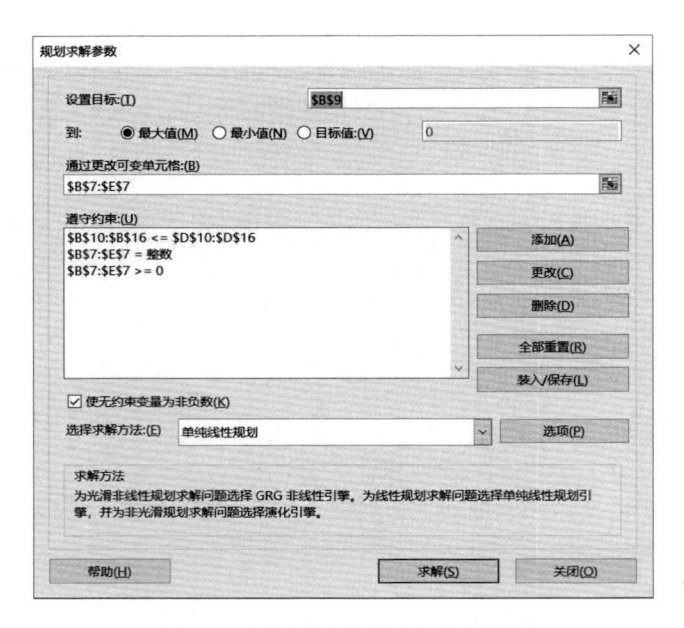

图 5.25 规划求解模块参数设置结果

（5）步骤 5：求解。

单击图 5.25 中的"求解"按钮，即可得到最终结果，如图 5.26 所示。当 $x_1=100$，$x_2=80$，$x_3=40$，$x_4=0$ 时，$\max Z$ 最大。即当四种家具的日产量分别为 100 件、80 件、40 件、0 件时，该厂的日利润最大，最大为 9200 元。

图 5.26 规划求解结果

总结：Excel 的规划求解模块可以轻松求解运筹学问题，步骤简单，求解快速，是运筹学初学者的优秀工具，也可以帮助运筹学高手解决比较复杂、规模相对较大的实际问题（只要决策变量不超过 200 个，约束条件不超过 100 个）。Excel 的规划求解模块可以设置五种约束：不等式约束、等式约束、一般整数约束、0-1 整数约束和互异整数约束。运用不等式约束和等式约束可以解决线性规划问题，而运用一般整数约束和 0-1 整数约束可以分别求解整数规划、0-1 整数规划问题。Excel 的规划求解模块值得每个学习运筹学的初学者来学习。该软件操作方便，求解迅速，也适合不同行业需要使用运筹学解决实际问题的技术人员来学习。

5.3 节约里程最优解思维应用

节约里程法是用来解决运输车辆数目不确定问题的有名的启发式算法，又称节约算法或节约法。节约里程法的核心思想是依次将运输问题中的两个回路合并为一个回路，每次使合并后的总运输距离减小的幅度最大，当达到一辆车的装载限制时，进行下一辆车的优化。

我们通过下面的案例可以了解节约里程法的基本思想。已知 O 点为配送中心，它分别向客户 A 和客户 B 送货。设 O 点到客户 A 和客户 B 的距离分别为 a 和 b。客户 A 和客户 B 之间的距离为 c，现有两种送货方案，如图 5.27（a）和 5.27（b）所示。

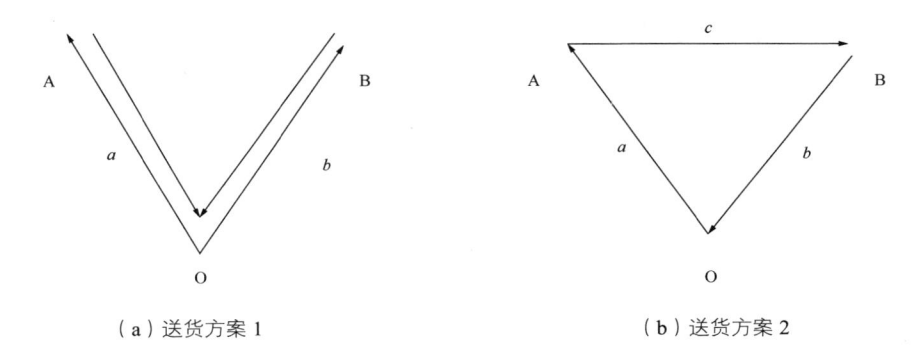

（a）送货方案 1　　　　　　　　　　（b）送货方案 2

图 5.27　节约里程原理

在图 5.27(a) 中，配送距离为 $2(a+b)$；在图 5.27(b) 中，配送距离为 $a+b+c$。对比这两个方案，哪个更合理呢？这就要看哪个方案配送距离短了，配送距离越短，说明方案越合理。图 5.27（a）中的配送距离减去图 5.27（b）中的配送距离，如式（5.37）所示。

$$2(a+b)-(a+b+c)=(2a+2b)-a-b-c=a+b-c \quad (5.37)$$

如果把图 5.27（b）看成一个三角形，那么 a、b、c 是这个三角形三条边的长度。由三角形的几何性质可知，三角形中任意两条边的边长之和大于第三边的边长。因此，可以认定式（5.37）中结果是大于零的，如式（5.38）所示。

$$a+b-c>0 \quad (5.38)$$

由式（5.38）可知，图 5.27（b）方案优于图 5.27（a）方案，节约了 $a+b-c$ 的里程。这种分析方案的优劣势的思想，就是节约里程法的基本思想。

节约里程法步骤如下。

（1）步骤 1：计算相互之间的最短距离。根据已知条件，计算客户与客户之间的最短距离、客户与配送中心之间的最短距离，并列出最短距离矩阵。这里假设客户与客户、客户与配送中心之间的距离具有可逆性，即客户与客户、客户与配送中心之间的往返距离相等。

（2）步骤 2：从最短距离矩阵中计算出各客户间节约的里程。根据节约里程公式计算每一个客户与其他客户的货物配载后可以节约的里程，并列出节约里程矩阵。

（3）步骤 3：对节约里程按大小顺序进行降序排列。根据节约里程矩阵，以节约里程为关键字将节约里程及其对应的客户降序排列。

（4）步骤 4：根据节约里程法基本原理和思想，按照节约里程排序表，组成配送线路图，完成全部配送线路的规划设计。

5.3.1 节约里程法分析案例

我们来看一个节约里程法在生活中的具体应用案例。某物流公司在 2021 年河南水灾期间为河南全省配发物资。其中，郑州市作为物流配送中心，省内配送地区包括开封、焦作、洛阳、安阳、许昌、濮阳、周口、信阳。不同城市所需货运量如表 5.18 所示。

第 5 章　数据驱动式数据化运营

表 5.18　不同地区所需货运量

配送城市	开封	焦作	洛阳	安阳	许昌	濮阳	周口	信阳
货运量（t）	4.3	1.8	0.7	2.2	3.6	3.6	1.6	2

郑州配送中心为这次配送提供了三种车型，载重量分别为 2t、5t 和 8t，不同车型的运输单价不一样，如表 5.19 所示。配送中心的配送是由外协商提供车辆的，因此车辆的数量没有限制。

表 5.19　运输单价表

车辆载重量（t）	2	5	8
运输单价（元/km）	2.4	2.7	3.65

不同地区之间的距离表如表 5.20 所示（注：这里的距离为模拟数据，不代表真实距离）。

表 5.20　不同地区之间的距离表（单位：km）

	郑州							
开封	50	开封						
焦作	53	84	焦作					
洛阳	116	64	152	洛阳				
安阳	173	214	136	278	安阳			
许昌	221	165	231	107	351	许昌		
濮阳	333	265	338	278	478	126	濮阳	
周口	344	295	370	235	491	144	35	周口
信阳	478	418	492	355	629	289	165	158	信阳

根据不同地区所需货运量、运输单价表，以及不同地区之间的距离表，采用节约里程法制定最优的配送方案，使配送总成本最小。

解析：

利用节约里程法确定配送线路的主要出发点是，根据配送中心的运输能力和配送中心到各个地区及各个地区之间的距离，来制定运输过程中总成本最小的配送方案。另外，还需要满足以下条件：①所有地区的要求；②不使任何一辆车超载；③每辆车每天的总运行时间或行驶里程不超过规定的上限；④地区到货时间要求。

（1）步骤1：计算连接地区到同一线路上的距离节约值，如表5.21所示。

表5.21　连接地区到同一线路上的距离节约值（单位：km）

	开封						
焦作	19	焦作					
洛阳	102	17	洛阳				
安阳	9	90	11	安阳			
许昌	106	43	230	43	许昌		
濮阳	118	48	171	28	428	濮阳	
周口	99	27	225	26	421	642	周口
信阳	233	39	239	22	410	646	664	信阳

（2）步骤2：确定初始方案的运输线路及运输费用，现安排4辆2t、4辆5t的车给每个地区送货。初始方案的运输线路及运输费用如表5.22所示。

表5.22　初始方案的运输线路及运输费用

运输线路	车型	距离（km）	运输单价（元/km）	运费（元）
郑州→开封	5t	50	2.7	135
郑州→焦作	2t	53	2.4	127.2
郑州→洛阳	2t	116	2.4	278.4
郑州→安阳	5t	173	2.7	467.1
郑州→许昌	5t	221	2.7	596.7
郑州→濮阳	5t	333	2.7	899.1
郑州→周口	2t	344	2.4	825.6
郑州→信阳	2t	478	2.4	1147.2
合计		1768		4476.3

（3）步骤3：进行线路第一次优化，如表5.23所示。其中，0表示不连接；

1 表示地区之间连接；2 表示和配送中心连接。不难发现，此次优化将周口和信阳两地运输线路合并在一起了。

表 5.23　线路第一次优化方案

货物量（t）		郑州							
4.3	开封	2	开封						
1.8	焦作	2	0	焦作					
0.7	洛阳	2	0	0	洛阳				
2.2	安阳	2	0	0	0	安阳			
3.6	许昌	2	0	0	0	0	许昌		
3.6	濮阳	2	0	0	0	0	0	濮阳	
3.6	周口	2	0	0	0	0	0	0	周口
3.6	信阳	2	0	0	0	0	0	0	1	信阳

线路第一次优化后的车辆调度结果如表 5.24 所示。

表 5.24　线路第一次优化后的车辆调度结果

运 输 线 路	车　　型	距离（km）	运输单价（元/km）	运费（元）
郑州→开封	5t	50	2.7	135
郑州→焦作	2t	53	2.4	127.2
郑州→洛阳	2t	116	2.4	278.4
郑州→安阳	5t	173	2.7	467.1
郑州→许昌	5t	221	2.7	596.7
郑州→濮阳	5t	333	2.7	899.1
郑州→周口→信阳	5t	502	2.7	1355.4
合计		1148		3858.9

进行第一次线路优化后，运费由 4476.3 元降到 3858.9 元。

（4）步骤 4：继续进行线路优化，如表 5.25 所示。不难发现，此次优化将周口、信阳、濮阳三地运输线路合并在一起了。

表 5.25　线路第二次优化方案

货物量（t）		郑州							
4.3	开封	2	开封						
1.8	焦作	2	0	焦作					
0.7	洛阳	2	0	0	洛阳				
2.2	安阳	2	0	0	0	安阳			
3.6	许昌	2	0	0	0	0	许昌		
7.2	濮阳	2	0	0	0	0	0	濮阳	
7.2	周口	2	0	0	0	0	0	1	周口
7.2	信阳	2	0	0	0	0	0	1	1	信阳

线路第二次优化后的车辆调度结果如表 5.26 所示。

表 5.26　线路第二次优化后的车辆调度结果

运输线路	车型	距离（km）	运输单价（元/km）	运费（元）
郑州→开封	5t	50	2.7	135
郑州→焦作	2t	53	2.4	127.2
郑州→洛阳	2t	116	2.4	278.4
郑州→安阳	5t	173	2.7	467.1
郑州→许昌	5t	221	2.7	596.7
郑州→濮阳→周口→信阳	8t	526	3.65	1919.9
合计		1139		3524.3

进行第二次线路优化后，运费由 3858.9 元降到 3524.3 元。

（5）步骤 5：继续进行线路优化，如表 5.27 所示。在线路第二次优化方案中，郑州→濮阳→周口→信阳的总货运量达到 7.2t，在可供选择的车型中，车型载重量最大达到 8t，为此只能把洛阳合并到线路中（洛阳所需货物量为 0.7t），不能继续配载，所以可以首先确定的是这一条线路。

表 5.27 线路第三次优化方案

货物量(t)		郑州							
4.3	开封	2	开封						
1.8	焦作	2	0	焦作					
7.9	洛阳	2	0	0	洛阳				
2.2	安阳	2	0	0	0	安阳			
3.6	许昌	2	0	0	0	0	许昌		
7.9	濮阳	2	0	0	1	0	0	濮阳	
7.9	周口	2	0	0	0	0	0	1	周口
7.9	信阳	2	0	0	0	0	0	1	1	信阳

线路第三次优化后的车辆调度结果如表 5.28 所示。

表 5.28 线路第三次优化后的车辆调度结果

运 输 线 路	车 型	距离(km)	运输单价（元/km）	运费（元）
郑州→开封	5t	50	2.7	135
郑州→焦作	2t	53	2.4	127.2
郑州→安阳	5t	173	2.7	467.1
郑州→许昌	5t	221	2.7	596.7
郑州→洛阳→濮阳→周口→信阳	8t	587	3.65	2142.55
合计		1084		3468.55

进行第三次线路优化后，运费由 3524.3 元降到 3468.55 元。

（6）步骤 6：确定最终方案，如表 5.29 所示。

表 5.29 线路最终优化方案

货物量(t)		郑州							
4.3	开封	2	开封						
4	焦作	2	0	焦作					
7.9	洛阳	2	0	0	洛阳				
4	安阳	2	0	1	0	安阳			
3.6	许昌	2	0	0	0	0	许昌		
7.9	濮阳	2	0	0	1	0	0	濮阳	
7.9	周口	2	0	0	0	0	0	1	周口
7.9	信阳	2	0	0	0	0	0	1	1	信阳

线路最终优化后的车辆调度结果如表 5.30 所示。

表 5.30 线路最终优化后的车辆调度结果

运 输 线 路	车 型	距离(km)	运输单价(元/km)	运费(元)
郑州→开封	5t	50	2.7	135
广州→焦作→安阳	5t	189	2.7	510.3
广州→许昌	5t	221	2.7	596.7
郑州→洛阳→濮阳→周口→信阳	8t	587	3.65	2142.55
合计		1047		3384.55

通过对比初始方案与最终方案可知，通过优化可节约里程(1768-1047)=721（km），节约成本(4476.3-3384.55)=1091.75（元），仅 8 个地区的一次配送就节约了物流配送成本 1091.75 元。从这里我们不难明白，节约里程法作为解决运输车辆数目不确定问题的最优算法，在物流行业具有重要应用。只有利用先进的管理方法，不断地提高效率，才可能大幅降低整个业务成本。

5.3.2　Excel 节约里程法求解

利用 Excel 实现节约里程法在配送线路选择中的应用，不但能够求解配送中心的最优送货方案，而且可以大大降低计算工作量，简化配送线路规划设计步骤。同时该方法只要求配送调度人员掌握 Excel 基本操作即可完成配送线路规划设计。因此，该方法具有非常强的适用性。接下来，我们通过下面的案例学习 Excel 节约里程法的求解。

例 5.3.1：设配送中心向 7 个客户配送货物，其配送线路网络（配送中心与客户的距离及客户之间的距离）如图 5.28 所示，客户旁的数值表示客户的需求量（单位：t），线路上的数值表示两客户之间的距离（单位：km），现配送中心有 2 辆 4t 卡车和 2 辆 6t 卡车两种车型可供使用。①试用节约里程法制定最优的配送方案。②设配送中心在向客户配送货物过程中，单位时间平均支出成本为 450 元，假定卡车行驶的平均速度为 25 km／h，试比较优化后的方案比单独向各客户分送可节约多少费用？

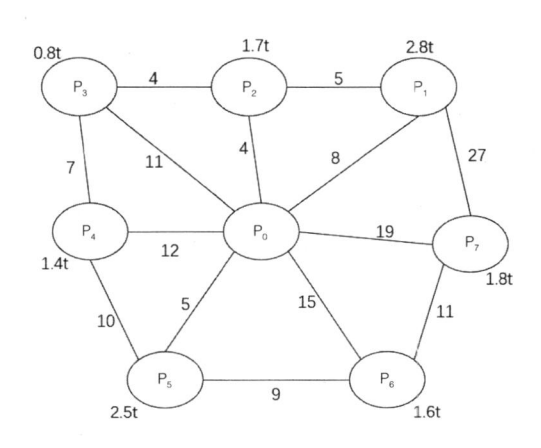

图 5.28　配送线路网络

解析：

（1）步骤 1：找出相互之间的最短距离。

根据图 5.28 找出客户与客户之间的最短距离，客户与配送中心之间的最短距离，并列出最短距离矩阵，如图 5.29 所示。

需求量（t）	P₀							
2.8	8	P₁						
1.7	4	5	P₂					
0.8	8	9	4	P₃				
1.4	12	16	11	7	P₄			
2.5	5	13	9	13	10	P₅		
1.6	14	22	18	22	19	9	P₆	
1.8	19	27	23	27	30	20	11	P₇

图 5.29　最短距离矩阵

（2）步骤 2：计算各客户之间能够节约的距离。

根据节约里程公式可知，两客户之间能够节约的距离实际上等于配送中心分别到两个客户的最短距离之和，再减去两个客户之间的最短距离。因此，客户 P_1、P_2 之间能够节约的距离 = $P_0P_1 + P_0P_2 - P_1P_2$，客户 P_1、P_3 之间能够节约的距离 = $P_0P_1 + P_0P_3 - P_1P_3$。对比两个计算公式，在 Excel 工作表中 P_0P_1 保持不变，而 P_0P_3、P_1P_3 相对 P_0P_2、P_1P_2 的位置分别相对下移一个单元格，所以在同一 Excel 工作表中可以首先计算 P_1、P_2 之间能够节约的距离，这里不能直接采用 P_0P_1、P_0P_2、P_1P_2 对应的数值，而应引用其地址来计算，并赋予 P_0P_1 绝对引用地址，也就是在 P_0P_1 所对应的列号和行号前面添加符号 $，或者选中 P_0P_1 所对应的列号和行号按 F4 键实现。当 P_1、P_2 之间能够节约的距离计算出来时，P_1、P_3 之间能够节约的距离可以通过下拉填充实现，P_1 和其他客户之间能够节约的距离也可以通过下拉填充实现。同理，其他各客户之间能够节约的距离均用上述方法计算，计算结果如图 5.30 所示。其中，括号内的数值表示两个节点合并后的节约里程。

需求量（t）	P₀							
2.8	8	P₁						
1.7	4	5（7）	P₂					
0.8	8	9（7）	4（8）	P₃				
1.4	12	16（4）	11（5）	7（13）	P₄			
2.5	5	13（0）	9（0）	13（0）	10（7）	P₅		
1.6	14	22（0）	18（0）	22（0）	19（7）	9（10）	P₆	
1.8	19	27（0）	23（0）	27（0）	30（1）	20（4）	11（22）	P₇

图 5.30　节约里程矩阵

（3）步骤3：对节约里程按大小顺序进行降序排列。

对节约里程按大小顺序进行降序排列。根据节约里程矩阵，以节约里程为关键字将节约里程及对应的客户降序排列，如图5.31所示。

	A	B	C	D	E	F
22	序号	线路	节约里程	序号	线路	节约里程
23	1	P_6P_7	22	7	P_4P_5	7
24	2	P_3P_4	13	8	P_1P_2	7
25	3	P_5P_6	10	9	P_2P_4	5
26	4	P_2P_3	8	10	P_1P_4	4
27	5	P_1P_3	7	11	P_5P_7	4
28	6	P_4P_6	7	12	P_4P_7	1

图5.31 节约里程排序

（4）步骤4：根据节约里程大小先后组成配送线路图，并做出标记，最终完成全部配送线路的规划设计。

根据节约里程法基本原理，在Excel工作表中，首先从最大节约里程22km（对应P_6P_7）开始组成配送线路，$P_0 \to P_6 \to P_7$，确定客户P_6和P_7的货物装在一辆车上，此时载重量为3.4t，汽车一次巡回里程可以节约22km，可以继续在此配送线路上增加新的客户，并对线路P_6P_7做标记，如字体设置为红色。接着寻找除标红线路以外的最大节约里程和可能合并在一起的线路，即10km（对应P_5P_6），此时在第一条线路上增加配送客户P_5，组成配送线路$P_0 \to P_5 \to P_6 \to P_7$，此时载重量为5.9t，有6t的卡车可以转载，于是确定客户P_5、P_6和P_7的货物装在一辆车上，汽车一次巡回里程可以节约32km，并将线路P_5P_6标记为红色，此时没有客户所需货物量为0.1t，于是这条线路已经达到最大承载要求，第一条配送线路规划完毕。

在第二条线路规划过程中，与第一条线路规划思路相同，首先寻找节约里程最大的线路，即13km（对应P_3P_4），于是组成配送线路$P_0 \to P_3 \to P_4$，确定客户P_3和P_4的货物装在一辆车上，此时载重量为2.2t，汽车一次巡回里程可以节约13km，可以继续在此配送线路上增加新的客户，并将线路P_3P_4标记为绿色。接着寻找除标绿线路以外的最大节约里程和可能合并在一起的线路，即8km（对应P_2P_3），此时在第二条线路上增加配送客户P_2，组成配送线路$P_0 \to P_2 \to P_3 \to P_4$，此时载重量为3.9t，有6t的卡车可以转载，于是确定客户P_2、P_3和P_4的货物装在一辆车上，汽车一次巡回里程可以节约 21km，并将线路 P_2P_3 标记为绿色，此时没有客户所需货物量小于 2.1t，于是这条线路已经达到最大承载要求，第二条配送线路规划完毕。

进行前两条配送线路规划后，目前只剩客户 P_1 的货物未进行线路分配，由于客户 P_1 所需货物量为 2.8t，无法合并到上述两条线路中，因此只能为客户 P_1 单独配送货物。

最终，配送线路规划结果如图 5.32 所示。一共三条线路，第一条线路为 $P_0 \rightarrow P_5 \rightarrow P_6 \rightarrow P_7$，汽车一次巡回里程可以节约 32km；第二条线路为 $P_0 \rightarrow P_2 \rightarrow P_3 \rightarrow P_4$，汽车一次巡回里程可以节约 21km；第三条线路为 $P_0 \rightarrow P_1$，汽车一次巡回未节约里程。总节约里程为 32+21=53km。

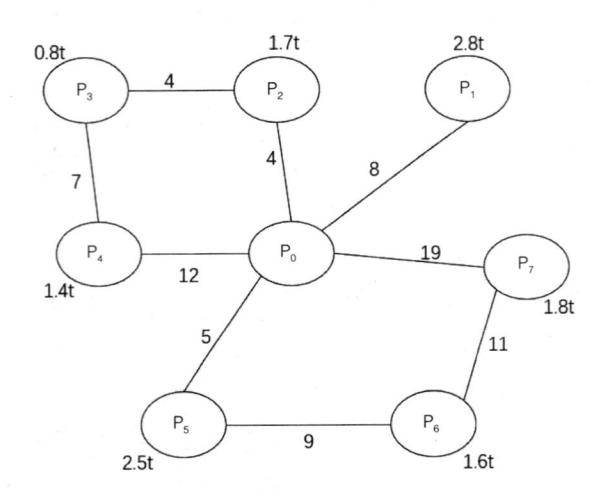

图 5.32 配送线路规划结果

节约的配送时间如式（5.39）所示。

$$\Delta T = \frac{\Delta S}{V} = \frac{53}{25} = 2.12 \text{h} \tag{5.39}$$

节约的费用如式（5.40）所示。

$$P = \Delta T \times F = 2.12\text{h} \times 450 = 954（元）\tag{5.40}$$

第 3 部分

数据化运营核心

数据化运营的定义：以企业级海量数据的存储、分析、挖掘和应用为核心技术支持的，企业全员参与的，以精准、细分为特点的企业运营制度和战略。可浅层次地理解为，在企业常规运营的基础上革命性地增添数据分析和数据挖掘的精准支持。

以互联网产品的数据化运营为例，具体手段包括网站流量监控分析、目标用户行为研究、网站日常更新内容编辑、网络营销策划推广等。并且，这些内容是在以企业级海量数据的存储、分析、挖掘和应用为核心技术支持的基础上，通过可量化、可细分、可预测等一系列精细化的方式进行的。

在数据化运营工作中，随着业务场景与业务需求的不同，手段与技术会进行调整，但本质上来说都是为了解决客户与产品的数据问题。

（1）对于管理层来说，他们关心的是自己最近所做的重大决策最终反映在了哪些指标上？这些指标的相关性是怎么样的？业务的全局变化如何？与过去相比有哪些进步？目前哪些执行动作需要调整，对应的指标是什么？

（2）对于运营方来说，他们关心的是最近的活动效果怎么样？网站横幅广告怎么定价比较合理？一些运营活动是否可以持续提升效果？是否需要将运营方法持续固化为产品模块等一些和运营举措比较相关的内容？

（3）对于产品方来说，他们关心的是上线的功能或设计对用户有没有用，用户有没有去使用？如果用户使用了，那么如何让产品变得更加好用？如果用户没有使用，分析没有使用的原因，是产品设计有问题、流程走不通，还是用户不明白怎么使用？

因此，数据化运营的核心是客户与产品的数据化运营。无论是管理层、运营方，还是产品方，都需要挖掘用户需求，进行用户精准定位，实现个性化的产品服务。正如20世纪著名管理大师彼得·德鲁克说的那样，"商业的目的是吸引新客户和留住老客户"。这句话言简意赅，说明一个公司要长远发展，不仅要尽量增加利润和减少成本，还要了解如何吸引客户，哪些是对于产品的高端人群，并且如何持续满足和超越客户的生理和心理需求。当客户需求得到满足时，产品会有更高的价值。处理好客户与产品之间的关系，数据化运营才能有用武之地。决策基于数据，如果管理层能够很好地掌握数据化运营，明确了解这些数据背后的含义，那么他们的产品、组织或品牌便可以脱颖而出。

对于本书的第3部分——数据化运营核心，我们分成2章，客户数据化运营：挖掘用户需求，产品源于需求，以及产品数据化运营：人人都能做数据产品经理。第6章将讲述数据获客，快速锁定目标用户；用户画像，精准定位用户需求；用户运营，覆盖完整生命周期；第7章将讲述产品定位与产品设计、产品运营与产品优化。通过本部分内容学习，读者将掌握客户运营与产品运营的思路与方法，并学习客户数据化运营与产品数据化运营中的重要模型，掌握数据化运营实战知识。

第6章

客户数据化运营：挖掘用户需求，产品源于需求

　　了解消费者是形成市场营销战略的基础。消费者对营销战略的反应决定企业的成败。有效的客户细分是深度分析客户需求、应对客户需求变化的重要手段。通过合理、系统的客户分析，企业可以知道不同的客户有什么样的需求，分析客户消费特征与商务效益的关系，使运营策略得到最优的规划；更为重要的是，可以发现潜在客户，从而进一步扩大商业规模，使企业得到快速的发展。

　　做好客户数据化运营，可以帮助企业从战略层面、营销层面、产品层面、数据管理层面等多个方面更好地做出决策。在战略层面，企业可以通过数据化运营，进行市场洞察、预估市场规模，为制定阶段性目标、重大决策提供帮助；在营销层面，企业可以进行客户分群、市场细分，有助于避免同质化，进行个性化营销；在产品层面，企业可以根据产品细分人群，确定产品的主打人群，有效确定产品定位，优化产品功能；在数据管理层面，数据化运营有助于企业建立数据资产，挖掘数据的价值，使数据分析更为精确，促进数据流通。

6.1　数据获客，快速锁定目标用户

　　获客就是获取客户、获得客户的意思。那什么是数据获客呢？顾名思义，数

据获客就是通过数据化运营手段获取客户的意思。如今，我们已经步入了商业智能时代，数据信息无处不在，我们只要让数据发声，人们就会意识到很多以前没有意识到的联系的存在，经典的一个例子便是美国沃尔玛超市把啤酒和尿不湿放在一起卖的故事。在数据的诠释下，啤酒和尿不湿放在一起卖很畅销，而这是平常我们很难意识到和做出假设的。同理，在数据化运营过程中，我们可以发现许多平时很难发现和意识到的潜在客户。这些客户或多或少地与其他客户有着相似之处，他们或许有相同的消费行为，或许有相同的爱好，或许关注了相同的频道、相同的明星，或许追了类似性质的影视剧和节目。如何搭建应用场景，让数据实际地运用到企业运营与决策中，就是数据化运营人员所要解决的问题。根据业务场景的不同，数据获取的方式可以分为两类，即传统用户行为数据获取和互联网用户行为数据获取。

6.1.1 传统用户行为数据获取

传统用户行为数据获取方式主要是指通过参与式访谈法、情景调研法、综合问卷法等，线下获取用户的兴趣偏好与行为规律等数据信息，这是我们常见的用户行为数据获取方式。例如，我们在准备实施某个项目之前肯定会做市场调查，分析产品更适合哪些人群，这些人群的年龄段、学历、工作、消费偏好等；我们在项目实施过程中会监控数据的变化，如客户对产品的满意度情况、客户是否出现流失、产品带来的销售收入等，这些将有助于项目的调整和产品的改进。任何项目的实施并不是简单地通过个人意愿推向市场的，对用户的行为数据进行搜集与整理是非常重要的。

1．参与式访谈法（访谈法）

参与式访谈法简称访谈法，是用户行为数据获取中的常见传统方法，能较好地获取用户的隐性需求。访谈的过程主要从给出问题出发，在面对面的交流中，不断通过用户的语言、神态、动作等，了解用户的心理需求和行为特征，从而提取关键信息，分析并建立用户画像。参与式访谈法流程图如图 6.1 所示。

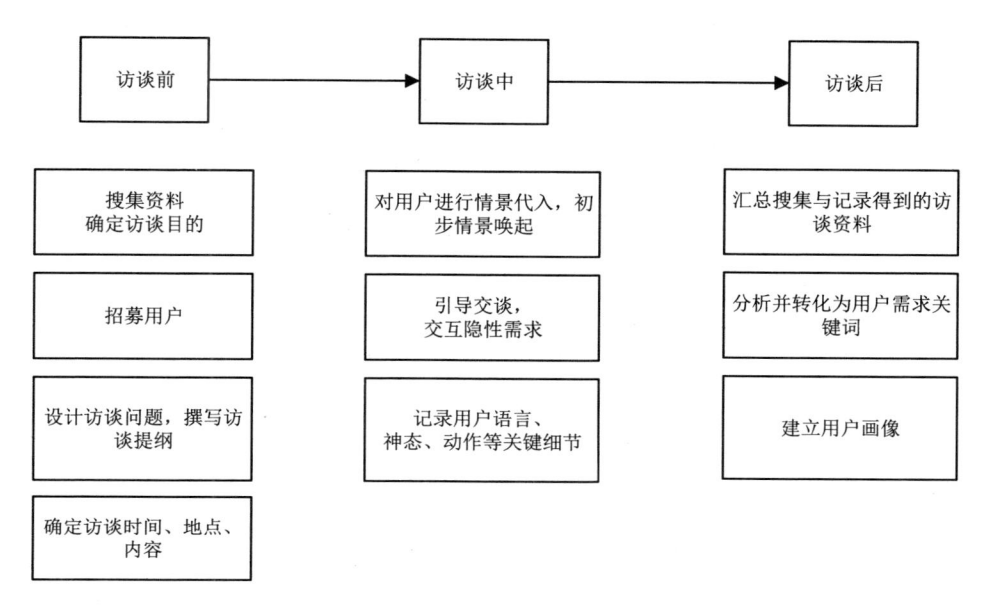

第 6 章 客户数据化运营：挖掘用户需求，产品源于需求

```
┌─────────┐      ┌─────────┐      ┌─────────┐
│  访谈前  │─────▶│  访谈中  │─────▶│  访谈后  │
└─────────┘      └─────────┘      └─────────┘

┌─────────────┐  ┌──────────────────┐  ┌──────────────────┐
│  搜集资料    │  │ 对用户进行情景代入，│  │ 汇总搜集与记录得到的│
│ 确定访谈目的 │  │   初步情景唤起    │  │     访谈资料      │
└─────────────┘  └──────────────────┘  └──────────────────┘

┌─────────────┐  ┌──────────────────┐  ┌──────────────────┐
│   招募用户   │  │     引导交谈，    │  │ 分析并转化为用户需求│
│             │  │   交互隐性需求    │  │      关键词       │
└─────────────┘  └──────────────────┘  └──────────────────┘

┌─────────────┐  ┌──────────────────┐  ┌──────────────────┐
│设计访谈问题，│  │   记录用户语言、  │  │   建立用户画像    │
│  撰写访谈提纲│  │ 神态、动作等关键细节│  │                 │
└─────────────┘  └──────────────────┘  └──────────────────┘

┌─────────────┐
│确定访谈时间、│
│  地点、内容  │
└─────────────┘
```

图 6.1　参与式访谈法流程图

根据访谈流程，在访谈前需要确定访谈提纲，在问题设定上注意以开放性提问为主，考虑问题的逻辑性，从简单到深入，最后以简单的问题结尾，以便引导用户思维流畅地完成访谈。在访谈时，主动适应用户状态，合理引导用户，让用户表达真实想法。其中，重点是让用户说出问题所在，而非询问有关解决方案，通过脚本外的新增问题获取充分的信息。在访谈后，根据记录获得的资料得出访谈结论。

访谈后的分析才是数据获取的开始。先通过视频、音频、记录等资料回溯访谈过程，根据用户行为的特征判断、归类获取的信息，包括已预料反馈和未预料反馈。再通过表层的语言关键词去探索用户想要表达的背后与产品相关的真实目的，提取出用户需求的关键词。根据基础个人信息、产品体验、用户性格对用户进行划分，将用户标签化形成用户标签体系。

我们通过下面的例子，来看如何通过参与式访谈法获取用户的行为数据。我们随机筛选出日常生活中经常关注抖音美食视频的 8 个用户进行邀请访谈，分别对其个人信息、喜欢观看美食视频的时间地点、喜欢浏览美食视频的原因、用户体验感、其他建议等进行提问，根据回答记录建立用户画像，如图 6.2 所示。

```
┌─────────────────────────────┐ ┌──────────────────────────────────────────────┐
│ 姓名：小张（虚构）           │ │ 使用特征：    关键行为：                      │
│ 年龄：20岁（虚构）           │ │ 深夜、睡觉前  关注——喜欢的博主               │
│ 爱好：发布美妆视频、吃零食   │ │ 群体规模：    搜索——推荐美食内容为自己喜欢   │
│                             │ │ 控制饮食群体  依赖——身边好友都喜欢观看并发布视频│
│ 注重体型、爱美、愿意尝试新事物│ │                                              │
└─────────────────────────────┘ └──────────────────────────────────────────────┘

┌───────────────────────────────────────────────────────────────────────────────┐
│ 核心需求：                                                                    │
│ 能看到各种类型视频，在观看时需要购买链接                                      │
│ 视频质量高，没有虚假广告及宣传，有大量具备原创能力的博主进行更新              │
└───────────────────────────────────────────────────────────────────────────────┘
```

图 6.2　根据访谈构建的用户画像

根据调研结果可得出结论，抖音美食频道用户的爽点是精神上的饮食可满足自己的幻想，痛点则是在观看时容易越看越馋。此外，用户希望在看吃播时可以有购买链接，能直接购买产品，并且需要有效控制带货行为，避免虚假广告及宣传的问题。

2．情景调研法（观察法）

情景调研法又称观察法，主要通过让用户现场实地使用产品，观察用户使用情况，获得实时反馈。根据在实际操作中遇到的问题，观察记录用户面对产品时的状态及语言，进行用户需求数据的获取。情景调研法流程图如图 6.3 所示。

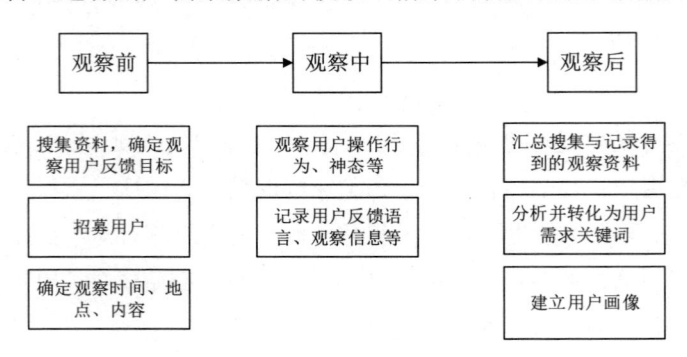

```
    观察前    →    观察中    →    观察后
  ┌────────┐   ┌────────┐   ┌────────┐
  │搜集资料，│   │观察用户 │   │汇总搜集与│
  │确定观察 │   │操作行为、│   │记录得到的│
  │用户反馈 │   │神态等   │   │观察资料 │
  │目标    │   └────────┘   └────────┘
  └────────┘   ┌────────┐   ┌────────┐
  ┌────────┐   │记录用户 │   │分析并转化│
  │招募用户 │   │反馈语言、│   │为用户需求│
  └────────┘   │观察信息等│   │关键词   │
  ┌────────┐   └────────┘   └────────┘
  │确定观察 │                ┌────────┐
  │时间、地 │                │建立用户 │
  │点、内容 │                │画像    │
  └────────┘                └────────┘
```

图 6.3　情景调研法流程图

根据流程，在观察前需要确定用户处于平稳自由的状态中，确保环境无其他因素干扰。在观察时，需要记录下用户使用产品的试错次数、用户对某功能的反馈意见、用户寻找使用产品功能的停留时间、用户明确表达的喜欢功能与无所谓功能等，在必要时需要询问用户的感受。在观察后，根据记录内容对用户的自然

第 6 章 客户数据化运营：挖掘用户需求，产品源于需求

语言进行理解、分析，获取用户需求，完善产品体验。

情景调研法的特性是需要从使用者的试用反馈中寻找设计切入点，产生创新和修改的灵感，找到新的突破口。通过与可用性测试相结合，提供一系列操作场景和任务让用户完成，得到结构化数据和非结构化数据，利用眼动仪等特殊设备，收集肉眼观察不到的数据，检测用户体验产品的轨迹和浏览习惯，从而获得用户需求，可在后续的优化中提升用户体验。

得到的观察信息可按照 PEPTFM 框架进行整理，如表 6.1 所示。其中，P（第一个）表示 People，被观察者；E 表示 Environment，被观察者所在环境；P（第二个）表示 Product，被观察者使用的产品；T 表示 Time，被观察者使用功能的时间/路径操作时间；F 表示 Feedback，被观察者在事件中得到的反馈；M 表示 Memorable，被观察者在事件中难忘的部分。

表 6.1　PEPTFM 框架

People	Environment	Product	Time	Feedback	Memorable
谁	在什么环境下	使用的产品	使用的时间	动作、神情的反馈	难忘的亮点、缺点

我们通过下面的例子，来看如何通过情景调研法获取用户的行为数据。某公司研发出一款新型潮牌购物 App，通过网络发布信息招募若干个用户对该 App 进行体验，并在体验时对用户进行观察与记录。根据先进行搜索商品操作的有多少人；先查看首页的有多少人；用户对流程的理解是否能在短时间内完成，还是需要思考后才能理解，不能理解的有多少人等情况，将所有的操作步骤进行编号、编码，按照设计好的框架进行数据记录，如表 6.2 所示。

表 6.2　观察用户记录表

序号	详情	功能模块	比例	完成时间	用户行为	类别
1	找不到商品对比入口	商品对比	约 20%	40s	犹豫、停顿	视觉引导性不强
2	登录等待时间较长	注册登录	约 50%	60s	摸头发、看向别处	系统性能较差，未能适应各款手机
3	支付流程太烦琐	订单支付	约 100%	80s	抓耳挠腮、皱眉	交互流程复杂

217

根据记录结果可得出结论，约 20%的用户找不到商品对比入口，说明产品的视觉引导性不强，需要持续优化；约 50%的用户在注册登录时耗费太长时间，说明产品需要进一步适配更多版本系统；约 100%的用户都反馈支付流程太烦琐，说明在后续的交互设计中需要简化流程，使操作更简单，减少此步用户流失。

3．综合问卷法（问卷法）

综合问卷法简称问卷法，是指通过问卷中的文字、图形等引起用户思考，根据选项提示快速了解用户需求的传统获取数据的方法。随着科技发展，综合问卷法可在线上进行，通过网络发布问卷内容，招募用户完成问卷并回收，这样可进行大量的用户数据获取。综合问卷法流程图如图 6.4 所示。

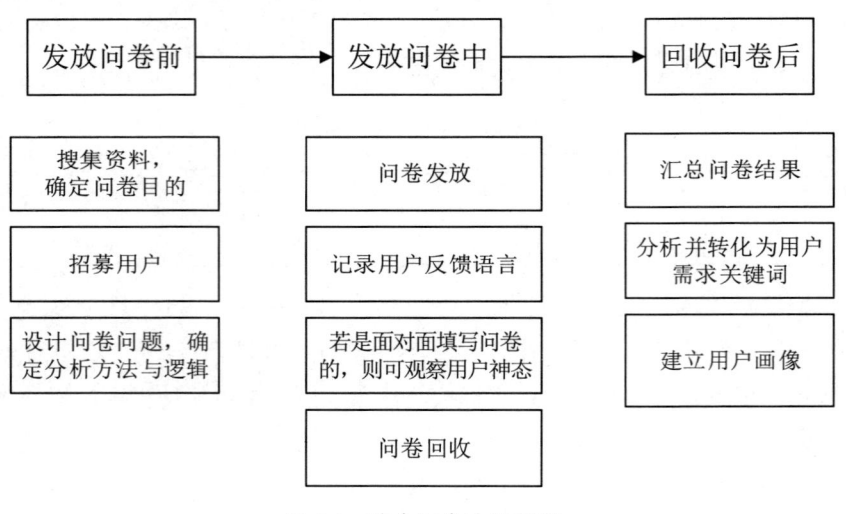

图 6.4 综合问卷法流程图

根据流程，在发放问卷前需要确定问卷目的，在问卷中针对用户行为、用户态度、产品特征等提问，在开头采用简单的题目，中间出现需要思考的题目，结尾使用特征类题目，引导用户思维流畅地完成问卷调查，并减少放弃比例。在发放问卷时，可考虑线上和线下投放方式，线上投放可在产品 App 或网站上进行推送或邮箱投递；线下投放可通过筛选合适用户招募至合适地点进行问卷调查。在回收问卷后，通过描述性统计分析、交叉分析、聚类分析、回归分析等方法，对问卷结果进行统计与分析，获取用户需求。

问卷内容采取图形语言视觉传达原理，通过具有代表性的产品样本图片，用产品的描述性文字传递出产品的形态、材质、用途、使用方式等特征信息，结合意象尺度法、看板法等分析出用户表达的感性意象。综合问卷法为快速得到定量结果，普遍以选择题为主，根据统计结果进行信息识别、提取、归类、推理，可快速得到用户行为需求数据。

我们通过下面的例子，来看如何通过综合问卷法获取用户的行为数据。某公司研发一款汽修宝 App，有车一族通过该产品可以找到最近的车工场进行车辆维修、保养等车辆服务。产品上线后，公司邀请使用过该产品的用户进行问卷调查回访，在访谈中获得信息的关键问题如下。

（1）请描述您上次试图维修或维修您的汽车的时间。

（2）当您把车开进车工场时，您注意到了什么？

（3）在维修过程中，您的感受如何？

（4）过去，您是否比较过多个车工场？

（5）您今后是否会继续使用汽修宝 App？（为什么？）

通过众多访谈，运营团队在各个主题中积累了大量的行为数据。发现的一些主要痛点如下。

（1）在汽车维修过程中，无车可用，出行不方便。

（2）在等待汽车维修、保养时无聊，甚至在不熟悉的环境中感到不适和困惑。

（3）不了解每个车工场提供的服务，找不到合适的车工场而浪费时间。

（4）App 报价被认为是不合理的报价，并且对汽车维修的"市场价格"无知。

（5）无法通过该 App 提供的投诉功能，有效解决问题。

从访谈数据中，运营团队得到了一些关键驱动因素的行为结果：司机信任通过口头方式向他推荐的维修点；司机会考虑其他维修点，如果它可以省钱；司机会直接致电，因为可以立即得到答复。从这个案例中我们可以了解到，通过邀请用户进行面对面的访谈，并设置合理的问题，能够直观地了解用户的痛点和需求。这种做法能够帮助创业初期的团队直接从用户反馈中了解产品的不足和需要改进的地方。

6.1.2 互联网用户行为数据获取

随着网络逐渐发达,互联网时代的网络市场与产品更加零散化、多元化,用户的选择更多,这就要求产品需要更加具有自己的特色,满足用户需求。互联网用户行为数据获取方式相较传统方式更精确、客观、立体,获取数据量更庞大,应用也更广泛。线上用户行为数据采集主要基于数据埋点技术,通过数据埋点,可以采集到用户浏览目标网站的行为(如打开某网页、单击某按钮、将某商品加入购物车等)及行为附加数据(如某下单行为产生的订单金额等)。

数据埋点技术是指数据化运营人员基于业务需求对用户行为的每一个事件对应的位置进行埋点开发,并通过 SDK 上报埋点的数据结果,记录数据并汇总后进行分析,从而推动产品优化或指导运营的一种技术。早期的埋点方法较为单一,往往只收集一种用户行为——页面的打开,而后用户在页面中的行为均无法收集。随着 AJAX 技术的广泛使用及电子商务网站对于电子商务目标的统计分析的需求越来越强烈,传统的收集策略已经显得力不能及。后来,Google 在其产品谷歌分析中创新性地引入了可定制的数据收集脚本,用户通过谷歌分析定义好的可扩展接口,只需要编写少量的 JavaScript 代码就可以实现自定义事件和自定义指标的跟踪和分析,如图 6.5 所示。目前百度统计、搜狗分析等产品均采用了谷歌分析的模式。

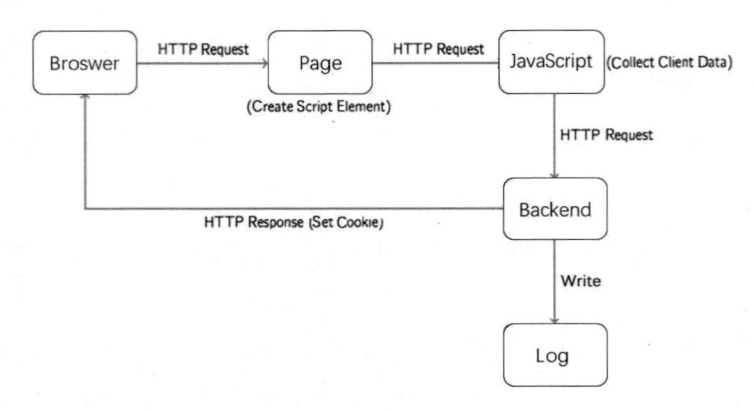

图 6.5 数据埋点过程

第 6 章 客户数据化运营：挖掘用户需求，产品源于需求

图 6.5 详细讲述了通过脚本语言进行数据埋点的整个过程。首先，用户的行为会触发浏览器对被统计页面的一个 HTTP 请求，这里姑且认为行为就是打开网页。当网页被打开后，页面中的埋点 JavaScript 片段会被执行，这个代码片段一般会动态创建一个 Script 标签，并将 src 指向一个单独的 js 文件，此时这个单独的 js 文件会被浏览器请求到并执行，这个 js 文件往往就是真正的数据收集脚本。数据收集完成后，js 文件会将收集到的数据通过 HTTP 参数的方式传递给后端脚本，后端脚本解析参数并按固定格式记录到访问日志中，同时可能会在 HTTP 响应中给客户端"种植"一些用于追踪的 Cookie。

例如，我们收集到系统后台日志，如图 6.6 所示。其中，某条日志的内容为：127.0.0.1 - - [20/Jul/2017:22:04:08 +0800] "GET /news/index HTTP/1.1" 200 22262 "-" "Mozilla/5.0 (Macintosh; Intel Mac OS X 10_12_5) AppleWebKit/537.36 (KHTML, like Gecko) Chrome/60.0.3112.66 Safari/537.36"。这条日志告诉我们，什么样的用户（Who）在什么时间段（When）进行了什么操作（What）。其中，127.0.0.1 是用户 IP，通过它能基本区分并定位到人。[20/Jul/2017:22:04:08 +0800] 是产生这条日志的时间，可以理解为用户访问的时间戳。GET /news/index HTTP/1.1 是服务器处理请求的动作，在这里姑且认为是用户请求访问了某个网站路径/news/index。Who、When、What 构成了用户行为分析的基础。Mozilla/5.0 这个字段是用户浏览时用的浏览器。如果我们基于 Who 分析，则可以得知网站每天的 PVUV；基于 When 分析，则可以得知平均浏览时长、每日访问高峰；基于 What 分析，则可以得知什么内容更吸引人、用户访问的页面深度、转化率等属性。

	A	B	C	D	E
1	date	time	c-ip	cs-uri-stem	cs-uri-query
2	2004/12/13	0:30:02	172.16.100.11	/index.asp	
3	2004/12/13	0:30:12	172.16.100.11	/news/newsweb/call_news_top.	t='校园新闻'
4	2004/12/13	0:30:18	172.16.100.11	/news/newshtml/insideInform	
5	2004/12/13	0:30:18	172.16.100.11	/news/newsweb/call_notimene	t='一周安排'
6	2004/12/13	0:30:51	172.16.100.11	/index.asp	
7	2004/12/13	0:30:51	172.16.100.11	/news/newsweb/call_news_top.	t='校园新闻'
8	2004/12/13	0:31:24	172.16.100.11	/index.asp	
9	2004/12/13	0:31:25	172.16.100.11	/news/newsweb/call_news_top.	t='校园新闻'
10	2004/12/13	0:48:53	172.16.100.11	/index.asp	
11	2004/12/13	0:48:53	172.16.100.11	/news/newsweb/call_news_top.	t='校园新闻'
12	2004/12/13	0:52:33	172.16.100.11	/index.asp	
13	2004/12/13	0:52:34	172.16.100.11	/news/newsweb/call_news_top.	t='校园新闻'
14	2004/12/13	0:54:01	172.16.100.11	/index.asp	
15	2004/12/13	0:54:01	172.16.100.11	/news/newsweb/call_news_top.	t='校园新闻'
16	2004/12/13	0:56:09	172.16.100.11	/index.asp	
17	2004/12/13	0:56:09	172.16.100.11	/news/newsweb/call_news_top.	t='校园新闻'

图 6.6 系统后台日志

基于数据埋点技术获取用户行为数据，需要注意应在合法范围内进行数据获取，保证用户的隐私安全。基于互联网的用户数据，本质上属于计算机信息系统数据，其中的个人信息是重点保护内容。需要区分清楚用户的可浏览公开数据与未公开隐私数据，后者属于计算机信息系统数据的保护对象。在用户使用产品过程中产生的数据，需要根据用户协议所明确的数据归属进行划分。非法获取用户数据将严重损害用户数据安全与个人信息权益，也会对市场安全和互联网企业的合法权益造成严重危害。

6.1.3 用户行为数据获取方式对比

在传统用户行为数据获取过程中，为将用户需求调查得更完整、详细，通常将各种方式混合应用，这样也可让用户对产品的体验更全面。但线下方式需要花费大量时间在事前准备与记录反馈中，过程十分复杂，同时只能针对有限的用户样本进行，否则将造成人力、时间的浪费。在互联网用户行为数据获取过程中，分析基于大量的数据进行，样本数更多，拟合模型将更精准；但需要面对过推荐、匹配模糊等问题，用户体验感下降。用户行为数据获取方式对比如表 6.3 所示。

表 6.3　用户行为数据获取方式对比

分　类	方　法	优　势	不　足
传统用户行为数据获取	参与式访谈法	可充分调动用户主动性、积极性；可获取用户硬性需求	依赖记忆的时效性，用户的描述可能模糊、不准确；可获取用户样本数较少，可能出现偶然性
	情景调研法	可实时获取用户反馈；可直接观察用户使用过程；可获取更全面的信息	需要依赖专业调研员；执行过程较为缓慢、复杂；可获取用户样本数较少，可能出现偶然性
	综合问卷法	操作简单，获取信息准确；可在短时间内快速获取大量信息	前期需要投入较多精力，回收用户数据会受到用户的年龄、受教育程度限制
互联网用户行为数据获取	数据埋点	用户样本数多，获取数据量大；可以预测用户兴趣偏好，确定产品未来发展方向	过推荐、匹配模糊、偶然非法获取用户数据等问题造成用户体验感下降；依赖用户使用时间长，对新用户的命中率较低

6.2 用户画像，精准定位用户需求

在商业智能时代下，数据量呈爆炸式增长，互联网发展带来了内容传播的革命，互联网成为企业与消费者之间进行信息沟通的重要渠道。移动互联网使信息获取的途径更为丰富便捷，但各种各样信息的涌入增加了用户在互联网中获取所需信息的难度，产生了个性化信息推荐的需求。企业则面临如何规划产品定位与改进方向，使产品在众多选择中脱颖而出实现精准营销的问题。基于该环境，对用户的身份进行快速识别并特征化是当前互联网的需求，也是对用户画像的一个重大挑战。

用户画像是指在一定的基础范围内，了解特定用户的现实需求和潜在需求，以及他们真实的消费能力，由此来确定该区域特定产品的潜在客户。针对用户画像而言，许多产品的商家更加倾向于对用户进行全方位的画像，但对用户进行全方位的画像是一件几乎不可能达到的事情，这是因为无法用简单、单一的数据对用户进行全面且系统的描述，进而对用户进行十分透彻的了解。客观来说，人是相当复杂的物种，其所存在的信息会进行错综复杂的交错，这就说明只用简单信息来对用户进行画像是无法做到的。用户画像具有较大的场景性，当前大多数企业对用户画像有许多的需求，不同行业及企业对于用户画像的需求是不同的。由于以上的原因，用户画像需要针对不同的情况进行讨论。但整体来看，用户画像的核心原则是更好地为用户服务。以此为出发点，用户画像能够让我们更加了解和清楚用户的核心需求，进而将用户的体验达到更优，将产品更好地进行推销；能够让我们将产品的营销策略及个性化服务做得更好；能够让我们学习用户的思路，学会从用户的视角去对产品进行设计和包装，进而进行准确的推销。

6.2.1 用户画像分析建模与应用场景

什么是用户画像呢？用户画像与用户角色非常接近，是用来勾画用户（用户背景、特征、性格标签、行为场景等）和联系用户需求与产品设计的，旨在通过从海量用户行为数据中炼银挖金，尽可能全面细致地抽出一个用户的信息全貌，从而帮助解决把数据转化为商业价值的问题。与用户角色和用户属性相比，用户画像更加倾向于对同一类用户进行不同维度的刻画。例如，同一视频网站的用户

可细分为喜欢看综艺的用户、喜欢看电视剧的用户、喜欢看电影的用户、喜欢看动漫的用户等。从更加抽象的数据角度来讲，用户画像就是一个将原始数据二次计算重构后的新数据。

关于用户画像的定义，Alan Cooper 提出了用户画像的概念：建立在一系列真实数据之上的目标用户模型。通过用户调研去了解用户，根据他们的目标、行为和观点的差异，将他们区分为不同的类型，从每种类型中抽取出典型特征，赋予名字、照片、一些人口统计学要素、场景等描述，就形成了一个人物原型。以京东平台的用户为例，对该平台的用户进行用户画像分析，即对用户进一步细分，如宅男、理工男、经常网购、货比三家、精打细算、专注数码产品等，如图 6.7 所示。

图 6.7　用户画像

建立用户画像的第一步为对用户进行分析建模，即对用户个人现有的个人特征信息进行保存，由此来塑造用户的标签。用户的个人特征信息包括基础的个人信息，如性别、出生年月等，还包括喜好产品的特性，如高性价比、高性能等，根据以上的特征信息对用户建立特征化的模型。一般情况下，对用户进行分析建模即对用户的信息进行特定化，特定化就是数学概念中的矩阵特征的数据化。换而言之，用户的分析建模这一流程即把用户的信息进行矩阵特征的数据化后，对数值进行总结，归纳出特征。

人是复杂的个体，但是如果将人归纳总结一下，那么人共拥有三种属性——基础属性、社会属性、心理属性。从出生自带到成长中逐渐形成的一系列认知都

第6章 客户数据化运营：挖掘用户需求，产品源于需求

可以被归到这三种属性中。除此之外，研究的最终目标针对的是某个具体产品，因此基于这个目标，还需要了解用户如何使用产品，或者使用该产品的动机。这就需要更多关注于行为习惯和行为动机这两个属性，只有深入了解了用户行为过程的思考和习惯，产出的用户画像才真正有意义，并且可以应用在产品项目中。基础属性、社会属性、行为习惯、行为动机和心理属性组成了用户画像的标签化属性，如图6.8所示。

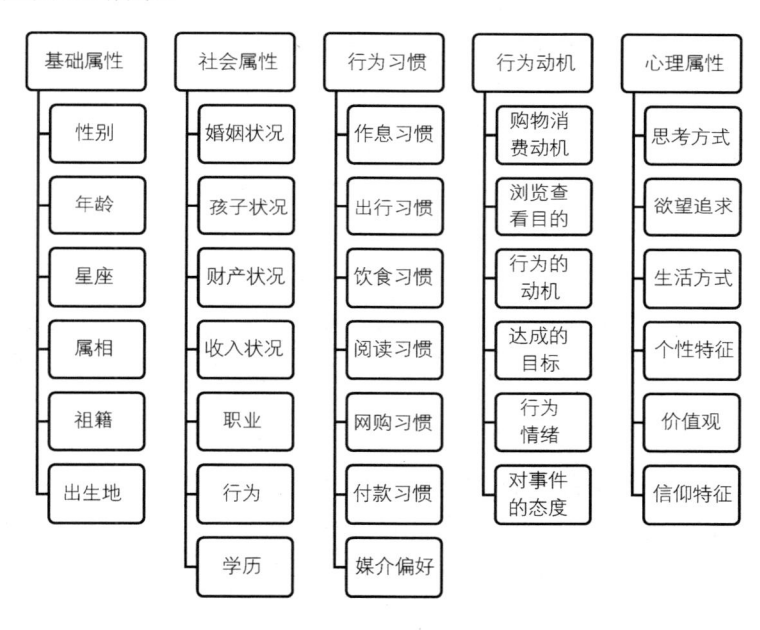

基础属性	社会属性	行为习惯	行为动机	心理属性
性别	婚姻状况	作息习惯	购物消费动机	思考方式
年龄	孩子状况	出行习惯	浏览查看目的	欲望追求
星座	财产状况	饮食习惯	行为的动机	生活方式
属相	收入状况	阅读习惯	达成的目标	个性特征
祖籍	职业	网购习惯	行为情绪	价值观
出生地	行为	付款习惯	对事件的态度	信仰特征
	学历	媒介偏好		

图6.8 用户画像的标签化属性

（1）基础属性：是指人与生俱来所带有的特性，如性别、年龄、星座、属相等。

（2）社会属性：是指在实践活动的基础上，人与人之间发生的各种关系。基础属性是人存在的基础，但人之所以为人，不在于人的自然性，而在于人的社会性。因此人在社会中所扮演的角色、拥有的财富等都会成为其社会属性中非常重要的因素。类似婚姻状况、孩子状况、财产状况（包括车辆、房屋、收入等）、职业、行为，这些通过后天获得的，统称为社会属性。

（3）基础属性和社会属性基本构成了一个人的档案，而通过各种手段可以轻易了解到关于人的这些属性标签，很多都保存在社会档案库中。但是有一类不是简单可以获得的，需要通过更深入的了解、相处、交谈、观察才可能获得，这就是心理属性。

（4）心理属性：是指人在环境、社会、感情过程中的心理反应或心理活动，如价值观、信仰特征等。从某些意义上来讲，行为动机是心理属性的一部分。但是行为动机是研究的重要因素之一，因此被更为突出地独立出来。

（5）行为习惯：行为习惯包括行为和习惯两部分。在这里主要寻找和研究的是用户的行为规律。行为习惯是在一定时间内逐步养成的一些具有规律性的、相对难以改变的行为系列组合。当然随着环境的变化，有些行为习惯会相应改变，但是更多的一些行为习惯是潜意识形成的，会相对稳定存在并很难变化。这里研究的更多是通过用户在产品中产生的互动来获取的。我们可以了解到用户的作息习惯、阅读习惯、付款习惯、饮食习惯等。有些行为习惯连用户自己都未必意识到，但是通过长期对用户行为的记录，这些行为习惯仍然可以被获取。

（6）行为动机：只了解行为本身是远远不够的，深入了解行为背后所隐含的原因，也就是用户行为的动机，才能更为全面和立体地了解用户，从而将用户构建成为一个真实的人。不仅如此，了解了行为动机之后，才可以将这种动机复用于其他的场景和产品，才能让用户画像真正被运用起来。

我们通过下面的例子，来看用户画像分析的应用场景。某公司研发一款博物馆App，该产品汇总了某博物馆中大大小小上千件展品信息，用户可以通过语音讲解、视频动画等多种模式浏览感兴趣的展品。通过该产品，用户足不出户便可以将博物馆中的展品尽收眼底。目前该App产品即将升级更新，为此产品设计方对日常使用用户进行用户画像分析，根据"以人为本"的设计思想，按照用户需求对产品进行改进。在建立用户画像的过程中，梳理目标用户的属性特征和行为方式，建立人物角色卡片，即用户画像。每一个人物角色卡片代表一类具有相同特性的用户，表征了其生活习惯、人物特性、行为体验、情感诉求等的相似性。用户人物角色卡片如图6.9所示。

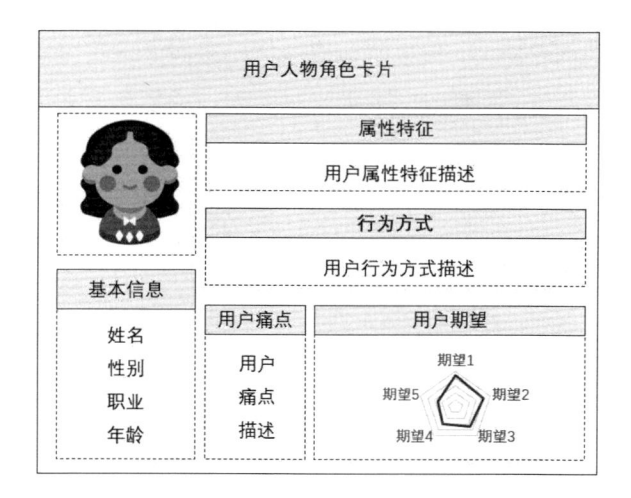

第 6 章　客户数据化运营：挖掘用户需求，产品源于需求

图 6.9　用户人物角色卡片

为了准确地描绘出用户画像，需要实际接触这些产品使用者，通过对他们进行采访或问卷调查来获取用户需求。例如，对目标用户采用参与式访谈法，获取用户在使用过程中的相关生理行为信息和心理情绪信息。博物馆 App 访谈大纲如表 6.4 所示。

表 6.4　博物馆 App 访谈大纲

类　　型	问　　题
参观博物馆情况	参观者自我介绍
	来参观博物馆的频率
	来参观博物馆的目的
	了解博物馆展览信息的途径
	参观博物馆的停留时长
	博物馆参观中的深刻印象
	博物馆展览形式的了解
	参与移动设备互动游戏情况
参观博物馆时的行为情况	参观结束后是否会分享给亲朋好友
	参观时的互动需求情况
对博物馆的了解情况	对博物馆的态度
	看重博物馆的要素
移动终端设备的使用情况	移动终端设备对设计型号的支持情况
	移动终端设备升级更新的期望

在进行用户需求分析后,可以先根据当前所掌握的数据设计出测试版本,并选取不同类型的用户来进行应用的测试。在测试结束后,再进行调查采访,收集客户的反馈,最后根据用户反馈对用户需求进行完善,完成该应用的更新迭代。通过上述案例,不难发现用户画像分析对产品设计与推广至关重要。

6.2.2 基于 RFM 的个体用户画像分析

对于任何一家企业而言,不同的客户具有不同的内在价值,企业的首要问题就是采取有效方法对客户进行分类,发现客户内在价值的变化规律与分布特征,并以此制定客户的差别化服务政策,通过政策的实施将客户分类的结果作用于企业实践。根据美国数据库营销研究所 Arthur Hughes 的研究,客户数据库中有三个神奇的要素,这三个要素构成了数据分析最好的指标:最近一次消费(Recency)、消费频率(Frequency)、消费金额(Monetary)。

(1)最近一次消费(Recency)。最近一次消费是指上一次购买商品的信息——消费者上一次是什么时候来的店里、上一次根据哪本邮购目录购买的商品、什么时候买的车,或者在超市买早餐最近的一次是什么时候。理论上,上一次消费时间近的消费者是比较好的消费者,对提供的即时商品或服务最有可能会有反应。历史数据显示,如果我们能让消费者购买,他们就会持续购买。

(2)消费频率(Frequency)。消费频率是指消费者在限定的期间内所购买商品的次数。我们可以说最常购买的消费者,也是满意度最高的消费者。一般相信品牌的消费者是最常购买的消费者,忠诚度最高。

(3)消费金额(Monetary)。消费金额是所有数据库报告的支柱,可以验证帕累托法则(Pareto's Principle)——公司 80% 的收入来自 20% 的消费者。帕累托法则显示出排名前 10% 的消费者所花费的金额比下一个等级的消费者多出至少 2 倍,占公司所有营业额的 40% 以上;40% 的消费者贡献公司总营业额的 80%;60% 的消费者贡献公司总营业额的 90% 以上。

在众多的客户关系管理(CRM)的分析模式中,RFM 模型是被广泛提到的。RFM 模型是衡量客户价值和客户创利能力的重要工具和手段。该模型通过一个客户的近期购买行为、购买的总体频率及花了多少钱三项指标来描述该客户的价值状况。RFM 模型较为动态地展示了一个客户的全部轮廓，根据单个类别客户的分值与平均值的关系（高于平均值得分为高，低于平均值得分为低），将客户分为 2×2×2=8 类，如图 6.10 所示。

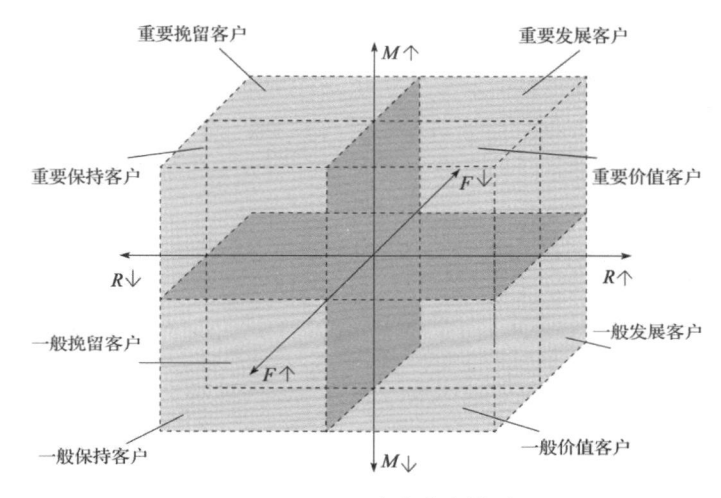

图 6.10 RFM 客户分类模型

得出数据特性以后，可以针对这些数据做一些相应的措施。

（1）针对重要价值客户，我们可以努力提高产品的质量，争取吸引到更多的高质量客户。

（2）针对重要发展客户，可以对这些客户进行回访，了解他们对我们产品的评价，以及一些建议，努力把他们发展成为重要价值客户。

（3）针对重要保持客户，我们可以看到，他们购买的频率及购买的平均价格都是处于中等水平的，但是他们购买的时间间隔有点长，这些客户可能经常间接性遗忘我们的产品，那么我们可以用一些活动提醒他们。

（4）针对重要挽留客户，他们购买的频率不是那么高，他们应该会给我们提供很多有益的建议，说明对我们的产品不是那么的满意，调查他们会让我们的产品有更好的提高。

（5）针对无价值客户，也就是潜在客户，我们可以调查这些客户的共性与不同，总结规律，从而得到这些潜在客户共同的特点。例如，如果他们年龄都偏大，那么说明我们的产品不太吸引青少年，接下来我们产品的发展应该朝这方面考虑。

（6）针对一般客户（一般价值客户、一般发展客户、一般保持客户、一般挽留客户），我们应该多鼓励他们购买我们的产品。

接下来，我们通过案例分析，学习如何通过 RFM 模型进行用户画像分析。当前，我们获得某淘宝电商的历史销售记录，数据中总共有 28 833 条记录，每条记录中的信息包括用户、付款日期、订单状态、实付金额、邮费、省份/直辖市、城市。淘宝电商历史销售记录（数据样本）如表 6.5 所示。

表 6.5 淘宝电商历史销售记录（数据样本）

用户	付款日期	订单状态	实付金额（元）	邮费（元）	省份/直辖市	城市
用户 1	2019/1/1 0:17	交易成功	186	6	上海	上海市
用户 2	2019/1/1 0:59	交易成功	145	0	广东省	广州市
用户 3	2019/1/1 7:48	交易成功	194	8	山东省	东营市
用户 4	2019/1/1 9:15	付款后用户退款成功，交易自动关闭	84	0	江苏省	镇江市
用户 5	2019/1/1 9:59	付款后用户退款成功，交易自动关闭	74	0	上海	上海市
用户 6	2019/1/1 10:00	交易成功	197	0	江苏省	南京市
用户 7	2019/1/1 10:00	交易成功	168	0	广东省	广州市
用户 8	2019/1/1 10:00	交易成功	121	0	上海	上海市
用户 9	2019/1/1 10:00	交易成功	211	0	上海	上海市
用户 10	2019/1/1 11:41	交易成功	170	10	河北省	唐山市

由于数据量非常庞大，故本案例中采用帆软公司研发的商业化智能软件 FineBI 进行数据分析。具体的执行步骤如下所示。

（1）步骤 1：导入数据。将 Excel 数据导入 FineBI 软件中，这里默认将所有记录与字段全部导入软件中，如图 6.11 所示。

（2）步骤 2：数据清洗。在数据清洗过程中，我们应该注意如下几个问题。

① 我们只需要客户的买家昵称、付款日期、实付金额，我们需要过滤掉邮费、城市、省份、订单状态等无关信息。因此，在 FineBI 软件中，我们需要将无关信息取消勾选，如图 6.12 所示。

第 6 章 客户数据化运营：挖掘用户需求，产品源于需求

图 6.11 数据导入 FineBI 软件

图 6.12 数据过滤掉无关信息

② 通过数据分析，我们不难发现一个问题，同一个客户如果消费两次，就会产生两条数据，而 RFM 模型中要求的数据是"最近一次消费时间""最近一段时间内的消费次数""最近一段时间内的实付金额"。

解决方法为，新增一列命名为"次数"，取值为"1"，同一个客户出现了多少次"1"，就代表重复消费了几次，如图 6.13 所示。

图 6.13 数据增加"次数"列

231

选择左边菜单栏的"分组汇总"选项,以"用户"为主要汇总项,"次数"和"实付金额"选择求和汇总,同时将"付款日期"设置为"最晚时间",如图6.14所示。

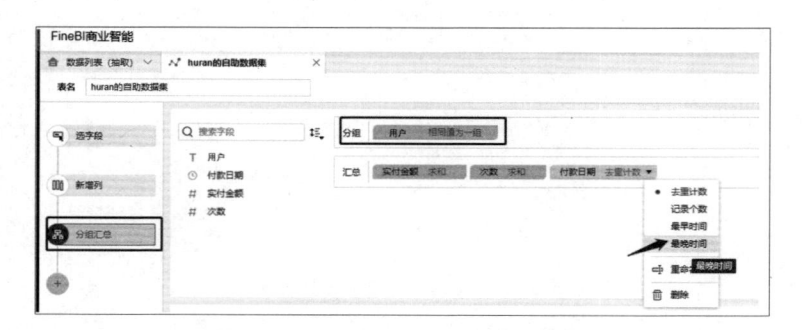

图6.14 数据分组汇总

③ 计算客户最近一次消费时间到目前的时间间隔。由于数据表中仅包括消费时间,所以需要调用 FineBI 软件中的函数进行计算,故新增一列命名为"时间",选择 DATE 函数,计算时间差,取单位为"天",如图6.15所示。

图6.15 计算客户最近一次消费时间到目前的时间间隔

通过数据清洗,得到结果如图6.16所示。

图6.16 数据清洗结果

第 6 章　客户数据化运营：挖掘用户需求，产品源于需求

（3）步骤 3：数据划分。将数据按照 R、F、M 三个维度来进行划分。

① 新增数据列，分别计算客户实付金额、最近一次消费时间、消费次数的平均值，以作为向量化标准。计算数据平均值如图 6.17 所示。

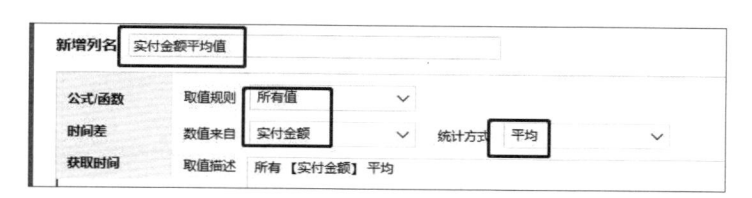

图 6.17　计算数据平均值

对实付金额、最近一次消费时间、消费次数计算平均值，结果如图 6.18 所示。从图 6.18 中可以看到，实付金额平均值为 140.3 元，最近一次消费时间平均值为 818.76 元，消费次数平均值为 1.11 次。

图 6.18　数据平均值结果

② 指标向量化。根据关键指标是否大于指标平均值，对指标进行向量化。其中，在 IF(xxx 指标>xxx 指标平均值,1,0)中，小于指标平均值的设为 0，大于指标平均值的设为 1，使得 1 保持正向特征，0 保持负向特征，如图 6.19 所示。

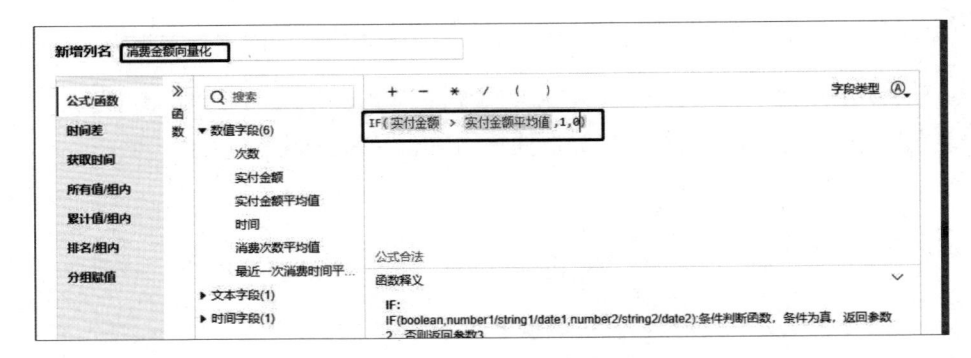

图 6.19　指标向量化

指标向量化后，得到的结果如图 6.20 所示。

图 6.20　指标向量化结果

③ 客户特征分析。对关键指标进行向量化后，客户可以根据以下标准来分类，如表 6.6 所示。

表 6.6　基于 RFM 指标的客户分类标准

客　户　特　征	客　户　分　类
重要价值客户（111）	最近一次消费时间近，消费次数很多，实付金额很高（VIP）
重要发展客户（101）	最近一次消费时间较近，实付金额高，但消费次数不多，忠诚度不高，属于有潜力的客户，必须重点发展
重要保持客户（011）	最近一次消费时间较远，实付金额很高，消费次数很多
重要挽留客户（001）	最近一次消费时间较远，消费次数不多，但实付金额高，可能是将要流失或已经流失的客户，应该采取挽留措施
一般价值客户（110）	最近一次消费时间近，消费次数多但实付金额低，需要提高其客单价
一般发展客户（100）	最近一次消费时间近，实付金额不高、消费次数不多
一般保持客户（010）	最近一次消费时间较远，消费次数多，但实付金额不高
一般挽留客户（000）	最近一次消费时间远，消费次数不多，实付金额不高

第 6 章 客户数据化运营：挖掘用户需求，产品源于需求

调用 FineBI 软件中的 CONCATENATE 函数，在数据集中添加 RFM 指标，该函数的主要功能是将向量化后的指标合并成一个字符串，如图 6.21 所示。

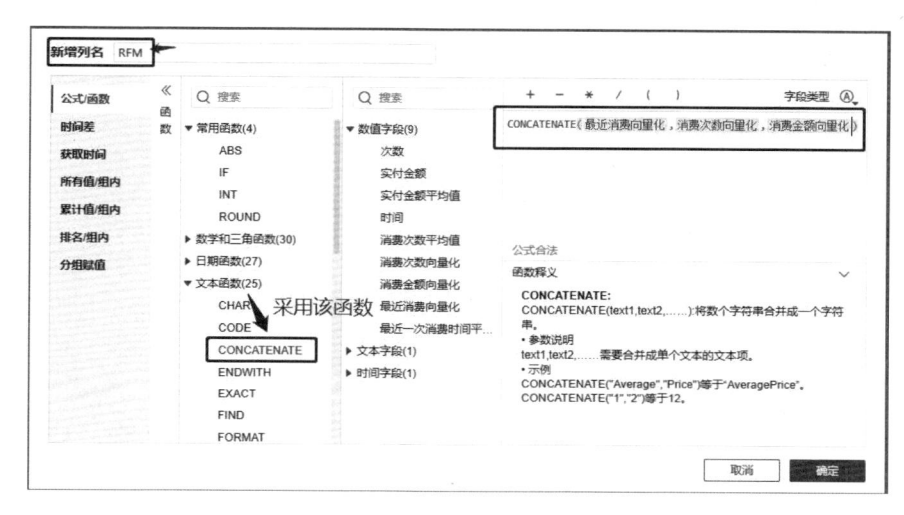

图 6.21 在数据集中添加 RFM 指标（彩色图见插页）

添加 RFM 指标后，所得结果如图 6.22 所示。

图 6.22 在数据集中添加 RFM 指标结果

根据表 6.6，自定义 RFM 分组数据，如图 6.23 所示。

235

图 6.23 自定义 RFM 分组数据

自定义 RFM 分组数据后，客户会被打上特征标签，如图 6.24 所示。

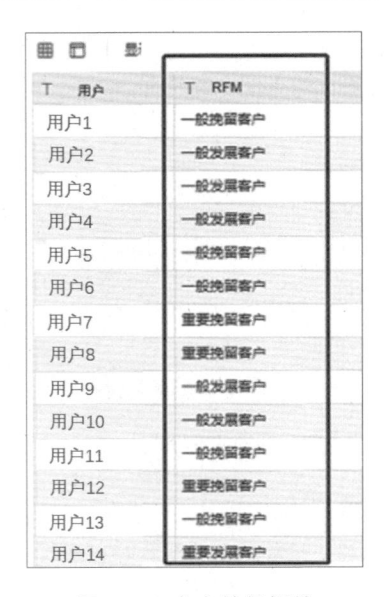

图 6.24 客户特征标签

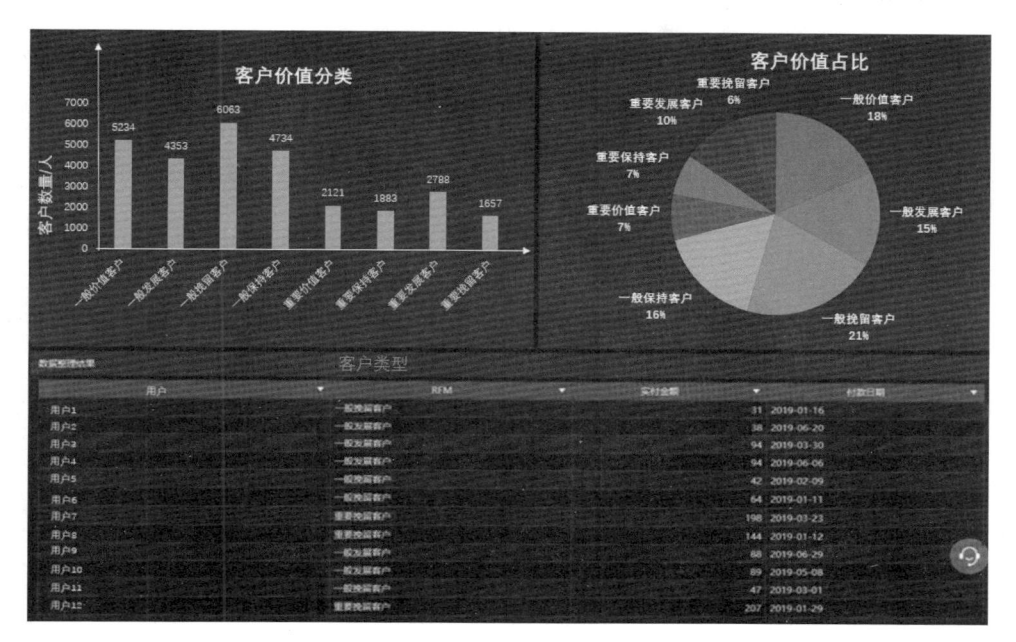

根据 FineBI 软件仪表板，对最终结果进行可视化呈现，如图 6.25 所示。

图 6.25　FineBI 仪表板可视化呈现

6.2.3　基于聚类算法的群体用户画像分析

聚类分析是指根据分析对象的特定属性，将其聚成不同的群体，每一个群体我们都能描绘它的特征，也就是群体用户画像。针对不同的群体用户画像，可以设计出不同的营销活动，如个性化产品推荐、广告精准投放等。聚类分析中没有预先分好类的数据，也就没有目标字段。聚类分析根据数据的输入属性，将输入属性类似的数据聚在同一个群体，要求同一个群体内成员的相似性越高越好，而不同群体间成员的相异性越高越好。例如，在电商行业中，希望将网站浏览频率与商品消费金额相似的用户聚在一起，网站浏览频率和商品消费金额就是输入字段，不需要设置目标字段。通过聚类算法将用户分成三类，对于经常浏览网站且高消费用户、偶尔浏览网站且低消费用户、时而浏览网站且消费适中用户，我们分别命名为高端用户、低端用户、中端用户，在此基础上可以针对不同用户群体设置针对性产品，如图 6.26 所示。

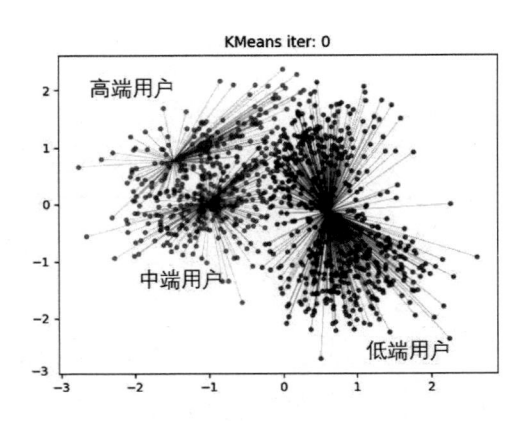

图 6.26 电商用户聚类群体（彩色图见插页）

基于聚类算法的群体用户画像分析在实现过程中要注意三个问题：①如何以数据来表示成员间的相似性（或相异性）？②如何根据相似性将类似的成员分在同一个群体？③所有成员分群完毕后，对每一个群体的特征应如何描述？接下来，我们对上述三个问题，分别进行讨论。

1. 成员间的相似性

在进行聚类分析的时候，首先会有 1 个数据矩阵，n 条记录、p 个维度作为我们的输入。相似性使用距离这一概念来衡量，第 1 条记录和第 1 条记录自己之间的距离为 0，表示它们之间是一致的，而第 2 条记录和第 1 条记录的相似性由距离 $d(2,1)$ 来衡量，依次类推。由于对称性，我们只需要用下三角矩阵就能说明全部数据之间的相似性，如式（6.1）所示。

$$\begin{bmatrix} x_{11} & \cdots & x_{1f} & \cdots & x_{1p} \\ \vdots & \vdots & \vdots & \vdots & \vdots \\ x_{i1} & \cdots & x_{if} & \cdots & x_{ip} \\ \vdots & \vdots & \vdots & \vdots & \vdots \\ x_{n1} & \cdots & x_{nf} & \cdots & x_{np} \end{bmatrix} \rightarrow \rightarrow \begin{bmatrix} 0 & & & & \\ d(2,1) & 0 & & & \\ d(3,1) & d(3,2) & 0 & & \\ \vdots & \vdots & \vdots & \vdots & \\ d(n,1) & d(n,2) & \cdots & \cdots & 0 \end{bmatrix} \quad (6.1)$$

那么，在涉及具体两笔数据距离的衡量时，应采用何种方式呢？如怎么衡量 $d(2,1)$ 的大小呢？有以下的处理方式。

（1）输入属性都是二元变量的距离计算。Data A 和 Data B 表示数据的两个变量，其中每一个变量都是二元类型的，如性别男和性别女、收入高和收入低。

这时候两者之间距离的衡量有两种方式：简单系数匹配法和 Jaccard 相似系数法。

由 Data A 和 Data B 构成的列联表如表 6.7 所示。

表 6.7 列联表

列联表		\multicolumn{3}{c}{Data B}
		1	0	Sum
Data A	1	q	r	q+r
	0	s	t	s+t
	Sum	q+s	r+t	p

其中，当变量 Data A、Data B 取值均为 1 时，数据共有 q 条记录；当变量 Data A 取值为 1、变量 Data B 取值为 0 时，数据共有 r 条记录；当变量 Data A 取值为 0、变量 Data B 取值为 1 时，数据共有 s 条记录；当变量 Data A、Data B 取值均为 0 时，数据共有 t 条记录。

通过简单系数匹配法和 Jaccard 相似系数法计算不同数据之间的距离，如式（6.2）、式（6.3）所示。

简单系数匹配法 $$d(i,j)=\frac{r+s}{q+r+s+t} \tag{6.2}$$

Jaccard 相似系数法 $$d(i,j)=\frac{r+s}{q+r+s} \tag{6.3}$$

Jaccard 相似系数法与简单系数匹配法相比，不考虑两者都为 0 的情况，因为都为 0 可能不意味着两者相似，也可能数据没有获取到、数据存在缺失值。

我们通过下面的案例，学习如何通过简单系数匹配法和 Jaccard 相似系数法计算不同数据之间的距离。假设观众收看了不同类型的节目，包络爱情、内地、国语、惊悚、动画、动作，如表 6.8 所示。其中，Y 表示观众收看过该类型节目；N 表示观众未收看过该类型节目；P 表示未知，即未获取到观众是否收看过该类型节目。根据观众收看过的节目类型，计算观众收视偏好相似性。

表6.8 观众收看节目情况

观众	爱情	内地	国语	惊悚	动画	动作
张三	Y	N	P	N	N	N
李四	Y	N	P	N	P	N
王五	Y	Y	N	N	N	N
…	…	…	…	…	…	…

当使用简单系数匹配法时，d(张三，李四)=(0+1)/(2+0+1+3)=1/6；当使用Jaccard相似系数法时，d(张三，李四) = (0+1)/(2+0+1)=1/3；类似地，使用Jaccard距离，可以算出 d(张三,王五)=2/3，d(李四,王五)=3/4。由于李四和王五的距离最远，因此他们收看相同节目的可能性最低。

（2）输入属性有不同类型变量的距离计算。在实际中，数据可能具备不同类型的属性，常见的数据类型包括等距变量（身高、体重等数值型变量，每1个单位的数值是一致的）、名义变量（如人的学历等，每个变量有若干种类型）、顺序变量（变量有若干种状态，状态之间可以顺序排列，如从厌恶、讨厌、中立、喜欢到热爱，但是不是等距的），以及前面提到的二元变量。常见距离的计算方法包括曼哈顿距离公式、欧几里得距离公式，如式（6.4）、式（6.5）所示。

$$\text{曼哈顿距离公式}\quad d(i,j)=\frac{|x_{i1}-x_{j1}|}{R_1}+\frac{|x_{i2}-x_{j2}|}{R_2}+\cdots+\frac{|x_{ip}-x_{jp}|}{R_p} \quad (6.4)$$

$$\text{欧几里得距离公式}\quad d(i,j)=\sqrt{\left(\frac{|x_{i1}-x_{j1}|}{R_1}\right)^2+\left(\frac{|x_{i2}-x_{j2}|}{R_2}\right)^2+\cdots+\left(\frac{|x_{ip}-x_{jp}|}{R_p}\right)^2}$$

（6.5）

举个例子，假设我们获取到不同用户年龄与收入之间的关系数据，如表6.9所示。我们通过两种距离公式分别计算不同用户之间的距离。

表6.9 不同用户年龄与收入之间的关系数据

用户	年龄（20～70岁）	收入（20 000～120 000元）
张三	20岁	30 000元
李四	30岁	50 000元

采用曼哈顿距离公式：$d(张三,李四) = \dfrac{30-20}{70-20} + \dfrac{50000-30000}{120000-20000} = 0.4$

采用欧几里得距离公式：

$$d(张三,李四) = \sqrt{\left(\dfrac{30-20}{70-20}\right)^2 + \left(\dfrac{50000-30000}{120000-20000}\right)^2} \approx 0.2828$$

对上述案例进行拓展，假设我们获取到的数据不仅包含用户的年龄与收入，还有学历与性别，如表 6.10 所示。通过距离公式计算用户之间的距离。

表6.10 用户性别、年龄、学历、收入数据

用户	性别	年龄（20～70岁）	学历	收入（20 000～120 000 元）
张三	男性	20 岁	本科	30 000 元
李四	女性	30 岁	研究生	50 000 元

在距离计算过程中，由于学历属于名义变量（高中、本科、研究生、博士），我们需要将其转换为数值型变量；年龄和收入属于数值型变量，无须转换；对数值型变量，我们采用曼哈顿距离公式计算距离。性别为分类变量（一致时距离为 0，不一致时距离为 1），使用简单系数匹配法计算距离。最后，我们将以取平均值的方式计算总距离。

年龄距离：$d(张三,李四)_{年龄} = \dfrac{30-20}{70-20} = 0.2$

性别距离：$d(张三,李四)_{性别} = 1$

学历距离：$d(张三,李四)_{学历} = \dfrac{3-1}{3} \approx 0.667$

收入距离：$d(张三,李四)_{收入} = \dfrac{50000-30000}{120000-20000} = 0.2$

总距离：$d(张三,李四) = \dfrac{0.2+1+0.667+0.2}{4} \approx 0.517$

2. 如何根据相似性将类似的成员分在同一群体

在进行距离的计算后，我们要依据得到的结果进行分群处理，聚类算法的研究已经有四五十年了，方法很多，我们对这些方法进行大致的分类。如果要分为

两类的话，大致可以分为排他性的聚类法和非排他性的聚类法。排他性的聚类法限定某一个数据点只能属于一个群体；而在非排他性（重叠的）的聚类法中，一个数据点可以属于多个群体，只是概率不同，如数据点 a 属于第 1 群体的概率为 0.4，属于第 2 群体的概率为 0.1，属于第 3 群体的概率为 0.5。理论上来说，非排他性的聚类法更合理，因为在边界上的数据点很难说它到底属于哪一个群体。虽然更合理，但是非排他性的聚类法更复杂，运算速度慢，因此在实际实施中，一般使用排他性的聚类法。

排他性的聚类法包括基于划分的方法、基于层次的方法、基于密度的方法、基于模块性优化的方法，如图 6.27 所示。详细介绍请参看 4.3 节基于聚类的数据化运营模型，这里不进行过多阐述。

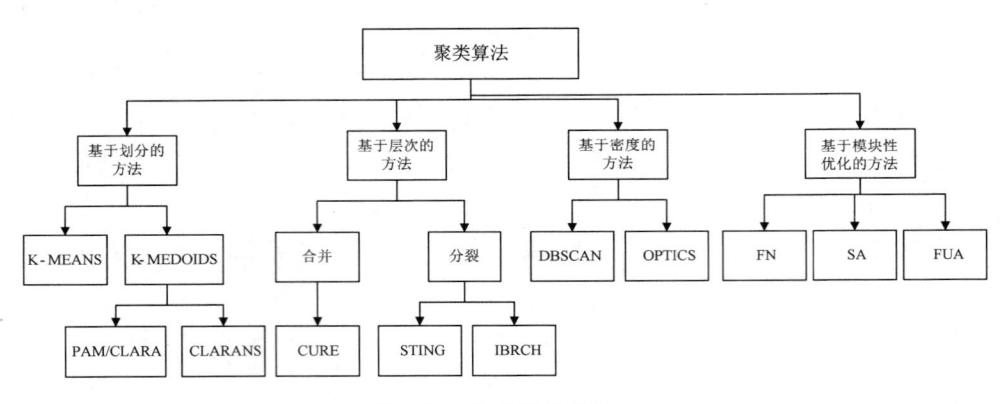

图 6.27 排他性的聚类法

3. 群体数的判断和群体特征的说明

在使用聚类方法对用户进行群体划分的过程中，经常要制定分群个数，这时候可以采用轮廓系数进行评判。轮廓系数（Silhouette Coefficient）是聚类效果好坏的一种评价方式，最早由 Peter J. Rousseeuw 在 1986 年提出。它结合内聚度和分离度两种因素，可以在相同原始数据的基础上评价不同算法或算法不同运行方式对聚类结果产生的影响。

假设我们已经通过一定算法，将待分类数据进行了聚类。例如，使用 K-MEANS 算法将待分类数据分为了 K 个簇，如图 6.28 所示。

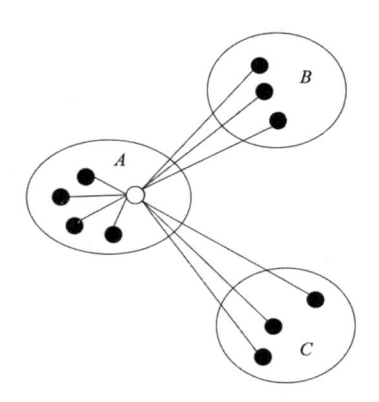

第 6 章 客户数据化运营：挖掘用户需求，产品源于需求

图 6.28 聚类与轮廓系数

对于簇中的每个数据点都可以算出一个轮廓系数，如式（6.6）、式（6.7）、式（6.8）所示。

$$a(i) = \text{average}(\text{数据点}i\text{到所有它属于的簇内其他点的距离}) \quad (6.6)$$

$$b(i) = \min(\text{数据点}i\text{到某一个不包含它的簇内的所有点的平均距离}) \quad (6.7)$$

$$\text{轮廓系数} \quad s(i) = \frac{b(i) - a(i)}{\max\{a(i), b(i)\}} \quad (6.8)$$

可见轮廓系数的值是介于[-1,1]的，越趋近于 1，代表内聚度和分离度越优。将所有数据点的轮廓系数求平均值，就是该聚类结果的整体轮廓系数。整体轮廓系数当然越大越好，但是还要考虑群体是否分布平均。如果使用次优轮廓系数，群体的分布比较平均，则次优轮廓系数可以作为评判的标准。

当所有成员分群完毕后，对每一个群体的特征应如何描述是要解决的问题，这时往往可以借助于 Excel 数据透视表和条件格式下的色阶功能完成。例如，在4.3.2 节 Python 聚类分析案例中，我们根据用户在不同时间的通话行为，将用户分为 5 类，这时 5 类用户如何根据其特征来命名呢？我们通过 Excel 数据透视表进行数据汇总，如图 6.29 所示。其中，我们将类型作为行标识，将不同时间通话时长的指标平均值作为列标识，即上班通话时长平均值、下班通话时长平均值、国际漫游时长平均值、周末通话时长平均值、平均通话时长平均值等，这样就可以找到每类用户群体的通话行为特征，如图 6.29 所示。

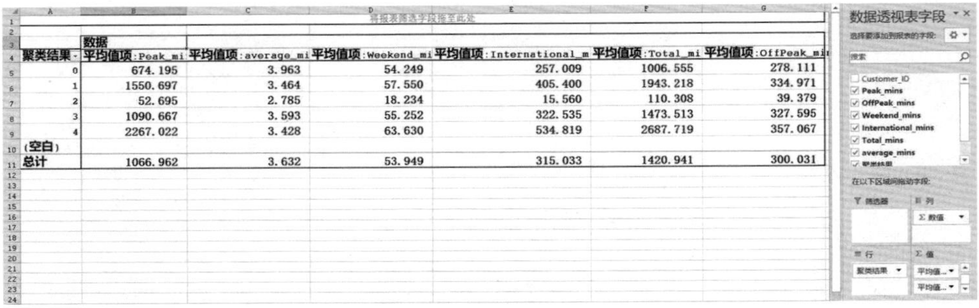

图 6.29 数据透视表与用户群体的通话行为特征

接下来，我们使用 Excel 软件中条件格式下的色阶功能，对每列指标分别根据数值大小进行标识，值越大，颜色越深；值越小，颜色越浅，如图 6.30 所示。注意：在图 6.30 中，每行数据代表每类用户群体特征，每列数据代表每个数据维度，在使用色阶功能进行标识的过程中，是对列进行标识，而非行，即对不同的数据维度进行标识。

图 6.30 色阶功能进行数据标识（彩色图见插页）

最后，根据每类用户群体特征对其进行命名。第 0 类用户的平均通话时长指标高，其他指标均偏低，所以第 0 类用户属于常聊用户；第 1 类用户的所有指标均处于中等偏上水平，所以第 1 类用户属于中高端用户；第 2 类用户的所有指标均较低，所以第 2 类用户属于低端用户；第 3 类用户的所有指标均处于中等水平，所以第 3 类用户属于中端用户；第 4 类用户几乎所有指标都最高，只有平均通话时长指标较低，所以第 4 类用户属于高端用户。

6.3 用户运营，覆盖完整生命周期

在商业智能时代下，产品层出不穷，用户拥有了更加丰富的选择，以产品为核心的传统营销模式逐渐向以用户为核心的营销模式转化。如何获得新用户、保证用户留存成为产品运营的核心工作，发挥用户的最大价值成为最终目标，用户运营在互联网产品的整个运营环节中扮演着越来越重要的作用。

所谓用户运营，是指以用户为核心，从用户的需求出发，通过搭建合理的用户体系来设定产品运营的规则、制定长远的运营战略与目标、策划运营活动与内容、严格控制实施过程与结果、开发用户需求产品，以完成预期设置的运营任务。简而言之，用户运营就是通过一切运营手段实现产品价值的最大化，让用户为我们的产品创造价值，为公司创造收益。

用户运营是一种以用户为核心的产品运营手段，从字面意思上看，用户运营围绕着用户工作，需要和用户接触、联系，通过建立用户画像、分析用户行为、记录用户对产品的问题反馈及改进建议，不断优化产品。每个体验和使用产品的自然人即用户，对产品进行定位，找到产品的目标用户，让这些用户使用产品的过程就是用户运营。因此，宏观的用户运营就是以使用产品的所有用户的活跃、留存和付费为目标，分析并遵循用户的需求，为产品制定运营方案和机制，以达到预设的目标任务。而微观的用户运营指的是因互联网产品的某些特性而产生的以服务、管理用户为目标，独立于推广营销、活动策划、文案撰写等内容之外的工作，如商品售后、线上教育的社群运营。

伴随互联网产品的发展，用户运营在不断演变，根据其特点可分为早期运营模式、用户运营概念提出、精细化运营三个阶段。

1. 早期运营模式（1994 年—2001 年）

在互联网发展初期，用户和内容都十分有限，运营主要依靠全量推送的形式。门户网站、BBS 的出现催生了网络编辑和 BBS 管理员两个工种，负责内容生产和整理方面的工作，这可以看作运营的雏形。1998 年前后，在线聊天室、QQ、联众在国内兴起，随之产生了在线推广、社区运营的运营工种，负责导流类工作。这个时期的论坛社区管理员面对更大规模的用户，逐渐承担起维系社区氛围、引导话题等工作，用户运营的理念逐渐显现。

2．用户运营概念提出（2001年—2009年）

经历过早期运营模式时期互联网用户指数增长后，出现了网游、淘宝、百度等互联网产品，运营的概念被正式提出，出现了电商运营、流量分发等工种。电商行业通过扩展经营范围、创造价格优势、规范交易模式等方式获取用户，运营仍是针对整个用户群体的。各大网站形成了"流量为王"的理念，以把控流量入口和用户数量增长为核心目标，由此催生了SEO（搜索引擎优化）和SEM（搜索引擎营销）的工种，通过优化引擎和售卖搜索结果位来实现用户获取及盈利。

3．精细化运营（2009年至今）

2009年，移动互联网时代的到来使互联网发生了极大的变化，更丰富的内容与产品、更易获取的渠道、潜在的用户价值……这些都使运营的核心向用户转移，并且更加追求用户转化，如何留住用户成为运营中的关键问题。对于这个数量庞大的群体，以往的粗放式运营无法保证留存率，通过对用户的需求和行为进行细分，建立用户画像，有针对性地采取运营策略，最终实现了精细化运营。

6.3.1 基于AARRR模型的用户运营方法

互联网世界中有句话流传甚广，"得用户者得天下"。运营的核心目的是产品能在市场上活得更好、更持久，尽可能提高产品的覆盖用户量和延长产品的生命周期，那么，在考虑吸引并留住用户、提高用户的活跃度和忠诚度等问题的时候，用户运营相关工作的开展可以围绕用户的拉新—促活—留存—转化—自传播及用户之间的价值供给关系。AARRR模型是Acquisition（获取）、Activation（活跃）、Retention（留存）、Revenue（收益）、Referral（传播）的缩写，对应了产品生命周期的每个阶段，如图6.31所示。无论哪个阶段，都是围绕着用户开展的，要为用户提供有价值的产品和服务。用户运营根据每个阶段的特点采取相应的运营策略，其本质就是不断地实现用户转化，实现良性循环。

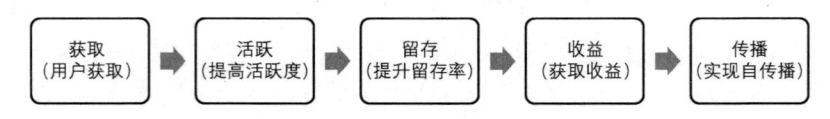

获取（用户获取） → 活跃（提高活跃度） → 留存（提升留存率） → 收益（获取收益） → 传播（实现自传播）

图6.31 AARRR模型

1. 用户获取

用户运营的第一步就是用户获取,这个阶段可以看作一个线性过程:用户接触→用户认知→用户兴趣→用户下载。用户接触产品的渠道十分广泛,如搜索、媒体推广、社交推广等,这个阶段应当尽可能扩大渠道范围,通过优化搜索引擎、与主流媒体合作、进行拉新活动等方式,产品推广到更大的群体当中,挖掘其中的潜在客户。

裂变拉新是一种十分常见的获客方法,通过发放福利来激励老用户向新用户推荐产品。福利的形式十分多样,包括红包、优惠券、会员权益等,但这种方法能够有效运行的本质基本相同,即确保新老用户都认为回报大于付出,只有令用户产生这种想法,才能激励双方行为。同时,在对产品进行推广时,充分利用人们对热点的关注度能够达到很好的效果。如果将产品与热议话题结合,自然会让用户将关注点转移到产品上来,在"三胎政策"下,MPV车得到极大推崇就是典型的例子,如图6.32所示。

图 6.32 产品与热议话题结合

在产品的起步阶段,获取的用户数量有限,对这些用户应当采取种子运营策略,即增强运营者的参与度,与用户建立更紧密的联系,并且时常进行有效沟通,认真分析用户反馈。通过细致的服务获得第一批用户良好的口碑,能够促进第一批用户对产品的推介宣传。

2. 提高活跃度

获取足够数量的用户群体对于产品来说远远不够，更重要的是使更多的用户能够更高频次地使用产品，也就是提高用户活跃度。这个阶段的运营策略主要以策划活动激励用户为主。运营者应当将用户的行为活动细化，并分别转化为一些独立的系统，开展活动与任务吸引用户。签到系统对于保证用户每日登录十分有效，例如，支付宝采用蚂蚁森林每日收取能量的形式，淘宝采用获得金币的形式，这些签到系统还会给予用户一定的奖励，如种树和折现，利用用户获利的心理保证用户活跃度，如图 6.33 所示。此外，设立任务系统、登记系统、会员制等也能够实现促活目的。

图 6.33　App 中的签到功能

保证用户活跃度，构建有效的触达系统十分必要。触点是连接运营者和用户的媒介，是用户运营的抓手，主要包括了口碑、广告、社交媒体等多种渠道。触达系统的工作就是定期向用户以各种渠道和形式输送内容、给予优惠，由此达到获取用户、保证活跃度和留存率的目标。输送内容的过程可以借助用户画像、用户行为数据分析的手段，对触达用户进行筛选，以达到更好的触达效果。全场景的触达系统在信息量庞大的时代显得尤为重要，可以使用户在不同时间不同环境的各个渠道下都有机会获取有关产品的信息，如周围人推荐、线下活动、社交平台广告……这种方式能够使用户更加熟悉产品，形成认知教育或产生依赖性。

3．提升留存率

用户留存率是监测产品成长情况的重要指标，在一定程度上反映出新用户向忠实用户的转化率。留存阶段的运营策略与促活阶段基本一致，主要以触达为基础构建召回机制。此外，还提出增加产品的附加功能，为产品开发"尖叫体验"来保证用户留存率。

留存阶段应当明确运营的重点工作，即从"流量"转向"留量"的思维理念。相比运营前期追求用户数量增长，这个阶段应当通过消息通知、开展活动、让利促销等方式，保证用户对产品产生依赖，逐渐转化为稳定用户，并保持一定的活跃度。"留量"思维意味着反复性，以现有流量为引导线索，循环利用，依托旧流量裂变增长，实现与新流量之间的关系转化，重复创造价值。在这个过程中，还可以通过开发具有新意的附加功能，在竞争产品中创造优势。近几年，不少公司率先推出了"千妆魔镜""AR 试穿"等 App，为产品带来了不错的销售量，如图 6.34 所示。

图 6.34　App 内置"AR 试穿"功能

4．获取收益

获利阶段的目标就是引导激励用户产生消费行为，从留存用户转化为付费用户，将用户价值变现。互联网产品的收益主要来自广告、付费项目、用户消费等，广告收益主要来自广告主，而其他收益都与用户的行为紧密关联。如何让用户认为物有所值，愿意为之付费是极其关键的问题。制定合理的定价策略，如限时折扣或长期订购优惠，同时制定消费模式，通过会员权益、积分制度等方式激励用户，都能达到很好的效果。例如，Kindle 包月会员和爱奇艺 VIP，通过向付费用户提供更多低价内容或特权服务，并且对长期付费用户给予更大的优惠力度，来引导用户的消费行为，在一定程度上保证了用户的稳定性，如图 6.35 所示。

图 6.35 爱奇艺 VIP 特权服务

5．实现自传播

当产品功能逐渐完善，拥有了相当数量的活跃用户和稳定用户时，就应当使产品进入一个自传播的良性循环中，借用户之手引入更多用户，完成稳定用户向推荐者的身份转化。自传播阶段的运营包括获取阶段的口碑传播、媒介推广、裂变拉新，也包括促活留存阶段在产品功能层面的优化。自传播阶段的目的是以出色的内容、服务、功能等为卖点，将产品的辐射范围不断扩大，如图 6.36 所示。

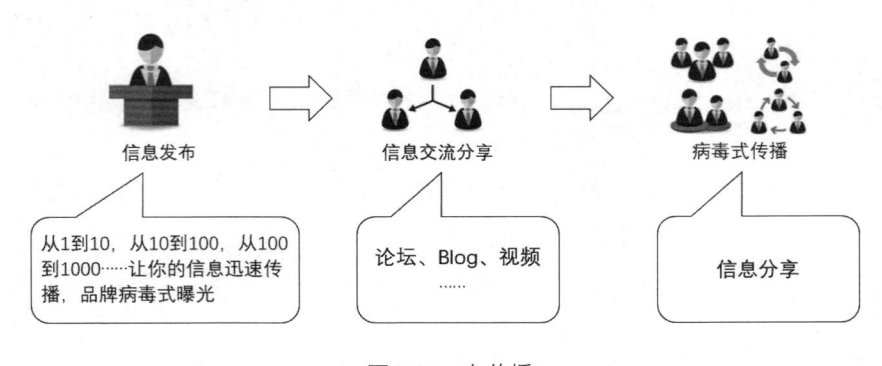

图 6.36 自传播

6.3.2 用户生命周期与用户价值体系

用户生命周期是指从一个用户对企业进行了解开始或企业欲对用户进行开发开始,直至用户与企业业务关系完全终止且相关的事宜完全处理完毕的这段时间。用户生命周期描述了用户与企业从开始建立关系到关系结束的一般性的随时间变化的发展轨迹,由若干具有先后顺序的用户关系阶段组成。用户生命周期包括新用户→稳定新用户→活跃用户→稳定用户→优质用户→沉睡用户→流失用户等阶段,能够反映用户在使用产品期间各个阶段的发展与变化,如图 6.37 所示。基于对用户生命周期的划分,我们可以规划理想的用户成长路径,根据不同阶段的特点制定相应的策略,引导用户向下一阶段过渡,同时避免用户走向流失和衰退,促进其良性循环。

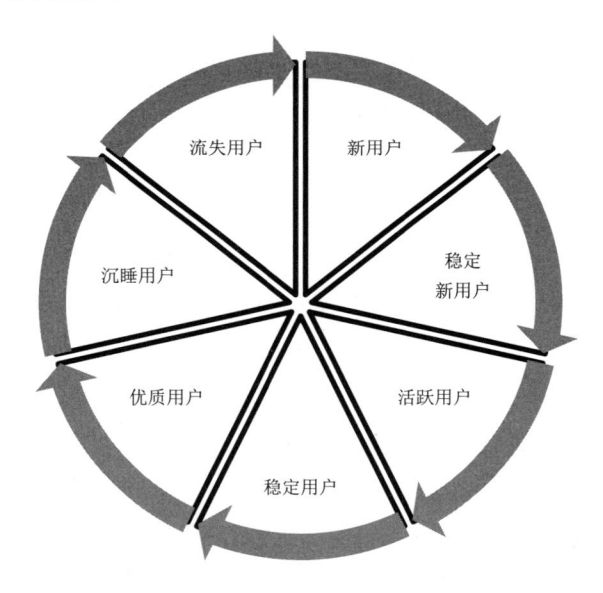

图 6.37 用户生命周期

用户价值是指企业从与其具有长期稳定关系,并愿意为企业提供的产品和服务承担合适价格的用户中获得的利润,即用户对企业的利润贡献。用户价值是一个时间性概念,它的评估必须考虑用户整个生命周期内的各个阶段,它的计算是以当前时间为基准的。一个偶尔与企业接触的用户和一个经常与企业接触的用户对于企业来说具有不同的用户价值。用户价值是根据用户消费行为和消费特征等变量所测度出的用户能够为企业创造的价值，不仅体现为用户历史和当前给企业带来的收益，还体现为用户将来带给企业的收益，即用户价值的增长潜力。全面评估用户价值，不仅要评估用户带给企业的货币价值，还要评估用户带给企业的非货币价值。

用户价值体系属于企业的一种运营手段，即通过量化的模型和标准来判断用户行为，是一种将用户区分不同价值从而实行差异化激励和运营策略的方法。在用户运营过程中，一件非常重要的工作就是了解产品面向的用户群体、用户规模，以及后期用户增长与衰退的情况，这就要求在用户运营过程中，对用户群体进行分级。用户价值体系正是这个阶段需要重点谈论的东西，新鲜血液的注入和老用户的占比，生命周期如何，明确这些要点才可能知道自己的产品究竟处于发展的哪一个阶段，才能知道对用户的运营目标在哪里。

在 6.3.1 节中提到过，用户运营的重点是拉新、促活、留存、转化、自传播几个环节，这些其实就是在慢慢地给用户划分不同的级别。用户价值体系是非常重要的保持运营的手段之一，因为对于同一个产品，有忠实使用、甚至常年保持较高消费水平的用户，也有刚刚加入、不怎么看也不怎么使用的用户，还有免费和少量使用就可以满足自己所有的需求的、活跃度低甚至没有消费的用户，如果一概而论地提供相同的服务，并且接受所有人的调查结果满足不同的需求反馈，那无疑是对用户的不公平待遇，还可能因为巨大的工作量而压垮一个产品刚诞生的雏形。建立用户价值体系可以防止这样的现象出现，用户价值体系通过产品自有的系统完成运营方制定出来的任务，将用户的行为和其价值挂上钩，把用户的行为价值量化为一个参考数据，可以帮助运营方更直观地观察每一个用户属于用户生命周期中的哪一个阶段，从而对不同的用户采取不同的措施。同时，建立用户价值体系本身就可以做到一定程度上的用户促活和用户留存，既鼓励了老用户多次体验产品的功能，又吸引了新用户了解产品。根据用户的成长等级和速度、可信度、消费水平等综合因素，将用户分为不同的等级，等级高的用户可以享受更多的优惠和更好的服务待遇，从而避免运营方对贡献度不高的低等级用户花费额外的精力，这就是用户等级体系，如图 6.38 所示。其中，KOL 用户是少数可以触及产品本身相关话语权的用户，他们提出的建议大多都对产品本身的改善具有相当好的作用，需要优先进行处理，这一类用户已经相当熟悉产品，因此运营方可以通过引导这些用户,让他们自发地在社交平台宣传产品,他们具有很高的信服力,可以实现自传播的效果。

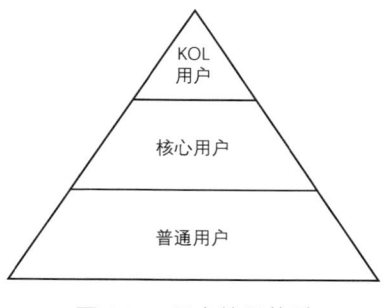

图 6.38 用户等级体系

简而言之,一个良好的用户价值体系的流程和目的就是:制定一套符合自己产品功能特点的体系架构→设计有关的奖励机制和惩罚机制→根据已经形成的体系架构,改善自己的系统、完善产品的质量,从而达到更高的活跃度和用户使用数。

6.3.3 用户运营方法与典型案例分析

基于之前介绍的用户画像分析、用户生命周期和用户价值体系,我们大致可以总结出用户运营的核心工作点。

(1)研究用户的心理和行为,在大数据发展迅速的今天,运营方完全可以合理预测并且提前做出方案准备,给予其他部门分析支持。

(2)配合其他部门的要求,定期对用户进行有针对性的问卷调查和访谈,对整合后的资料必须给予改进和优化,不能只进行调研而不给用户任何的反馈,并且要根据产品所处的不同状态,调整对用户的具体调研方向。

(3)对各个渠道的用户,根据数据进行后续质量检测,给不同渠道下的用户做出质量报告。

(4)分析产品使用过程中的用户行为路径和生命周期,构建一个良好的用户关系管理模型。

（5）结合对数据的分析，研究用户在不同的生命周期的阶段里，活跃度、留存率是如何变化的，尤其是流失率的造成原因，看看哪个部分的功能没有做好，及时反馈给优化部门。

　　接下来，我们通过具体案例分析用户运营的方法与思路。网易云音乐App是一款网易官方打造的音乐软件，里面包含上千首歌曲，每首歌曲都拥有令人惊叹的CD音质，给音乐爱好者带来了极致听觉体验。自上线以来，网易云音乐App常年保持良好的热度和优秀的用户活跃度。那么究竟是如何做到的呢？

1．用户画像建模与分析

　　用户运营的第一步就是进行用户画像的试绘制。这个阶段得到的数据较少，所以只能根据主观意向进行判断。网易公司对现存的音乐市场进行调研，随后划分人群，在大类的基础上决定对用户投放第一波试用歌单。例如，通常长时间听音乐的人大部分是正在上学的年轻群体，这类群体由于爱好音乐而听音乐。已经上班的中年群体也会听音乐，但听音乐的时间一般不会太长，大多为了放松心情而听音乐。根据用户第一注册的年龄段和职业，可以确定向用户推荐的第一波歌单。

　　在用户使用产品的过程中，通过大数据的记录和统计，如用户的日搜索词条（单曲名、歌手/组合名、专辑名），或者用户收藏歌单，归纳出用户的音乐倾向。整合出一个近似的歌单，给用户进行推荐，如图6.39所示。除此之外，同步推送给用户的还有"私人FM"，里面有用户喜欢或用户可能喜欢的若干首歌曲。在"私人FM"里面，只有几个明显的标记选项——"喜欢""不喜欢""下一首"，可以更为直观地反馈给后台用户喜欢什么样的音乐，并且描述出越来越完整的用户画像。

　　以上几项功能，不仅可以实现完整的用户画像建模与分析，还可以让用户在较短的时间内熟悉产品的基本功能。随着用户的使用，推荐的音乐风格会越发地贴近用户喜爱的音乐网格。这既是"拉新"的一大助力，让新鲜血液不断注入产品中，又是保持留存率的一大要素。

第 6 章 客户数据化运营：挖掘用户需求，产品源于需求

图 6.39　网易云音乐 App 音乐推荐

2．建立用户价值体系

在完成用户画像之后，就可以基于用户的使用频次和付费情况，开始建立用户价值体系，从而给用户分层。活跃度和留存率是一个产品获得知名度的要点，但是维持一个产品的生命力不止需要这两点，还需要提高用户付费的数量和频次。根据活跃度、留存率、忠实度和用户对产品的付费情况，大致可以将整个用户群体分为四类：使用频次低且不会付费的用户，使用频次高但是不怎么付费的用户，使用频次低但是会直接付费的用户，以及使用频次高且会在较长时间内付费的用户。对于网易公司而言，还有一类用户，那就是会自主上传自己的音乐和原创制作的专业和非专业音乐人，他们会给产品本身带来额外的价值。

网易云音乐的付费方式一般分为两种，一种是单专辑和合专辑的付费，这种付费方式通常是歌曲的出行方要求的付费购买；另一种是网易云音乐的黑胶 VIP 服务，如果购买该服务，则可以享受所有开放的会员专属曲库和无损音质，同时网易云音乐会给黑胶会员推送更多的活动和优惠力度，如图 6.40 所示。

255

图 6.40　网易云音乐 App 黑胶 VIP 服务

3. 保证用户活跃度和留存率的策略

在建立用户价值体系的时候，根据用户对 App 的使用情况将其分为四类群体，网易云音乐对不同的群体会采用不同的应对策略。

（1）对于第 1 类用户，即使用频次低且不会付费的用户，只需要进行基础的宣传就行了，但是定期推出的优惠和活动仍要推送给这类用户，完善数据的算法和推送，努力让这一类用户掌握产品的功能，并且转化为下一层次的用户。

（2）对于第 2 类用户，即使用频次高但是不怎么付费的用户，需要分清在这类群体中，哪些是没有经济能力的未成年人，哪些是具有经济能力的成年人。对于后者，可以适当加大优惠幅度和宣传力度，在保证活跃度和留存率的同时，努力将其转化为下一层次的用户。

（3）对于第 3 类用户，即使用频次低但是会直接付费的用户，可以减少对活跃度和留存率的需要，不需要反复地提醒用户上线，因为这样容易造成反效果，

第 6 章　客户数据化运营：挖掘用户需求，产品源于需求

专注于转化和收益即可。

（4）对于第 4 类用户，即使用频次高且会在较长时间内付费的用户，这类用户是服务优先级最高的用户群体，可以靠这类用户和自主上传音乐和原创制作的音乐人，达到自传播的效果。

网易云音乐的活跃度检测一般是靠检测用户的登入次数、用户前后登录的时间间隔，用户参与评论、点赞的频次，每次登录的时长等作为综合测量值来判断的。为了提高用户的活跃度和留存率，网易云音乐具有"每日任务"，包括每日登录、每日首次分享等，用户完成"每日任务"会获取积分。积分可以一直积累，用于将自己喜欢的歌推上榜单，或者购买音乐包、兑换黑胶 VIP，还可以作为一种优惠福利，用于购买折扣商品。

第 7 章

产品数据化运营：人人都能做数据产品经理

在当今社会下，互联网产品对人们的工作与生活产生了巨大影响，几乎涵盖了人们衣食住行的方方面面，同时各类互联网产品层出不穷，要想在快节奏的氛围中竞争用户与流量，数据化运营就显得尤为重要。同时，随着互联网的逐渐普及，产品正逐渐朝着精细化运营的方向发展，因此通过真实的数据可以更好地反映产品的细节情况和面临的问题，帮助产品运营人员理解业务现状，更好地做出决策。在产品的设计、研发、测试、运营整个产品生命周期内，都会涉及数据化运营的相关内容。

产品数据化运营是指运用一定的统计学方法，对收集来的数据进行分析挖掘，通过对大量复杂无序的数据进行合理的汇聚、提取和加工，把无规则的数据变成具有高价值的分析结论，从而指导产品生产运营。在互联网产品领域，依托于互联网产品庞大的用户基数，以及便捷的埋点和数据追踪分析系统，产品数据化运营既便捷，又具有比其他行业更具价值的意义。例如，通过对用户数量和走势的分析，可以得出产品目前所处的发展阶段和对应的运营策略；通过对用户行为路径和满意度的分析，可以得出产品的品质高低及发现潜藏在深处的可优化功能点。

第 7 章　产品数据化运营：人人都能做数据产品经理

7.1　产品定位与产品设计

产品是指作为商品提供给市场，被人们使用和消费，并能满足人们某种需求的任何东西。为了使产品能够收获更大的市场，需要挖掘用户本质的需求，并围绕此开发出更符合用户使用习惯的产品。这就涉及产品需要满足的三个要素，即极致产品的三个关键词：刚需、痛点、高频，如图 7.1 所示。

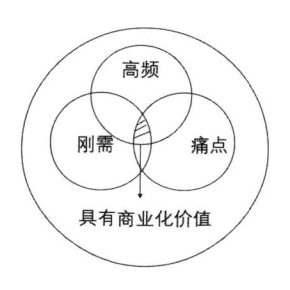

图 7.1　产品的商业价值

（1）刚需，即刚性需求，是指在产品供求关系中受价格影响较小的需求。满足人们对产品类型的刚需是一个产品基础的要求，也可以基于此开发一些更符合人们需求的机制来扩张产品的使用量。例如，网购及外卖平台的兴起利用了人们愿意选择更"懒"的方式去达成目的的心态，微信红包"摇一摇"的设计则利用了人们"贪小便宜"的特性。

（2）痛点，即在一个产品中，用户最强的需求点。在某一类别的产品设计中，用户会有许许多多的需求，我们难以完全满足。这个时候就需要在这些需求中挖掘哪些是可有可无的需求，哪些是不可或缺的需求，这些不可或缺的需求就是用户的痛点。在产品设计中，需要抓住用户的痛点进行设计，这样在短时间内就能够获得用户的青睐和关注。

（3）高频，这是衡量一个产品好坏的重要标准。高频指的是该产品的使用场景一定要是人们生活中经常出现的场景，如果用户在生活中可以使用该产品来满足自身需求的情况的频率极高，就可以称这个产品具有高频的属性。如果产品的使用场景在人们的生活中难以出现，那么不管它有多么的便利，都难以在用户的心中留下印象，这会使得产品难以得到关注，用户的使用量很低，产品也难以收回成本。

上述三点是一个产品设计中的要素，为了可以在产品设计中满足这三个要素，需要对用户群体进行数据调查，并对收集来的数据进行分析，找到客户的核心需求。在本节中，我们将重点讲述如何通过分析客户需求，进行产品设计，其中包括市场分析与企业战略分析、基于KANO模型的产品功能设计、基于PSM模型的产品价格设计。

7.1.1 市场分析与企业战略分析

一个在市场化条件下生存的企业，其战略的选择关乎生存和发展，每一个企业管理者，不是在进行决策，就是在完善决策、推动决策执行，或者修订、调整过去的决策。为了做出准确高效的决策方案，企业管理者首先要对市场有清晰的了解与判断。市场分析是对市场供需变化的各种因素及动态、趋势的分析。其分析过程是：搜集有关资料和数据，采用适当的方法，分析研究、探索市场变化规律，了解消费者对产品品种、规格、质量、性能、价格的意见和要求，了解市场对某种产品的需求量和销售趋势，了解产品的市场占有率和竞争单位的市场占有情况，了解社会产品购买力和社会产品可供量的变化，并从中判明产品供需平衡的不同情况（平衡、供大于需、需大于供），为企业生产经营决策提供重要依据。

市场分析在企业经营决策中的重要作用如图7.2所示。

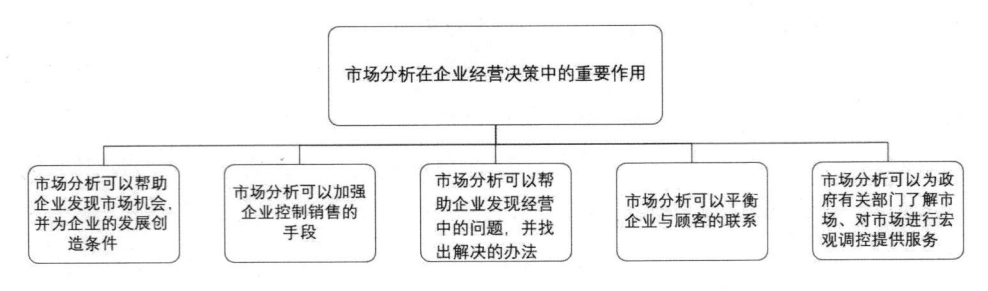

图7.2 市场分析在企业经营决策中的重要作用

（1）市场分析可以帮助企业发现市场机会，并为企业的发展创造条件。企业若想在一个新的市场中开辟自己的业务，除要了解这一市场的市场需求外，还要了解该市场商业上的竞争对手，这些工作都要通过各种分析手段来完成。只有通过细致的市场调查和分析，企业才有可能对自己的营销策略做出正确的决策。就这点而言，公司的规模越大，市场分析工作就越显得重要，也就越需要在市场分析方面进行大量的投资。

（2）市场分析可以加强企业控制销售的手段。促销活动是企业在推销产品过程中的主题活动，然而企业如何进行促销活动和选择什么样的促销手段，特别依靠市场分析工作。以广告为例，广告的途径和种类很多，但究竟哪一种广告的效果好，需要进行细致的分析研究。比较性广告似乎更容易给消费者留下印象，因为它通过比较两种不同产品的各种功能与特点来突出其中的主题产品。不过，并不是所有的产品都适宜采用比较性广告。因此，何时、何地、在何种情况下企业应该运用比较性广告来宣传自己的产品，就需要进行分析研究。另外，广告向消费者传播以后的效果如何，也要通过对产品的销售记录进行分析才能得出。

（3）市场分析可以帮助企业发现经营中的问题，并找出解决的办法。经营中的问题范围很广，包括企业、企业责任、产品、销售、广告等各个方面。造成某种问题的因素不是那么简单的，尤其是当许多因素相互交叉作用的时候，市场分析就显得格外重要。某企业一个时期内销售额大幅度下降，却搞不清问题是出在下调的价格上，还是出在广告的设计上，于是市场分析只能从两个要点来着手了。根据销售记录，人们发现价格降低以后，销售量并没有明显增加，说明产品需求的价格弹性小于 1，降价的决策是错误的。如果通过对广告效果的调查发现广告媒介的错误导致广告效果不好，那么问题就出在广告方面，当然企业销售额大幅度下降的原因也可能出在产品方面，如产品质量下降或市场出现其他企业的优质产品等。

（4）市场分析可以平衡企业与消费者的联系。市场分析通过信息及对信息的分析和处理把消费者和企业联系起来。正是由于有了这些信息，市场分析人员才能够确定市场中存在的问题，检查市场营销活动中不适当的策略与方法，同时找出解决这些问题的办法。

（5）市场分析可以为政府有关部门了解市场、对市场进行宏观调控提供服务。例如，政府投资部门可通过市场分析来决定重点扶持哪个行业；政府计划部门可通过市场分析来预测不同行业的发展状况，制定合理的宏观发展规划。

对比分析是市场分析中一种普遍的数据分析方法。简单来说，对比分析就是将目标产品与竞争产品或自身数据进行全方位、多维度的对比，根据数据的不同来发现业务中存在的问题，针对性地解决优化。根据对比对象的不同，对比方式可分为两类：和自身对比、和行业对比。其中，和自身对比就是将当前的产品数据与本产品的其他维度对比，包括时间维度、业务维度、渠道维度等，好处是能够更精准地找出自身存在的问题，同时数据的获取较为容易，实操难度较小；不足之处是视野较为局限，无法宏观地得出市场和竞争产品的数据规模，缺少横向的对比，容易使研究结论偏离。和行业对比是指将自身产品与业内竞争产品进行对比，得出不同方面的差距；也可以和市场总体趋势进行对比，如2020年因为新冠疫情原因，在线教育行业和社区团购行业大热，此时业务数据增长较快，但并不一定是产品或运营侧的原因，应结合市场整体趋势进行分析对比，从而得出更合理的结论。

下面以外卖行业为例，进行对比分析和案例研究。艾媒咨询2018年的一份报告指出，2018年中国的外卖客户规模相比于2017年增长17.6%，达到3.58亿名客户，外卖市场规模首次突破2400亿元的大关，其发展已经进入了一个稳定的增长期，如图7.3所示。外卖市场竞争越发激烈，以两家公司为例，通过对比分析，找出两家公司之间存在的差距。

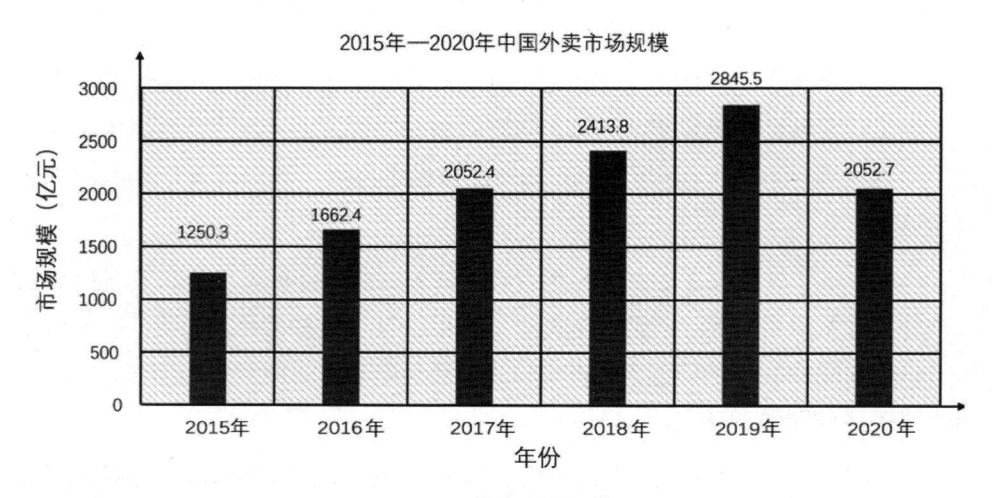

图7.3 外卖市场规模

对公司甲和公司乙两家公司的活跃用户数进行逐年的数据对比,如图 7.4 所示,可以看出公司甲在 2015 年—2019 年的活跃用户数逐年增加,期间 2017 年较 2016 年有所回落;而公司乙在 2015 年—2019 年的活跃用户数逐年增加。但公司甲的总体用户数一直是领先的。

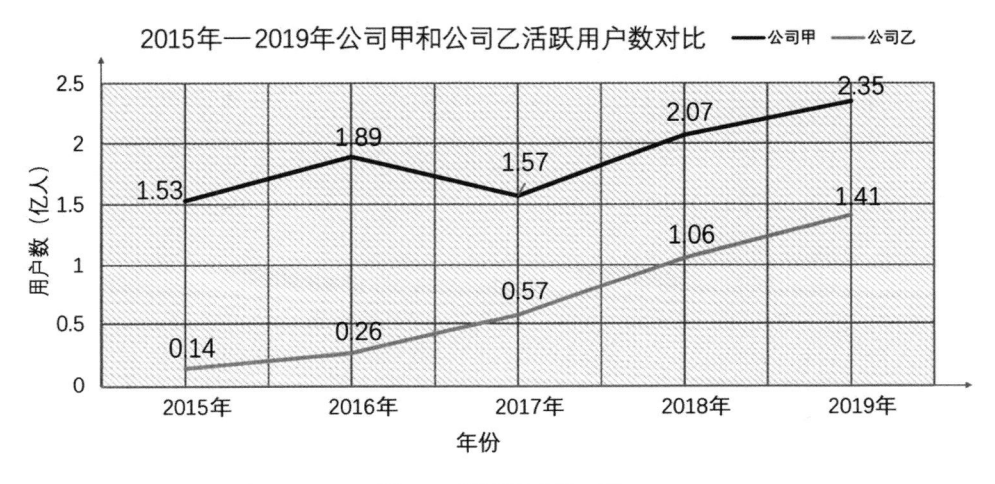

图 7.4 活跃用户数对比

活跃用户数主要可以用来衡量市场规模的大小和产品的用户活跃度,可以看出外卖市场规模从 2015 年起逐步扩大,但无法据此看出产品的用户黏性。因此可以通过产品 App 年启动次数继续进行对比分析,如图 7.5 所示。公司甲 2017 年—2019 年启动次数逐年增加,2019 年启动次数为 235.9 亿次;公司乙 2015 年—2019 年启动次数也逐年增加,2019 年启动次数为 141.8 亿次。不难看出,公司甲 App 的年启动次数是远超公司乙的。

根据以上的对比分析可初步得出结论,外卖市场规模正整体逐年稳步增长,这对两家提供外卖服务的公司来说是未来发展的利好。根据两者之间的对比可看出,2015 年—2019 年公司甲活跃用户数、App 年启动次数均超过公司乙。但根据数据表现来看,无论是活跃用户数还是 App 年启动次数,公司甲的增速已趋于稳定,公司乙的增长趋势更加明显。据此可得出公司甲需要更加关注用户的留存和转化,通过更优质的服务提高用户黏性,减少流失;而公司乙需要紧跟市场发展的脚步,投入更多的精力在用户的引流拉新方面,保持高速增长。

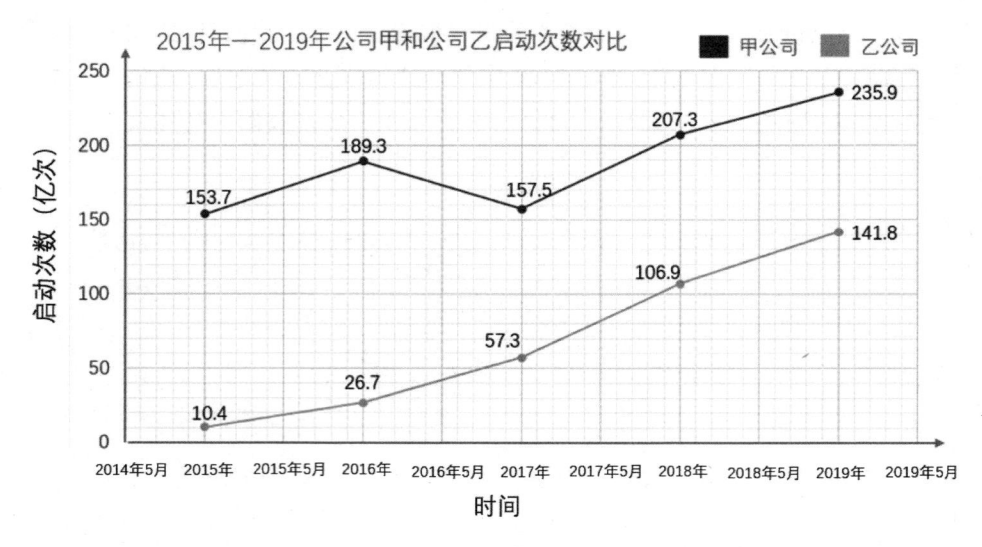

图 7.5 年启动次数对比

企业战略分析是指通过资料的收集和整理分析组织的内外环境,包括组织诊断和环境分析两个部分。企业战略分析包括:确定企业的使命和目标;了解企业所处的环境变化,这些变化将带来机会还是威胁;了解企业的地位、资源和战略能力;了解利益相关者的利益期望,在战略制定、评价和实施过程中,这些利益相关者的反应及这些反应对组织行为的影响和制约。企业可以从对企业整体目标的保障、对中下层管理人员积极性的发挥及企业各部门战略方案的协调等多个角度考虑,选择自上而下、自下而上或上下结合的方法来制定战略方案。

战略分析工具是指企业战略咨询及管理咨询实务中经常使用的一些分析方法,常见的战略分析工具如下。

(1) SWOT 分析法:用来确定企业本身的优势(Strength)、劣势(Weakness)、机遇(Opportunity)和威胁(Threat),从而将公司的战略与公司内部资源、外部环境有机结合。因此,清楚地确定公司的优势和劣势,了解公司所面临的机遇和威胁,对于制定公司未来的发展战略有着至关重要的意义。

(2) 内部因素评价法:又称内部因素评价矩阵(IFE 矩阵)法。

(3) 外部要素评价法:又称外部因素评价矩阵(EFE 矩阵)法。

(4) 竞争态势评价法:又称竞争态势矩阵(CPM 矩阵)法。

（5）波士顿矩阵法：又称市场增长率-相对市场份额矩阵法、波士顿咨询集团法、四象限分析法、产品系列结构管理法（BCG）等。

这里，我们重点以 SWOT 分析法为例，讲述企业战略分析的方法与意义。DESLA 是一家初创的国内新能源汽车公司，走纯电线路。对于新能源汽车初创公司来说，优势和劣势都比较明显。优势主要集中在没有传统车企的包袱和压力，可以以纯电的思路大胆地对汽车进行改革，造出比较新颖的纯电汽车；劣势非常明显，作为初创公司，没有传统车企强大的供应链控制能力、执行能力及造车经验。在机遇方面，随着国内新能源汽车市场及缺口的不断扩大，很多新能源汽车有了发展的契机，如图 7.6 所示。国内新能源汽车销售量处于持续上升阶段，并在 2020 年达到 136.7 万辆，形成一个巨大的市场。

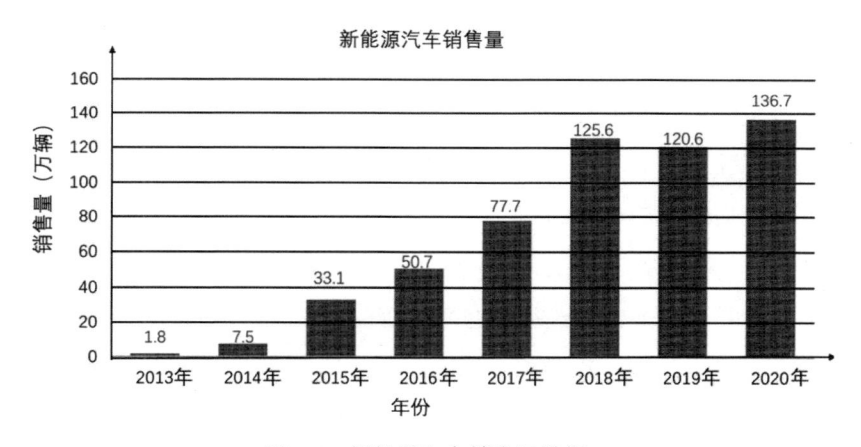

图 7.6　新能源汽车销售量数据

但对于 DESLA 公司来说，外界的威胁是巨大的。同类型的公司和同类型的产品很多，产生巨大的竞争压力，在没有其他大公司的强大议价能力的情况下，DESLA 公司很有可能因为成本无法控制而在定价上失去主导权。

经过上述分析，针对 DESLA 公司面临的优势、劣势、机遇、威胁，可以归纳出 SWOT 模型，如图 7.7 所示。

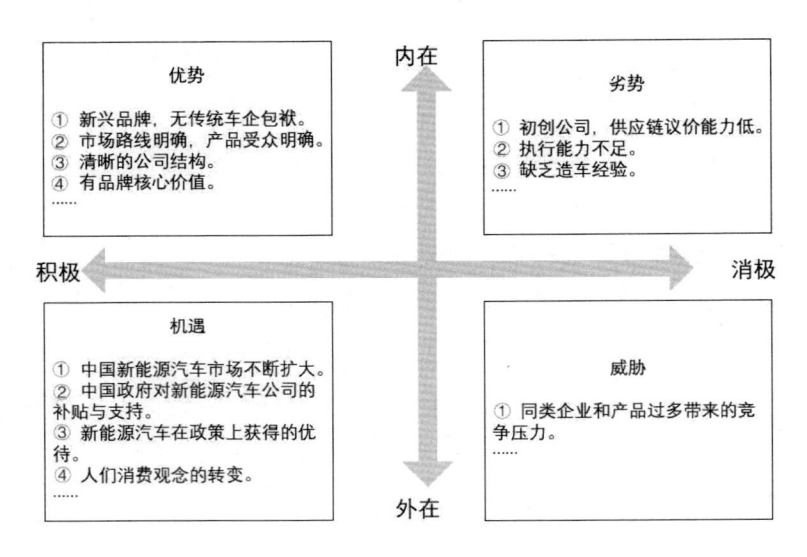

```
            内在
    优势      ↑      劣势
① 新兴品牌，无传统车企包袱。   ① 初创公司，供应链议价能力低。
② 市场路线明确，产品受众明确。  ② 执行能力不足。
③ 清晰的公司结构。       ③ 缺乏造车经验。
④ 有品牌核心价值。
……                ……

积极 ←——————————————→ 消极

    机遇              威胁
① 中国新能源汽车市场不断扩大。   ① 同类企业和产品过多带来的竞
② 中国政府对新能源汽车公司的     争压力。
  补贴与支持。          ……
③ 新能源汽车在政策上获得的优
  待。
④ 人们消费观念的转变。
……
            ↓
            外在
```

图 7.7　DESLA 公司的 SWOT 模型

在得到 SWOT 模型后，我们就可以直观地看到 DESLA 公司从内在到外在所具备的积极和消极的元素和特点。我们可以根据 SWOT 模型中所呈现出的公司特点，制定后续发展方案和产品方案。

在分析了公司的竞争实力后，SWOT 模型同样可以用来进行竞争产品分析。竞争产品分析是研发产品的过程中必不可少的重要环节。现在国内新能源汽车正处于发展的上升阶段，无论是新兴纯电品牌车企还是传统车企，都想从这个市场中分得一杯羹。接下来我们就以几个典型品牌为例，分析一下产品的优势和劣势，并基于 SWOT 模型制作竞争产品分析表。

（1）新能源汽车Ⅰ。新能源汽车Ⅰ是一家美国纯电车企，是电动汽车的开创者之一。其优秀的电机和电池技术、自动驾驶技术、标志性的车门把手设计和车辆外观设计给消费者留下了深刻的印象。新能源汽车Ⅰ对于车辆的内饰设计独树一帜，取消了很多传统中控的操作面板，直接用一块巨大的触控屏幕完成车辆的所有操作，这种内饰设计受到了很多人的喜爱。在价格方面，新能源汽车Ⅰ初期的车型均为百万元级的豪车，但随着近年价格更加人性化，新能源汽车Ⅰ快速打开了大众市场，市场占有率频频上升。

（2）新能源汽车Ⅱ。新能源汽车Ⅱ是中国自主创新的一家纯电车企，凭借豪华的内饰设计、出色的续航里程、智能化人机系统赢得了许多消费者的喜爱。作

为一款定价在 35 万元左右的纯电 SUV，新能源汽车Ⅱ不仅给这个价位的电动汽车带来了竞争压力，还威胁到了传统豪华汽车品牌的市场。

（3）新能源汽车Ⅲ。新能源汽车Ⅲ也是中国自主创新的一家纯电车企，相比新能源汽车Ⅱ来说，新能源汽车Ⅲ的 SUV 的特色在于采用了油电混动的动力模式，但电力仍占据主体地位，该款 SUV 不仅靠着油电混动获得了超长的续航里程，还可以挂上"绿牌"，成为一辆合格的新能源汽车。新能源汽车Ⅲ的这种混动方式解决了很多人对于电动汽车的"续航焦虑"，给消费者带来了更多的选择。

（4）新能源汽车Ⅳ。新能源汽车Ⅳ的纯电车型价格非常低廉，低配款纯电车型仅 3.7 万元的售价，新能源汽车Ⅳ将它定义为人民的代步车。靠着低廉的售价迅速抢占市场，新能源汽车Ⅳ取得了多次月销售量第一。

（5）新能源汽车Ⅴ。新能源汽车Ⅴ是中国市场上一家中规中矩的新能源车企。其纯电车型大多采用油车改电车的方式，即将油车的物理结构拆下换成电池和电机。这样做的好处是大大降低了产品研发的成本，同时保留了大众普遍接受和熟悉的车辆外观，操作逻辑和传统汽车相同，可以降低消费者的学习成本，并且售价在绝大多数消费者的可接受范围内。由于电车运维成本较低，因此在各方面表现中规中矩的新能源汽车Ⅴ成为网约车的新宠。

将上述不同品牌的新能源汽车竞争产品的信息汇总到 SWOT 竞争产品分析表中，如表 7.1 所示。由于不同品牌新能源汽车面临的机遇与威胁是相同的，因此这里只汇总对比了不同品牌新能源汽车的优势与劣势。

表 7.1　新能源汽车 SWOT 竞争产品分析表（S,W 部分）

品　　牌	S（优势）	W（劣势）
新能源汽车Ⅰ	电机、电池技术优秀，自动驾驶技术优秀	内饰过于简洁
新能源汽车Ⅱ	续航里程长，内饰豪华，车机系统优秀	动力系统一般
新能源汽车Ⅲ	油电混合带来超长续航里程，内饰豪华	售价较高，自动驾驶技术一般
新能源汽车Ⅳ	售价低廉，外形讨人喜爱	安全配置不足，续航里程短，动力不足
新能源汽车Ⅴ	售价合理，各方面表现较为均衡	油改电创新不足，无法引起年轻消费者的购买兴趣

通过表 7.1，可以直观地看出各个品牌的新能源汽车所具备的优势和劣势。DESLA 公司在研发设计自己的新能源汽车时，需要结合上面竞争产品分析中提供的信息，取长补短。在明确目标客户后，需要制定和规划相应的产品特点和功能，具体应该如何进行操作，我们将在后面的基于 KANO 模型的产品功能设计和基于 PSM 模型的产品价格设计中进行详细介绍。

7.1.2 基于 KANO 模型的产品功能设计

在进行新产品和服务开发时，设计者往往需要列举出一系列的产品功能属性，以满足现有用户和潜在用户的各种需求。通常，设计者会进行多种复杂的用户需求研究，以获得尽量丰富的用户需求清单。然而，当大量的需求摆在面前时，设计者必然会遇到一个问题：在我的最终产品中，应该包含哪些功能属性？有许多种方法可以帮助设计者实现筛选的目的。例如，最简单的方法是让用户进行排序来进行筛选。日本学者 KANO 教授和他的同事们提出了一种分析技术，被称作 KANO 分析技术。KANO 分析技术是一种简单易行的识别产品属性或产品功能性概念类别划分的技术，正在被越来越多的产品设计者应用。

KANO 模型以分析用户需求对用户满意度的影响为基础，根据不同类型的质量特性与消费者满意度之间的关系，将产品质量特性分为五类，如图 7.8 所示。

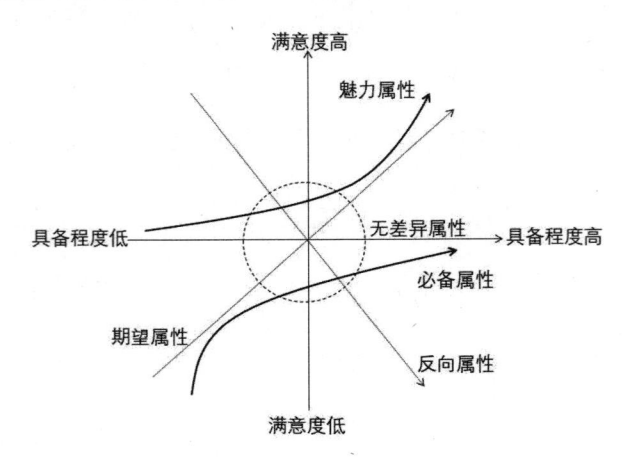

图 7.8 产品质量特性分类

(1)魅力属性：用户意想不到的属性。如果不提供此属性，那么用户满意度不会降低；但提供此属性，用户满意度会有很大提升。

(2)期望属性：当提供此属性时，用户满意度会提升；当不提供此属性时，用户满意度会降低。

(3)必备属性：当优化此属性时，用户满意度不会提升；当不提供此属性时，用户满意度会大幅降低。

(4)无差异属性：无论提供或不提供此属性，用户满意度都不会有改变，因为用户根本不在意。

(5)反向属性：用户根本没有此属性的需求，提供后用户满意度反而会下降。

要将 KANO 模型运用到实际应用中，就需要了解其原理及使用方法。下面将介绍 KANO 模型的使用方法和使用步骤。

(1)KANO 模型的目的是从用户的多种需求中选取最强需求，并排出优先顺序，所以我们第一步要去了解客户对产品的需求都有哪些，也就是进行需求的收集。在这一步中，我们有多种方式获取用户需求，如可以去对产品的同类型产品进行调研，去访问相关从业人员获取经验，也可以去阅读相关文献，或者去找专家咨询他们对这方面的看法，最终总结出用户对产品在哪些方面存在哪些需求，便于进行下一步的模型使用。

(2)设计并发放调查问卷。KANO 模型作为调查用户需求的工具，当然需要对实际用户进行访问调查，发放调查问卷可以说是最直接最快速的方式。在设计并发放调查问卷时，有两点需要注意。第一点，记录受访者的详细信息，包括年龄、性别、收入情况、家庭结构、受教育程度，这些可以作为目标受众的参考信息。第二点，结合 KANO 模型的五类产品质量特性，对每一项指标分别进行正反满意度调查，具体提问方式为"如果产品具备该功能，你感觉如何？"和"如果产品不具备该功能，你感觉如何？"，选项包括我喜欢、理应如此、无所谓、能忍受、不喜欢，如表 7.2 所示。

表 7.2　针对某一功能的用户调研

如果产品具备该功能，你感觉如何？	如果产品不具备该功能，你感觉如何？
① 我喜欢	① 我喜欢
② 理应如此	② 理应如此
③ 无所谓	③ 无所谓
④ 能忍受	④ 能忍受
⑤ 不喜欢	⑤ 不喜欢

（3）收集调查问卷，对数据进行汇总，得到功能满意度汇总表，如表 7.3 所示。其中，A 表示魅力属性；M 表示必备属性；O 表示期望属性；I 表示无差异属性；R 表示反向属性；Q 表示有问题的回答。

表 7.3　功能满意度汇总表

KANO 模型		产品不提供此功能				
^		我喜欢	理应如此	无所谓	能忍受	不喜欢
产品提供此功能	我喜欢	Q	A	A	A	O
^	理应如此	R	I	I	I	M
^	无所谓	R	I	I	I	M
^	能忍受	R	I	I	I	M
^	不喜欢	R	R	R	R	Q

（4）针对产品的每项功能，分别计算满意度系数（Better）和不满意度系数（Worse），如式（7.1）、式（7.2）所示。

$$Better = \frac{魅力属性 + 期望属性}{魅力属性 + 期望属性 + 必备属性 + 无差异属性} \qquad (7.1)$$

$$Worse = \frac{必备属性 + 期望属性}{魅力属性 + 期望属性 + 必备属性 + 无差异属性} \qquad (7.2)$$

（5）先以 Better 为纵坐标，Worse 为横坐标，将每一项功能对应画入散点图中，再以 Better 和 Worse 的平均值为原点，画出横纵坐标，根据象限来对产品功能优先级进行排序，如图 7.9 所示。

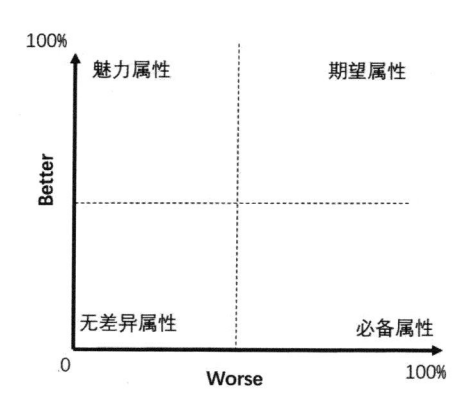

图 7.9　Worse-Better 矩阵图

接下来我们通过实际案例，学习如何采用 KANO 模型进行产品功能设计。我们仍以之前讲过的新能源汽车公司研发电动汽车为例展开分析，内部高层积极讨论及结合生产成本分析后，还对以下 8 个产品功能无法做出抉择，它们分别是：①纯电汽车的续航里程是否要求在 500km 以上；②是否配备主动安全功能；③是否配备自动驾驶功能；④车辆空间大小；⑤外观是否新颖；⑥内饰是否精致；⑦是否配备全景天窗；⑧车机系统是否配备 CarPlay 等手机投屏功能。要求数据化运营人员采用 KANO 模型，设计产品生产方案。

首先，针对以上 8 个产品功能，我们将每一个需求转换为两个问题，例如，"如果纯电汽车配备主动安全功能，你觉得怎么样？"和"如果纯电汽车没有配备主动安全功能，你觉得怎么样？"，并让用户在如下的答案中做出选择："我喜欢""理应如此""无所谓""能忍受""不喜欢"。我们可以使用问卷星等工具发布问卷，让用户进行填写，问卷样式如图 7.10 所示。

其次，在收集调查问卷后，需要将用户对产品功能的满意度情况进行汇总，如表 7.3 所示。由于新能源汽车 Model D 共对 8 个产品功能进行方案设计，所以我们将得到 8 张功能满意度汇总表，以"续航 500km 以上"功能为例，满意度汇总表如表 7.4 所示。

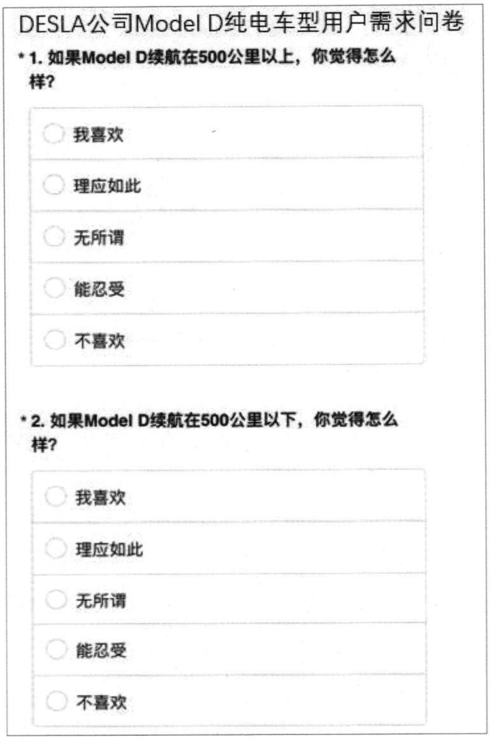
DESLA公司Model D纯电车型用户需求问卷

*1. 如果Model D续航在500公里以上，你觉得怎么样?

- 我喜欢
- 理应如此
- 无所谓
- 能忍受
- 不喜欢

*2. 如果Model D续航在500公里以下，你觉得怎么样?

- 我喜欢
- 理应如此
- 无所谓
- 能忍受
- 不喜欢

图 7.10　问卷样式

表 7.4　“续航 500km 以上”满意度汇总表

		产品不支持续航 500km 以上				
		我喜欢	理应如此	无所谓	能忍受	不喜欢
产品支持续航 500km 以上	我喜欢	0	3	4	3	15
	理应如此	0	1	1	2	20
	无所谓	0	1	0	1	30
	能忍受	0	1	2	1	15
	不喜欢	0	0	0	0	0

再次，对 8 张功能满意度汇总表进行整理，从每张表格中分别提取出期望属性、无差异属性、必备属性和魅力属性，得到功能属性汇总表，如表 7.5 所示。

第 7 章　产品数据化运营：人人都能做数据产品经理

表 7.5　功能属性汇总表

功能	期望属性	无差异属性	必备属性	魅力属性
续航 500km 以上	15	10	65	10
配备主动安全功能	3	1	90	6
配备自动驾驶功能	45	15	30	10
车辆空间大	22	17	43	18
外观新颖	29	19	13	39
内饰精致	20	64	6	10
配备全景天窗	26	25	24	25
配备手机投屏功能	30	15	25	30

之后，根据式（7.1）、式（7.2）计算 Better 系数和 Worse 系数，和表 7.4 的数据汇总在一起，如表 7.6 所示。

表 7.6　KANO 模型 Better-Worse 系数汇总表

	期望属性	无差异属性	必备属性	魅力属性	Better 系数	Worse 系数
续航 500km 以上	15	10	65	10	25.00%	80.00%
配备主动安全功能	3	1	90	6	9.00%	93.00%
配备自动驾驶功能	45	15	30	10	55.00%	75.00%
车辆空间大	22	17	43	18	40.00%	65.00%
外观新颖	29	19	13	39	68%	42%
内饰精致	20	64	6	10	30.00%	26.00%
配备全景天窗	26	25	24	25	51.00%	50.00%
配备手机投屏功能	30	15	25	30	60.00%	55.00%

最后，我们通过可视化方法，根据不同功能所对应的 Better 系数和 Worse 系数，以散点图方式进行呈现，如图 7.11 所示。

从图 7.11 中可以看到，整个图表被等分为四个区域，左上角为魅力属性区域，右上角为期望属性区域，左下角为无差异属性区域，右下角为必备属性区域。可以根据不同功能和需求的落点来判断它的属性。通过散点图可以分析得到，配备主动安全功能、续航 500km 以上、车辆空间大这些产品功能均为产品的必备属性，具备这些功能，消费者才会买单，所以应该优先研发这些功能，满足用户的基本需求。配备手机投屏功能和配备自动驾驶功能属于产品的期望属性，加入这些功能可以吸引更多消费者购买，去掉这些功能则会使潜在的消费者流失，所以在完成产品必备属性的基础上，应优先实现这些功能。外观新颖属于产品的魅力属性，如果车辆外观具有很好的设计感，可以得到意想不到的用户满意度提升，但若不具备该功能，用户满意度也不会大幅下降，所以在完成产品的必备属性、期望属性的基础上，再去实现这部分功能。内饰精致属于产品的无差异属性，所以不需要考虑。配置全景天窗介于不同属性之间，所以我们需要对人群进行细分，针对不同人群进行个性化产品服务。

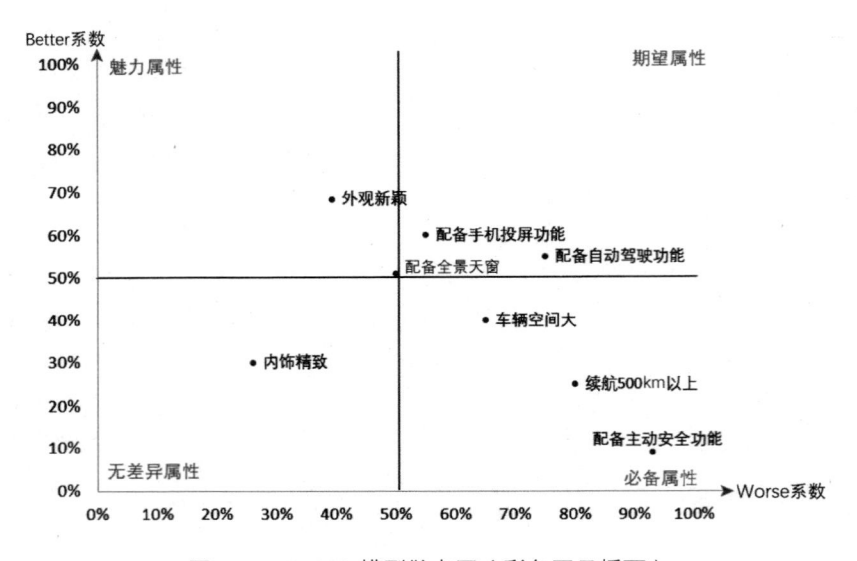

图 7.11　KANO 模型散点图（彩色图见插页）

通过对 KANO 模型的分析，DESLA 公司现在明确了这些起初拿不准的功能和特点：哪些是需要集中人力、物力、财力完成的，哪些是有余力再去完成的，哪些是本代产品还不着急考虑的。

7.1.3　基于 PSM 模型的产品价格设计

在开发新产品时，厂商对产品价格的看法和消费者对产品价格的看法经常会不一致，因此厂商往往不愿意事先设定产品的价格，而希望通过调查从消费者那里得到产品价格的可接受范围。PSM（Price Sensitivity Measurement）模型即价格敏感度测试模型，不需要预先给定价格，而让每位被访者自己表示他们的可接受价格范围，既考虑了消费者的主观意愿，又顾及了企业追求最大利益的需求。该模型由美国学者 van Westendrop 在 20 世纪 70 年代创建，是目前在价格测试的诸多模型中最简单、最实用的模型之一，为大多数市场研究公司所认可。通过 PSM 模型，不仅可以得出最优价格，还可以得出合理的价格区间。

要将 PSM 模型运用到实际应用中，就需要了解其原理及使用方法。下面将介绍 PSM 模型的执行步骤，如图 7.12 所示。

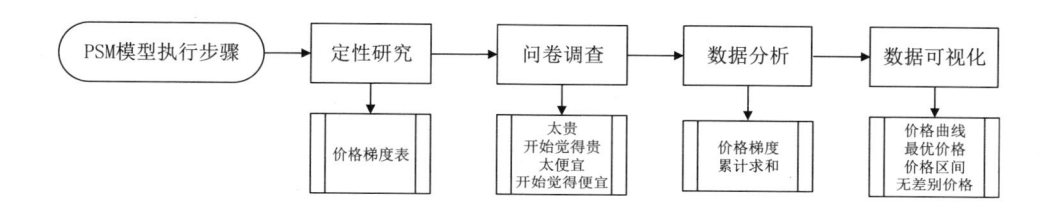

图 7.12 PSM 模型的执行步骤

（1）定性研究。通过定性研究，设计出能够涵盖产品可能的价格区间的价格梯度表。该步骤通常对某一产品或服务追问被访者四个问题，并据此获得价格梯度表。梯度表的价格范围要涵盖所有可能的价格点，最低和最高价格一般要求低于或高出可能的市场价格的三倍以上。以爱奇艺包月会员价格为例，设计的价格梯度表如表 7.7 所示。

表 7.7 爱奇艺包月会员价格梯度表

价格（元/月）	太便宜	开始觉得便宜	开始觉得贵	太贵
10 以内				
10～15				
15～20				
20～25				
25～30				
30 以上				

目前，爱奇艺包月会员的价格为 25 元/月，而且针对苹果客户端和安卓客户端，具体价格有所波动。因此我们将价格设为 6 档，其中包括刚推出会员功能时的 10 元区间、产品成长期的 15 元区间等，希望通过不同区间来反映用户对价格设置的容忍和接受程度。

（2）问卷调查。取一定数量的有代表性的样本，被访者在价格梯度表上做出四项选择：开始觉得便宜的价格、太便宜的价格、开始觉得贵的价格、太贵的价格。

① 开始觉得便宜的价格：对您而言，什么价格该道具/服务是很划算的，肯定会购买的？

② 太便宜的价格：低到什么价格，您觉得该道具/服务会因为大家都可以随便用，而对自己失去吸引力？

③ 开始觉得贵的价格：您觉得"有点高，但自己能接受"的价格是多少元？

④ 太贵的价格：价格高到什么程度，您肯定会放弃购买？

（3）数据分析。对价格梯度表中的数据进行累计求和，其中"太便宜"和"开始觉得便宜"的价格的百分比从价格最高向价格最低进行累计求和，因为价格越低，消费者越觉得便宜，即认为某价格便宜的消费者也会认为低于此价格的价格便宜；"开始觉得贵"和"太贵"的价格的百分比从价格最低向价格最高进行累计求和，因为价格越高，消费者越觉得贵，即认为某价格贵的消费者也会认为高于此价格的价格贵。爱奇艺包月会员价格梯度累计表如表7.8所示。

表7.8 爱奇艺包月会员价格梯度累计表

价格（元/月）	太便宜	开始觉得便宜	开始觉得贵	太贵
10以内	100%	100%	0	0
10～15				
15～20	价格最高向价格最低进行		价格最低向价格最高进行	
20～25	累计求和		累计求和	
25～30				
30以上	0	0	100%	100%

依次针对爱奇艺包月会员价格梯度累计表中的每一档价格，求出可接受、有保留接受、不可接受的人数占比，如图7.13所示。计算方法如式（7.3）、式（7.4）、式（7.5）所示。

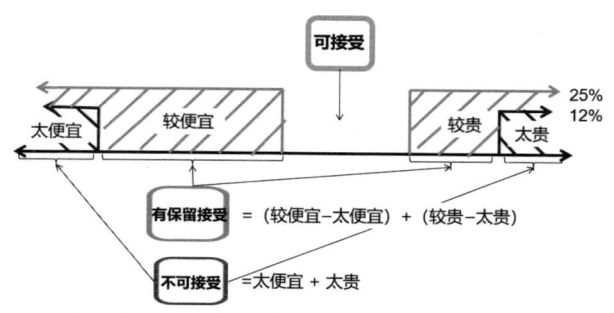

第 7 章 产品数据化运营：人人都能做数据产品经理

图 7.13 PSM 模型价格分析（彩色图见插页）

可接受人数占比 = 100% − 较便宜勉强接受人数占比 − 较贵勉强接受人数占比

（7.3）

有保留接受人数占比 =（较便宜勉强接受人数占比 − 太便宜无法接受人数占比）+
（较贵勉强接受人数占比 − 太贵无法接受人数占比）

（7.4）

不可接受人数占比 = 太便宜无法接受人数占比 + 太贵无法接受人数占比　（7.5）

（4）数据可视化。绘制 PSM 价格弹性曲线图，由四条曲线的交点得出产品的合适价格区间及最优价格，如图 7.14 所示。其中，"太便宜"曲线和"太贵"曲线的交点决定了最优价格；"开始觉得便宜"曲线和"开始觉得贵"曲线的交点决定了可接受价格；"太便宜"曲线和"开始觉得贵"曲线、"开始觉得便宜"曲线和"太贵"曲线的交点决定了可接受的价格范围。

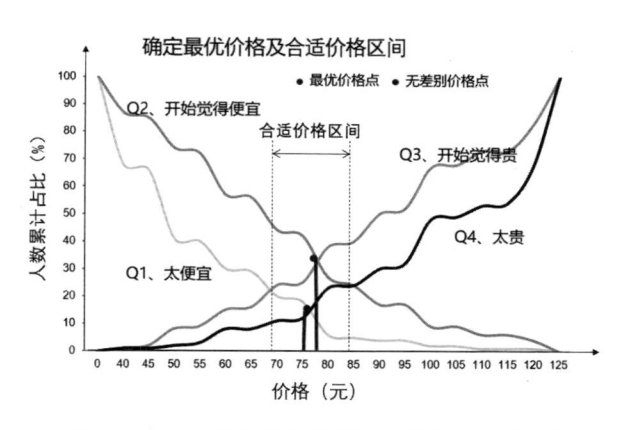

图 7.14 PSM 价格弹性曲线图（彩色图见插页）

"太便宜"曲线和"开始觉得贵"曲线的交点意味着此价格能够让最多的人觉得"不会便宜到影响购买意愿，即使有点贵也是能够接受的"；"开始觉得便宜"曲线和"太贵"曲线的交点意味着此价格能够让最多的人觉得"不会贵到不能接受，还是挺划算的"，因此这两个交点分别为合适价格区间的下限和上限。低于前者，消费者会因为担心过于大众、不能体现优越感而不愿购买；高于后者，消费者会认为价钱太高而不愿购买。

一般来说，"太便宜"曲线和"太贵"曲线的交点是最优价格点，因为在此处觉得"不过于便宜也不过于昂贵"的消费者最多。"开始觉得便宜"曲线和"开始觉得贵"曲线的交点是无差别价格点，因为该交点取得了"划算，肯定会买"及"贵，但能接受"的平衡，是能让最多消费者满意的价格。

接下来我们通过实际案例，学习如何采用 PSM 模型进行产品价格设计。我们仍以之前讲过的新能源汽车公司研发电动汽车为例展开分析，在新能源汽车正式投放市场之前，需要对产品进行定价。对于新能源汽车来说，产品定价至关重要，甚至可以直接决定产品的成败。

首先，我们对市面上的其他品牌新能源汽车的定价进行市场调研，分别统计不同品牌新能源汽车的最低售价和最高售价，得到定价区间，如图 7.15 所示。

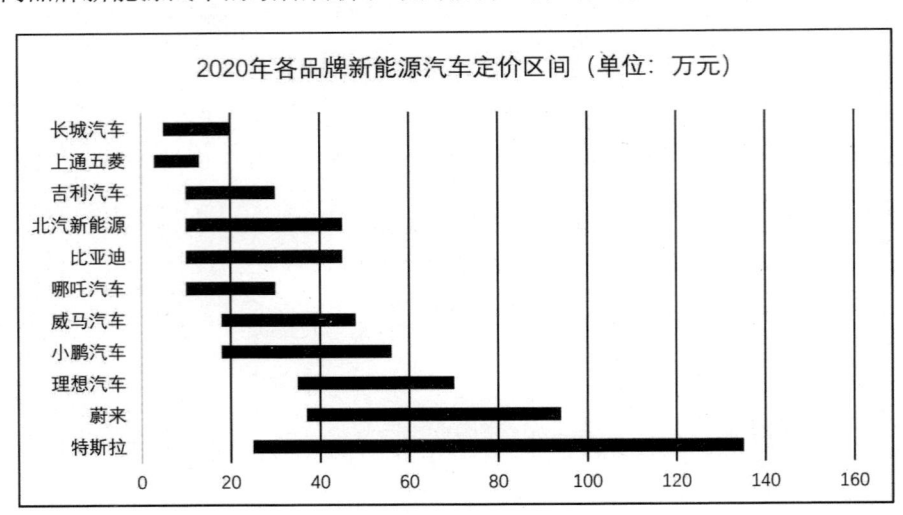

图 7.15　2020 年各品牌新能源汽车定价区间

第 7 章 产品数据化运营：人人都能做数据产品经理

通过定价区间，可以看到竞争最为激烈的是 20 万～30 万元的价格段，同时这是消费者相对认可的价格段。各品牌将自己的新能源汽车定价在这个范围内，还有一个原因就是目前国内的补贴政策为定价 30 万元以内的新能源汽车可以根据比例获得售价补贴，如定价 266 740 元的特斯拉 Model 3 补贴后售价为 250 900 元，更实惠的价格可以吸引消费者购买。基于以上的原因，我们的 Model D 车型将定价范围锁定在 20 万～30 万元的区间内。具体的定价，我们将使用 PSM 模型进行决定。

其次，我们需要制作调查问卷，统计客户对于不同定价的反馈。问卷内容具体为让客户对于不同定价，在四个选项"太便宜""开始觉得便宜""开始觉得贵""太贵"中进行选择。对于收集到的问卷，经过整理和统计后制成 Model D 车型价格梯度表，如表 7.9 所示。

表 7.9　Model D 车型价格梯度表（原始数据）

定价（万元）	太便宜（人）	开始觉得便宜（人）	开始觉得贵（人）	太贵（人）
21	102	0	0	0
22	74	21	0	0
23	48	45	21	0
24	11	69	18	0
25	13	45	45	18
26	13	26	26	8
27	3	50	66	26
28	0	8	48	82
29	0	0	30	77
30	0	0	10	53

再次，将表 7.9 中的数据转换为百分比，转换后得到的数据，如表 7.10 所示。

表 7.10　Model D 车型价格梯度表（百分比）

定价（万元）	太便宜	开始觉得便宜	开始觉得贵	太贵
21	39%	0	0	0
22	28%	8%	0	0
23	18%	17%	8%	0

续表

定价（万元）	太便宜	开始觉得便宜	开始觉得贵	太贵
24	4%	26%	7%	0
25	5%	17%	17%	7%
26	5%	10%	10%	3%
27	1%	19%	25%	10%
28	0	3%	18%	31%
29	0	0	11%	29%
30	0	0	4%	20%

之后，我们需要对数据进行累计求和。其中，"太便宜"和"开始觉得便宜"的价格的百分比从价格最高向价格最低进行累计求和，"开始觉得贵"和"太贵"的价格的百分比从价格最低向价格最高进行累计求和。在累计后，我们可以通过式（7.3）、式（7.4）、式（7.5）分别计算出可接受、不可接受和有保留接受的人数占比，得到 Model D 车型价格梯度累计表，如表 7.11 所示。

表 7.11　Model D 车型价格梯度累计表

定价（万元）	太便宜	开始觉得便宜	开始觉得贵	太贵	可接受	有保留接受	不可接受
21	100%	100%	0	0	0	0	100%
22	61%	100%	0	0	0	39%	61%
23	33%	92%	8%	0	0	67%	33%
24	15%	75%	15%	0	10%	75%	15%
25	11%	49%	32%	7%	19%	63%	18%
26	6%	32%	42%	10%	26%	58%	16%
27	1%	22%	67%	20%	11%	68%	21%
28	0	3%	85%	51%	12%	37%	51%
29	0	0	96%	80%	4%	16%	80%
30	0	0	100%	100%	0	0	100%

在得到可接受客户、有保留接受客户的占比后，可以绘制面积图来分析确定客户和潜在客户的分布和定价区间的关系。这里，我们认为可接受客户是确定客户，有保留接受客户是潜在客户。以产品定价为横坐标，以人数占比为纵坐标，我们可以绘制出确定客户和潜在客户可接受价格面积图，如图 7.16 所示。从图 7.16 中可以看出，确定客户可接受的价格集中在 26 万元左右，潜在客户可接受

的价格集中在 24 万～27 万元。

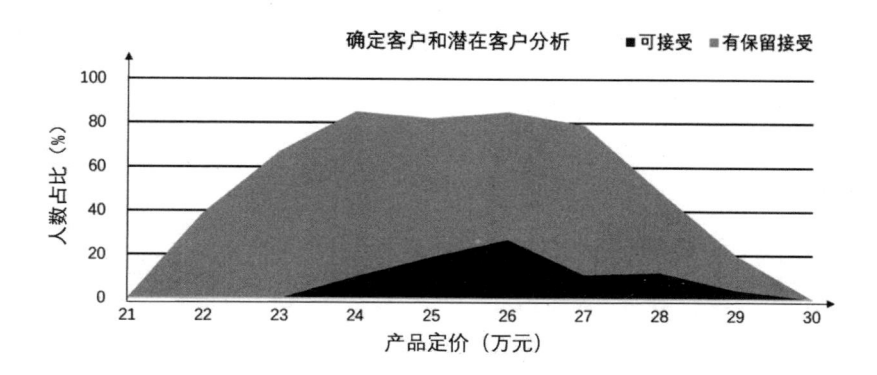

图 7.16 确定客户和潜在客户可接受价格面积图

最后，我们可以根据 Model D 车型价格梯度累计表，绘制出 Model D 车型 PSM 价格弹性曲线图，如图 7.17 所示。

通过图 7.17，我们可以分析出 Model D 车型的最佳定价。"太便宜"曲线和"太贵"曲线的交点决定了最优价格，最优价格为 25.5 万元。图 7.17 还可以进一步帮我们缩小定价范围，"太便宜"曲线和"开始觉得贵"曲线、"开始觉得便宜"曲线和"太贵"曲线的交点决定了可接受的价格范围，可接受的价格范围为 24 万～27 万元。

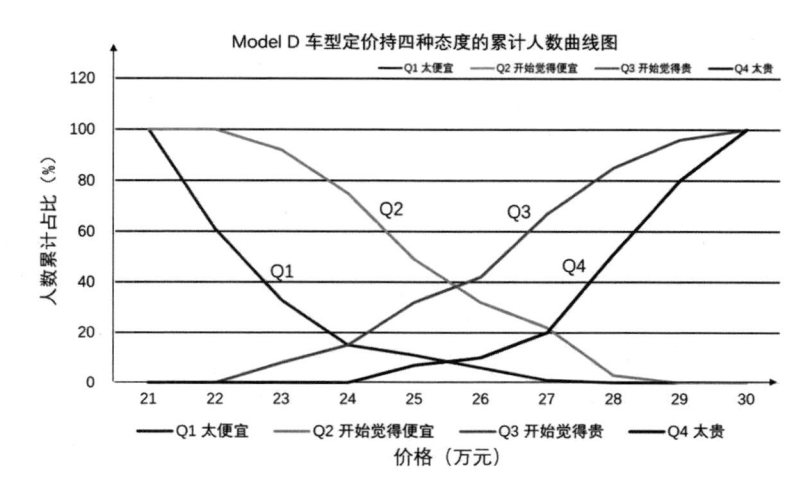

图 7.17 Model D 车型 PSM 价格弹性曲线图

基于上面的分析，在 Model D 车型上市时可以将其定价为 25.99 万元，该价格处于最佳定价的状态，可以让绝大部分消费者接受。如果上市后市场反响并不好，需要对 Model D 车型进行降价促销，则可以将价格降至 PSM 价格弹性曲线确定的定价区间的最低值 24 万元，这样一来起到了降价的作用，同时售价处在较为合理的范围之内。

7.2 产品运营与产品优化

产品销售量如何？优劣势何在？增长态势是否良好？用户留存率高吗？用户黏度高吗？新老用户的表现一样好吗？有无互动？有无核心用户群？上述这些问题能够检测产品是否发展得好，当产品发展得好时，它就能深入市场，留住用户并产生互动，通过健康的内容循环让用户定期回流。当产品出现质量问题、服务问题，消费者满意度不断下降时，为了避免产品陷入恶性循环，我们要及时感知问题与风险，通过一系列方法对产品进行调整与改善。在本节中，首先，我们会介绍基于巴斯模型的产品销售量预测，这样我们能够对产品在未来运营过程中有一个整体掌控；其次，我们会讲述基于漏斗模型的产品运营分析，在产品运营过程中，可以通过该模型从时间趋势维度、产品间比较维度、产品受众细分维度，对产品的健康度指标进行分析与评判；最后，我们将通过基于 A/B 测试的产品优化评估，介绍如何提升产品的优化效果。

7.2.1 基于巴斯模型的产品销售量预测

巴斯模型（巴斯扩散模型）是由弗兰克·巴斯（Frank Bass）于 1969 年在 Management Science 上发表的关于新开发的消费者耐用品增长模型（*A New Product Growth for Model Consumer Durables*）论文中首次提出的。

巴斯模型由一个简单的微分方程组成，描述了新产品在人群中被采用的过程。该模型描述了新产品的目前使用者和潜在使用者相互作用的基本原理。该模型将使用者归类为创新者和模仿者，采用产品的速度和时间取决于创新者的创新程度和模仿者的模仿程度。巴斯模型已广泛应用于预测，尤其是新产品的销售预测和技术预测。通过巴斯模型得到的预测结果，可以帮助调整产品研发工作和后续的及时升级改进。

巴斯模型计算公式如式（7.6）所示。

$$n_t = N_t - N_{t-1} = p\bar{N} + (q-p)N_{t-1} - \frac{q}{\bar{N}}N_{t-1}^2 \quad (7.6)$$

式中，n_t 表示在未来第 t 年的销售量，即需要预测的数值；N_t 和 N_{t-1} 分别表示截至 t 时刻、$t-1$ 时刻，已经使用产品的累积人数；$\bar{N}$ 表示市场最大购买潜力，即潜在使用者总数；p 表示创新系数（外部影响），即尚未使用该产品的人受到大众传媒或其他外部因素的影响，开始使用该产品的可能性；q 表示模仿系数（内部影响），即尚未使用该产品的人，受到使用者的口碑影响，开始使用该产品的可能性。

对于创新系数 p 和模仿系数 q 的计算，要采用我们之前介绍过的规划求解的方法，通过参数调整，销售量预测值会逼近真实值，即满足式（7.7）。其中，n_t 表示实际历史数据；$\hat{n}_t$ 表示模型拟合数据。

$$目标函数 = \sum(n_t - \hat{n}_t)^2 \quad (7.7)$$

巴斯模型简易明了，但要注意运用巴斯模型必须满足以下两个条件：①企业已引入了某产品或某技术，并已观察到其几个时期的销售情况；②企业尚未引入某产品或某技术，但该产品或该技术在某些方面同市场上既有产品或技术很相似。巴斯模型给出的是购买者数量，而不是企业的产品销售量，但是产品销售量可以根据消费者的使用频率间接估计。巴斯模型的意义在于提出了市场动态变化的规律，可以帮助企业在不同时期对市场容量及其变化趋势做出科学有效的估计。虽然巴斯模型在理论上比较完善，但是其只适用于已经在市场中存在一定时期的新产品的市场预测，而往往新产品刚上市的时候，其质量和性能对消费者来讲相对陌生，企业无法对巴斯模型中的创新系数和模仿系数做出可靠的估计，此时需要对巴斯模型做出一定的补充。

接下来我们通过实际案例，学习如何采用巴斯模型进行产品销售量预测。假设 DESLA 公司所在城市约有 2 216 880 人，据调查其中约 32%的居民计划购买私家车。新能源汽车约占该市汽车总量的 18%，Model D 车型约占新能源汽车市场份额的 26%。近 5 年 Model D 车型在该城市的销售量如表 7.12 所示。

表 7.12　近 5 年 Model D 车型在该城市的销售量

年　　份	销售量（千辆）
2016 年	541
2017 年	738
2018 年	920
2019 年	1013
2020 年	1121

采用巴斯模型，对产品销售量进行预测，执行步骤如下。

（1）步骤 1：统计市场最大购买潜力 $\bar{N}$，约为全市人口（2 216 880 人）×购买私家车人口占比（32%）×新能源汽车占比（18%）×Model D 车型市场份额（26%）≈33 200（辆）。

（2）步骤 2：根据式（7.7），利用规划求解，计算创新系数和模仿系数。为了让大家掌握求解方法，这里详细介绍在 Excel 中的求解步骤。

① 在 Excel 中输入数据，如图 7.18 所示。其中，B2、B3、B4 单元格表示创新系数 p、模仿系数 q、市场最大购买潜力 $\bar{N}$。C9～C13 单元格表示近 5 年 Model D 车型在该城市的销售量。第 8 行数据为 0，作为第 0 期初始数据，用于之后的计算。其他数据为空，后面会逐步计算出来。

② 由第 t 年真实数据，计算累计 t 年真实数据。在 E9 单元格中输入"=C9+E8"，之后通过 Excel 拖曳方式，将公式一直复制到 E13 单元格中。即每年的累计真实数据=当年的真实数据+上一年的累计真实数据。执行完上述步骤，Excel 真实数据和累计真实数据如图 7.19 所示。

第 7 章 产品数据化运营：人人都能做数据产品经理

	A	B	C	D	E	F	G	H	I
1		Bass							
2	p								
3	q								
4	N	33200							
5									
6					未来30年预测				
7	年份	销售期	第t年真实数据	第t年预测数据	累计t年真实数据	累计t年预测数据	目标函数	增长额	增长百分比%
8		0	0	0	0	0	0		
9	2016	1	541						
10	2017	2	738						
11	2018	3	920						
12	2019	4	1013						
13	2020	5	1121						
14	2021	6							
15	2022	7							
16	2023	8							
17	2024	9							
18	2025	10							
19	2026	11							
20	2027	12							
21	2028	13							
22	2029	14							
23	2030	15							
24	2031	16							
25	2032	17							
26	2033	18							
27	2034	19							
28	2035	20							
29	2036	21							
30	2037	22							
31	2038	23							
32	2039	24							
33	2040	25							
34	2041	26							
35	2042	27							
36	2043	28							
37	2044	29							
38	2045	30							
39	2046	31							
40	2047	32							
41	2048	33							
42	2049	34							
43	2050	35							

图 7.18　Excel 巴斯模型初始数据

	A	B	C	D	E	F	G	H	I
2	p								
3	q								
4	N	33200							
5									
6					未来30年预测				
7	年份	销售期	第t年真实数据	第t年预测数据	累计t年真实数据	累计t年预测数据	目标函数	增长额	增长百分比%
8		0	0	0	0	0	0		
9	2016	1	541		541				
10	2017	2	738		1279				
11	2018	3	920		2199				
12	2019	4	1013		3212				
13	2020	5	1121		4333				
14	2021	6							
15	2022	7							
16	2023	8							
17	2024	9							
18	2025	10							
19	2026	11							
20	2027	12							
21	2028	13							
22	2029	14							
23	2030	15							

图 7.19　Excel 真实数据和累计真实数据

③ 根据式（7.6）巴斯模型计算公式，求解第 t 年预测数据。在 D9 单元格中输入"=\$B\$2*\$B\$4+(\$B\$3-\$B\$2)*F8-\$B\$3*(F8^2)/\$B\$4"，之后通过 Excel 拖曳方式，将公式一直复制到 D43 单元格中。由于创新系数 p、模仿系数 q 初始为 0，所以在输入公式后，第 t 年预测数据仍为 0。执行完上述步骤，Excel 预测数据如图 7.20 所示。

年份	销售期	第t年真实数据	第t年预测数据	累计t年真实数据	累计t年预测数据	目标函数	增长额	增长百分比%
	0	0	0		0	0		
2016	1	541	0	541	0			
2017	2	738	0	1279	0			
2018	3	920	0	2199	0			
2019	4	1013	0	3212	0			
2020	5	1121	0	4333	0			
2021	6		0		0			
2022	7		0		0			
2023	8		0		0			
2024	9		0		0			
2025	10		0		0			
2026	11		0		0			
2027	12		0		0			
2028	13		0		0			
2029	14		0		0			
2030	15		0		0			

图 7.20　Excel 预测数据

④ 由第 t 年预测数据，计算累计 t 年预测数据。在 F9 单元格中输入"=D9+F8"，之后通过 Excel 拖曳方式，将公式一直复制到 F43 单元格中。即每年的累计预测数据=当年的预测数据+上一年的累计预测数据。执行完上述步骤，Excel 预测数据和累计预测数据如图 7.21 所示。

	Bass								
p									
q									
N	33200								
				未来30年预测					
年份	销售期	第t年真实数据	第t年预测数据	累计t年真实数据	累计t年预测数据	目标函数	增长额	增长百分比%
	0	0	0		0	0		
2016	1	541	0	541	0			
2017	2	738	0	1279	0			
2018	3	920	0	2199	0			
2019	4	1013	0	3212	0			
2020	5	1121	0	4333	0			
2021	6		0		0			
2022	7		0		0			
2023	8		0		0			
2024	9		0		0			
2025	10		0		0			
2026	11		0		0			
2027	12		0		0			
2028	13		0		0			
2029	14		0		0			
2030	15		0		0			

图 7.21　Excel 预测数据和累计预测数据

第7章 产品数据化运营：人人都能做数据产品经理

⑤ 根据式（7.7），计算目标函数。在 G9 单元格中输入"=(D9-C9)^2"，之后通过 Excel 拖曳方式，将公式一直复制到 G13 单元格中。在 G8 单元格中输入"=SUM(G9:G13)"。由于当前只有第 t 年真实数据，第 t 年预测数据未计算出来，因此目标函数不是最终结果。执行完上述步骤，Excel 目标函数数据如图 7.22 所示。

	A	B	C	D	E	F	G	H	I
2	p								
3	q								
4	N	33200							
5									
6					未来30年预测				
7	年份	销售期	第t年真实数据	第t年预测数据	累计t年真实数据	累计t年预测数据	目标函数	增长额	增长百分比%
8		0	0	0	0	0	3966535		
9	2016	1	541	0	541	0	292681		
10	2017	2	738	0	1279	0	544644		
11	2018	3	920	0	2199	0	846400		
12	2019	4	1013	0	3212	0	1026169		
13	2020	5	1121	0	4333	0	1256641		
14	2021	6		0		0			
15	2022	7		0		0			
16	2023	8		0		0			
17	2024	9		0		0			
18	2025	10		0		0			
19	2026	11		0		0			
20	2027	12		0		0			
21	2028	13		0		0			
22	2029	14		0		0			
23	2030	15		0		0			

图 7.22　Excel 目标函数数据

⑥ 在 Excel 数据菜单中选择规划求解，设置目标选择 G8 单元格，目前函数取最小值，可变单元格选择 B2 单元格和 B3 单元格，求解方法选择非线性 GRG，设置方法如图 7.23 所示。

图 7.23　Excel 规划求解设置方法

单击"求解"按钮，所得结果如图 7.24 所示。从图 7.24 中可以看出，通过规划求解可以计算出创新系数 p、模仿系数 q、第 t 年预测数据、累计 t 年预测数据、目标函数。

年份	销售期	第t年真实数据	第t年预测数据	累计t年真实数据	累计t年预测数据	目标函数	增长额	增长百分比%
				未来30年预测				
	0	0	0	0	0	10674.06		
2016	1	541	606.7594093	541	606.7594093	4324.5		
2017	2	738	722.0456859	1279	1328.805059	254.5401		
2018	3	920	853.1055504	2199	2181.910646	4474.867		
2019	4	1013	999.3672998	3212	3181.277945	185.8505		
2020	5	1121	1158.874791	4333	4340.152737	1434.5		
2021	6		1327.858153		5668.01089			
2022	7		1500.381312		7168.392202			
2023	8		1668.203041		8836.595243			
2024	9		1821.018202		10657.61345			
2025	10		1947.228666		12604.84211			
2026	11		2035.297088		14640.1392			
2027	12		2075.551622		16715.69082			
2028	13		2062.07887		18777.76969			
2029	14		1994.171535		20771.94083			
2030	15		1876.809849		22648.75068			
2031	16		1719.929707		24368.68038			
2032	17		1536.63196		25905.31234			
2033	18		1340.891053		27246.2034			
2034	19		1145.427773		28391.63117			
2035	20		960.2586054		29351.88977			
2036	21		792.1026536		30143.99243			
2037	22		644.5233826		30788.51581			
2038	23		518.5231066		31307.03892			
2039	24		413.3013444		31720.34026			
2040	25		326.9707588		32047.31102			
2041	26		257.1262033		32304.43722			
2042	27		201.2414831		32505.67871			
2043	28		156.9134922		32662.5922			
2044	29		121.9906162		32784.58282			
2045	30		94.62280202		32879.20562			
2046	31		73.26380349		32952.46942			
2047	32		56.64752484		33009.11695			
2048	33		43.7528022		33052.86975			
2049	34		33.76524477		33086.63349			
2050	35		26.04084516		33112.67584			

图 7.24　Excel 规划求解结果

（3）步骤 3：计算增长额、增长百分比，并绘制巴斯模型销售量曲线图和增长百分比曲线图。对于增长额的计算，在单元格 H10 中输入 "=D10-D9"，之后通过 Excel 拖曳方式，将公式一直复制到 H43 单元格中。对于增长百分比的计算，在单元格 I10 中输入 "=(D10-D9)/D9"，之后通过 Excel 拖曳方式，将公式一直复制到 I43 单元格中。Model D 增长额和增长百分比如图 7.25 所示。

第 7 章 产品数据化运营：人人都能做数据产品经理

年份	销售期	第t年真实数据	第t年预测数据	累计t年真实数据	累计t年预测数据	目标函数	增长额	增长百分比%
	0	0	0	未来30年预测 0	0	10674.06		
2016	1	541	606.7594093	541	606.7594093	4324.3		
2017	2	738	722.0456859	1279	1328.805095	254.5401	115.2863	19.00%
2018	3	920	853.1055504	2199	2181.910646	4474.867	131.0599	18.15%
2019	4	1013	999.3672998	3212	3181.277945	185.8505	146.2617	17.14%
2020	5	1121	1158.874791	4333	4340.152737	1434.5	159.5075	15.96%
2021	6		1327.858153		5668.01089		168.9834	14.58%
2022	7		1500.381312		7168.392202		172.5232	12.99%
2023	8		1668.203041		8836.595243		167.8217	11.19%
2024	9		1821.018202		10657.61345		152.8152	9.16%
2025	10		1947.228666		12604.84211		126.2105	6.93%
2026	11		2035.297088		14640.1392		88.06842	4.52%
2027	12		2075.551622		16715.69082		40.25453	1.98%
2028	13		2062.07887		18777.76969		-13.4728	-0.65%
2029	14		1994.171135		20771.94083		-67.9077	-3.29%
2030	15		1876.809849		22648.75068		-117.361	-5.89%
2031	16		1719.929707		24368.68038		-156.88	-8.36%
2032	17		1536.63196		25905.31234		-183.298	-10.66%
2033	18		1340.891053		27246.2034		-195.741	-12.74%
2034	19		1145.427773		28391.63117		-195.463	-14.58%
2035	20		960.2586054		29351.88977		-185.169	-16.17%
2036	21		792.1026536		30143.99243		-168.156	-17.51%
2037	22		644.5233826		30788.51581		-147.579	-18.63%
2038	23		518.5231066		31307.03892		-126	-19.55%
2039	24		413.3013444		31720.34026		-105.222	-20.29%
2040	25		326.9707588		32047.31102		-86.3306	-20.89%
2041	26		257.1262033		32304.43722		-69.8446	-21.36%
2042	27		201.2414831		32505.67871		-55.8847	-21.73%
2043	28		156.9134922		32662.5922		-44.328	-22.03%
2044	29		121.9906162		32784.58282		-34.9229	-22.26%
2045	30		94.62280202		32879.20562		-27.3678	-22.43%
2046	31		73.26380349		32952.46942		-21.359	-22.57%
2047	32		56.64752484		33009.11695		-16.6163	-22.68%
2048	33		43.7528022		33052.86975		-12.8947	-22.76%
2049	34		33.76524477		33086.63499		-9.98756	-22.83%
2050	35		26.04084516		33112.67584		-7.7244	-22.88%

图 7.25　Model D 增长额和增长百分比

根据 Model D 产品的第 t 年真实数据和第 t 年预测数据，可以绘制出 Model D 产品生命周期曲线图，如图 7.26 所示。

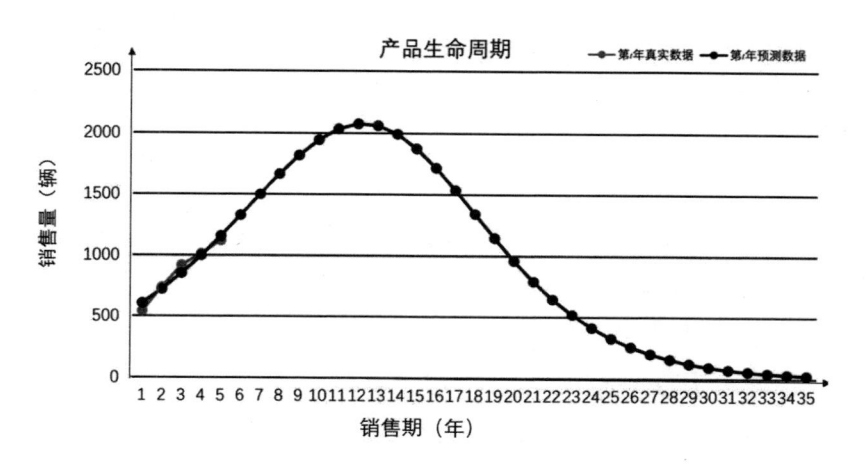

图 7.26　Model D 产品生命周期曲线图

根据 Model D 产品的增长百分比，可以绘制出 Model D 产品增长率曲线图，如图 7.27 所示。

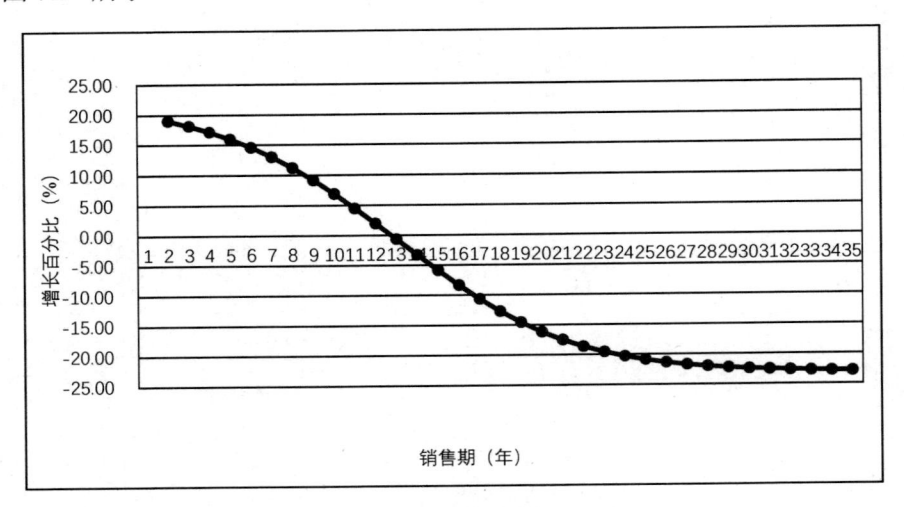

图 7.27　Model D 产品增长率曲线图

（4）步骤 4：产品生命周期与产品销售量分析。根据 Model D 产品生命周期曲线图，可以将产品生命周期划分为导入期、成长期、成熟期、衰退期。

① 导入期（大致为 2016 年—2020 年）。

在导入期，消费者对产品还不了解，产品销售量较低。为了扩展销路，需要大量的促销费用，对产品进行宣传。由于技术的原因，产品不能大批量生产，因此成本高，销售额增长缓慢，企业不但得不到利润，反而可能亏损。产品有待进一步完善。

营销策略：鉴于导入期生产和推销成本较高，在定价方面可采取"高价快速"策略，树立品牌形象，抢先占领市场，目标是在竞争产品还没有大量出现之前就能收回成本，获得利润；在促销方面可以线下办车展、买广告位、人员推销、限时活动，线上通过社交媒体和官网宣传等，帮助客户了解产品，吸引客户购买。

② 成长期（大致为 2021 年—2025 年）。

在成长期，越来越多的消费者开始接受并使用产品，市场逐渐扩大。产品大批量生产，生产成本降低，企业的销售量迅速上升，利润迅速增长，到第 7 年（2022 年）达到最大年销售量增长（172 辆）。但竞争产品进入市场参与竞争，威胁企业的市场地位,同时会使同类产品供给量增加,价格随之下降,企业利润增长速度逐步减慢。

营销策略:在产品与定价方面,集中必要的人力、物力和财力,进行技术改造,以迅速扩大产能;同时从速度、加速度、续航、操控等方面提高车辆性能,使外形更加流畅美观;改进产品定价,在让客户觉得物有所值甚至物超所值的同时获取较高的利润。在促销方面,重点从产品介绍转向品牌形象树立,进一步提高企业声誉。在渠道方面,进一步开展市场细分,积极开拓新的市场,如出口海外市场,扩大销售,努力疏通并增加新的流通渠道,扩大产品销售面。

④ 成熟期(大致为 2026 年—2032 年)

在成熟期,竞争逐渐加剧,产品售价降低,促销费用增加,企业利润下降。第 8 年~第 12 年,年销售量的绝对增长额逐步下降。在第 12 年(2027 年)达到年销售量的最大值 2075 辆。市场需求趋于饱和,潜在的消费者很少,销售量增长缓慢转而下降。

营销策略:在产品改良方面,研究旧产品的发展潜力,选择开发新功能或直接放弃弱势产品,推陈出新;节省费用开发新功能或在已有的技术优势上进行提升,通过产品特征的改良来提高销售量。在市场定位方面,努力开发新的市场,寻找新的潜在客户群体,保持和扩大产品市场份额。在营销组合方面,通过调整营销组合中的某一个因素或多个因素,来刺激销售。

④ 衰退期(大致为 2033 年—2046 年)

在衰退期,由于新技术的发展,新产品出现,消费者的消费习惯发生改变,转向其他产品,因此原来产品的销售量和利润额迅速下降。从第 13 年(2028 年)开始出现,销售量负增长,到第 18 年(2033 年)达到最大年销售量负增长(196 辆)。以 2033 年为分界点,到产品整个生命周期结束,销售量每年递减的速度逐年下降。

营销策略：维持策略是一种保持市场份额的过渡期间战略，适合未来销售趋势非常不确定的市场，但根据数据显示，未来销售趋势基本不会发生大变动，不适合 Model D 产品继续发展。建议选择下面两种策略：①缩减策略，若企业要保留原有行业上的产品继续经营，则可将营销力量集中到细分市场，减少营销成本，或者集中精力对少数产品改进品质，降低生产成本，删除得不偿失的产品，提高经济效益；②撤退策略，放弃某个经营单位、子公司、事业部或某个产品系列，出让经营业务给其他新能源汽车品牌公司。

7.2.2 基于漏斗模型的产品运营分析

在日常工作中，我们会发现不同行业或不同岗位大致会遵循着一些相同的流程，或长或短，或复杂或简单，而所有的流程基本都会为自身的终极目标负责。例如，招聘工作要为员工入职负责，销售工作要为客户买单负责，运营工作可能要为最后的用户增长负责，而每一项工作本身是复杂的，此时如果没有一个清晰的链路，那么我们很难定位问题的源头在哪里，更别谈接下来该如何去推进了。这里有个非常高效的思维方式，叫作漏斗思维，漏斗思维是一种线性的思考方式，一般按照任务的完成路径，识别出几个关键的行为节点后，分析行为节点间的转化与流失情况，进而定位问题，指导决策。

漏斗模型的概念最早是由美国知名广告人 St.Elmo Lewis 在 1898 年提出的，叫作消费者购买漏斗，也叫作消费者漏斗、营销漏斗等，是一种品牌广告的营销策略，准确地概括出了消费者关于产品或服务的流程。在运营过程中，漏斗模型可以对非潜在客户逐步转化为客户的过程进行量化，其价值在于量化了运营过程中各个环节的效率，可以帮助找到薄弱环节。漏斗模型示意图如图 7.28 所示。对于业务流程相对规范、周期较长、环节较多的流程分析，漏斗模型能够展现出各个阶段的转化率，通过漏斗各个环节相关数据的比较，能够直观地发现和说明问题所在。

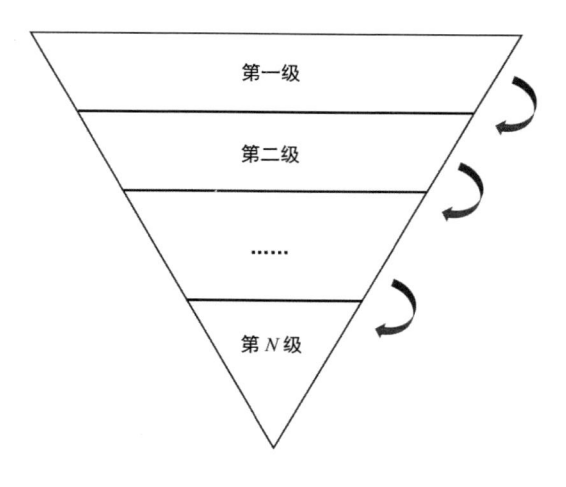

第 7 章　产品数据化运营：人人都能做数据产品经理

图 7.28　漏斗模型示意图

在漏斗模型中，我们重点关注的是每一级的转化率，根据转化率来找到业务流程中的待优化节点，转化率的计算方式为本级数据除以前一级数据，而总转化率等于每一级的转化率相乘。以某电商购物 App 为例，进行漏斗模型分析。

首先梳理用户在 App 内购物的操作路径，如图 7.29 所示，依次为搜索商品、打开商品详情页、咨询客服、点击购买、完成付款五个步骤。

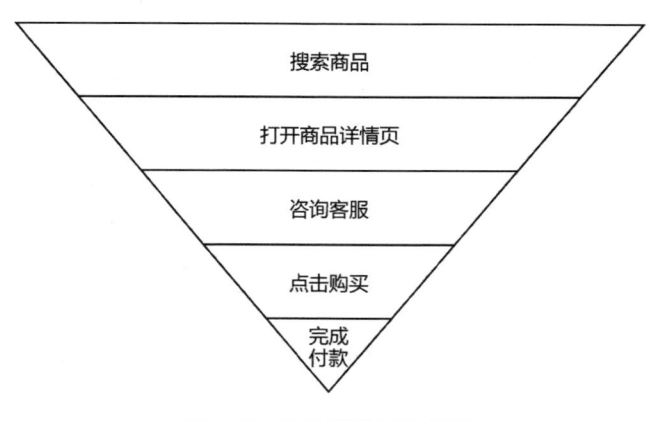

图 7.29　购物路径漏斗模型

以此建立漏斗转化模型，根据五步漏斗收集每个步骤的数据信息，这里我们主要关注每个步骤的人数和点击次数，如表 7.13 所示。列出每个步骤的人均点击次数之后，看到在咨询客服步骤的人均点击次数明显提高，可判断在该步骤用户可能有困惑或不满，后续可以针对咨询客服步骤重点监测用户的操作路径，或者开展专题用户调研，更精准地定位问题，为产品设计优化进行指导。

表 7.13　购物环节数据信息

步　　骤	人数（人）	点击次数（次）	人均点击次数（次）
搜索商品	5733	9452	1.65
打开商品详情页	3787	7451	1.97
咨询客服	2481	8965	3.61
点击购买	650	1205	1.85
完成付款	364	623	1.71

根据表 7.13 中的数据计算各个环节的用户转化率，如图 7.30 所示。除"咨询客服"到"点击购买"环节之外，每个环节的转化率均为 60%左右，但此环节的转化率为 26.2%，明显低于正常数值，据此可判断用户在咨询客服后流失较为严重，同时结合上一步骤的人均点击次数的分析结论，预估用户在咨询客服步骤的体验最需要优化，可能是对客服的答疑结果不认可，也可能是商品本身存在的问题令用户不满意，需要我们进一步调查分析。

用户在购物App购买商品的行为漏斗分析（人数/人）

搜索商品　5733
打开商品详情页　3787　66.06%
咨询客服　2481　65.51%
点击购买　650　26.2%
完成付款　364　56.00%

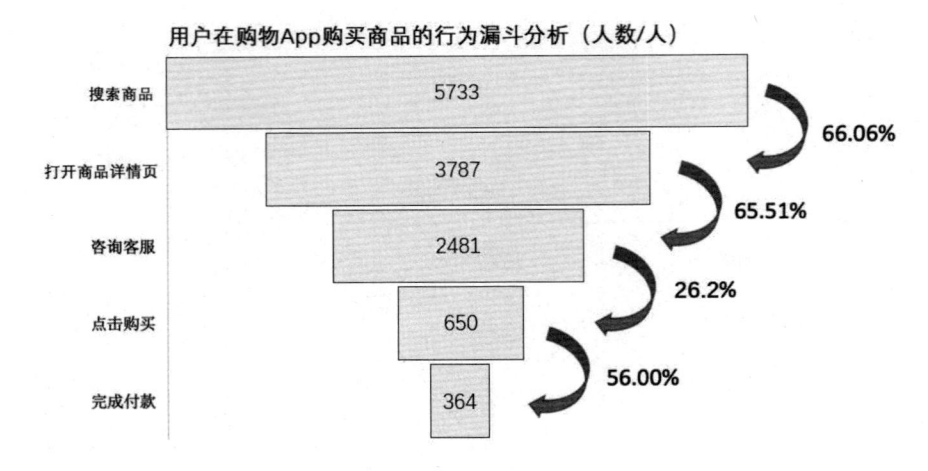

图 7.30　购物 App 用户路径漏斗分析

漏斗模型的主要作用就是通过分析用户路径数据，协助定位问题，指导后续的产品调研，并且帮助运营团队更准确地关注用户体验，发现和确定优化目标。这种思维其实已经渗透到各行各业中，只是我们平时并没有很好地觉察，接下来我们来看几个经典的漏斗模型，便于更好地理解它。

1. 招聘漏斗：人力资源行业

对于招聘过程，招聘漏斗将其划分为六个步骤，分别是邀约、到访、初试、终试、Offer、入职，这个模型展示了公司获取人才的完整链条，经过层层过滤、渗透，将外部候选人转变为自身员工，如图 7.31 所示。

2. 营销漏斗：广告行业

营销漏斗清晰地定义了客户营销转化的流程，在展示→点击→访问→咨询→成交的流程中，每一层都伴随着流失和跳出，每一层的流失和跳出越少，转化的订单就越多，如图 7.32 所示。

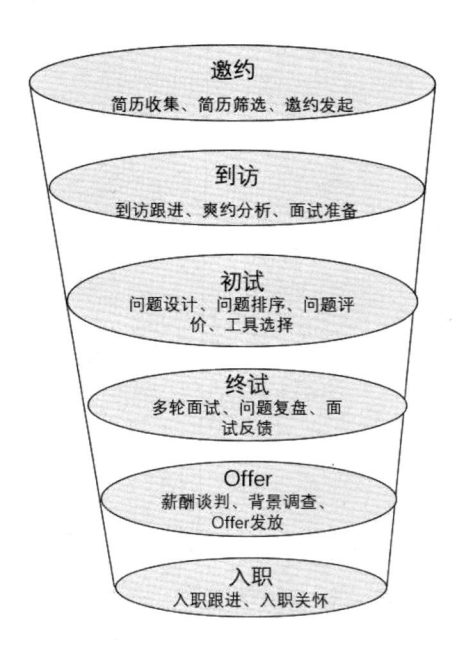

图 7.31 招聘漏斗：人力资源行业　　图 7.32 营销漏斗：广告行业

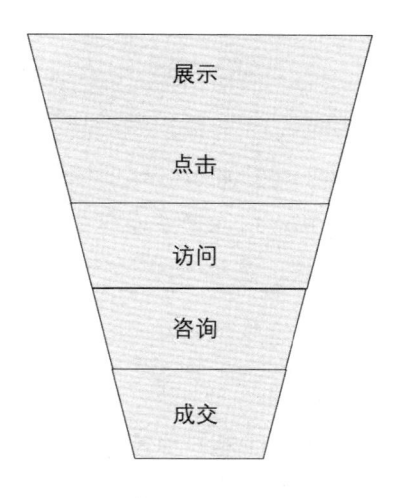

3. 用户增长漏斗（AARRR 漏斗）：互联网行业

近年来，在互联网行业异常火爆的用户增长漏斗，AARRR 漏斗，即 Acquisition（获取用户）、Activation（激活用户）、Retention（用户留存）、Revenue

（用户付费产生收益）、Referral（用户传播推荐），如图7.33所示。

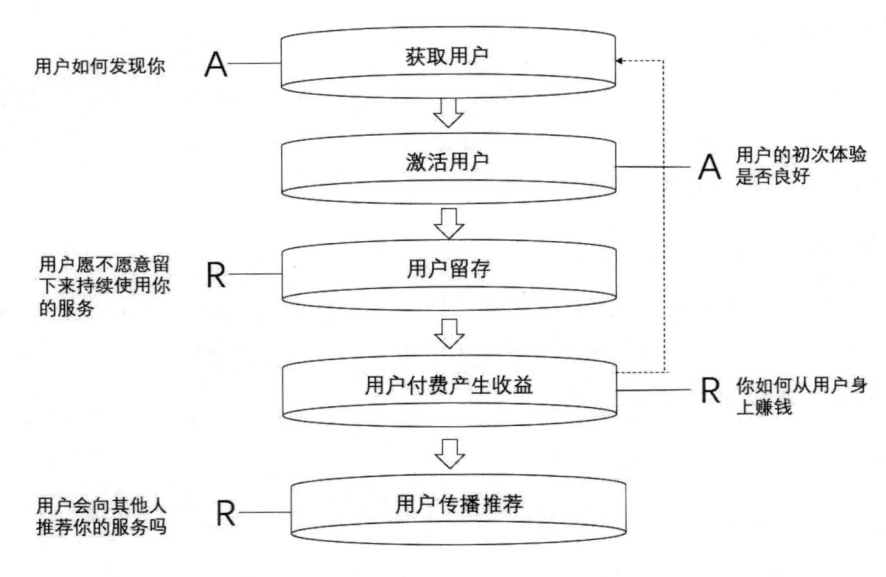

```
用户如何发现你 —— A → 获取用户
                        ↓
                       激活用户 ← A  用户的初次体验
                        ↓              是否良好
用户愿不愿意留
下来持续使用你 —— R → 用户留存
的服务              ↓
                   用户付费产生收益 ← R  你如何从用户身
                        ↓                上赚钱
用户会向其他人
推荐你的服务吗 —— R → 用户传播推荐
```

图 7.33　AARRR 漏斗：互联网行业

其中，获取用户，是指让潜在的用户首次接触到产品；激活用户，是指获取到用户后，引导用户完成某些"指定动作"，使之成为长期活跃的忠诚用户；用户留存，是指通过一定的手段提高用户满意度，减少用户流失；用户付费产生收益，是指尽可能去完成商业价值的开发和转化；用户传播推荐，是指通过口碑传播、推广产品等方式，产生指数级的用户增长。

4．信息传播漏斗：培训咨询行业

在培训咨询行业，往往会遇到"你教的东西没有用""你教的东西不落地"的情况，殊不知背后其实存在一层层信息衰减的信息传播漏斗，培训师要表达的内容从原来自己想要表达的，到最后到培训对象手里时，可能只剩下10%的内容了，如图7.34所示。这是必然现象，最后的培训效果可想而知。因此在培训过程中，我们应该注意培训方式，提升学生实战能力。

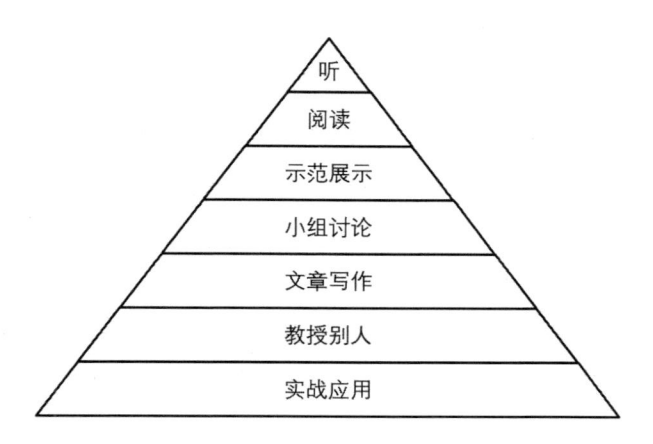

第 7 章 产品数据化运营：人人都能做数据产品经理

```
        听
       阅读
      示范展示
     小组讨论
    文章写作
   教授别人
  实战应用
```

图 7.34　信息传播漏斗：培训咨询行业

5．销售漏斗：销售行业

销售漏斗实质上较为抽象地还原了销售人员在市场中"跑单"的真实路径，大致会分为四个阶段，首先是收集市场线索，然后是确认意向客户，之后是商务谈判，最后是业务签单，如图 7.35 所示。销售人员在每一个阶段的工作重心是不一样的，越往下层的漏斗走，越接近最终的交易转化。

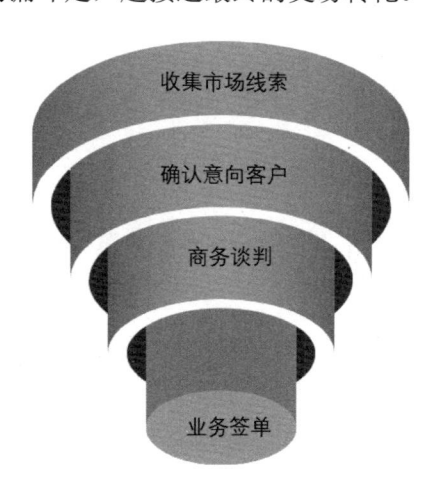

```
收集市场线索
 确认意向客户
  商务谈判
   业务签单
```

图 7.35　销售漏斗：销售行业

7.2.3 基于 A/B 测试的产品优化评估

在产品运营过程中，产品功能的更新、UI 界面的升级等内容变化是不可避免的程序。甚至一些微小的变化，如产品按钮的位置调整，从确立到定型都需要相当复杂的数据分析过程。对于产品优化效果的评估，我们这里介绍 A/B 测试方法。在数据驱动营销的时代背景下，产品研发人员仅仅根据猜测和直觉做出决策显然不能得到理想的结果。为了消除网站、广告、其他数字营销或产品设计决策、研发方案等的不确定性，使用 A/B 测试这一数据分析方法能够直观地得到符合预期的结果。

A/B 测试也称为分割测试或桶测试，是一种将网页或应用程序的两个版本相互比较以确定哪个版本的性能更好的方法。A/B 测试本质上是一个实验，其中页面的两个或多个变体随机显示给用户，统计分析确定哪个变体对于给定的转换目标效果更好，如图 7.36 所示。在实际的产品商用过程中，版本更替往往贯穿始终，对于如何在不同的方案中选取最优方案并获得更高的转化率，A/B 测试往往扮演着重要的角色。

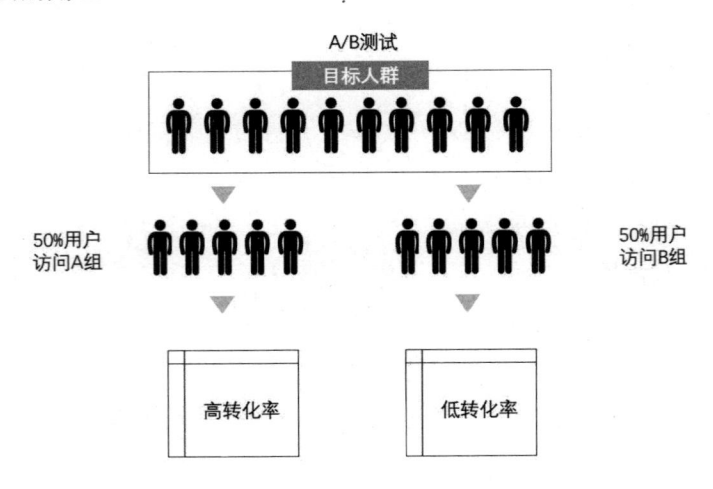

图 7.36　A/B 测试在产品商用过程中的基本应用

A/B 测试流程主要包含提出假设、创建对照组和测试组、数据分析，如图 7.37 所示。

提出假设 ➡ 创建对照组和测试组 ➡ 数据分析

图 7.37　A/B 测试流程

1．提出假设

关于假设，国内外统计学教材有不同的定义，但核心思想基本相同。假设是对自然界现象的初步洞察，所提出的假设通常未被证实，但经过一系列的调查研究能够获得相应的认可度，则该假设可以用来解释某些事实或现象。不仅仅局限于 A/B 测试，提出假设在任何领域都是不可或缺的重要步骤。在 A/B 测试中，应提出两个假设，即零假设和替代假设。

零假设（常用 H_0 表示）。零假设的意义是说明样本观测纯粹是偶然产生的。从 A/B 测试的角度而言，零假设表明对照组和测试组没有任何区别。从其他角度来说，零假设是测试开始之前需要默认的立场或当前的情况，具体到产品商用阶段，即没有任何改变的产品状况。

替代假设（常用 H_a 表示）。替代假设是对于零假设的挑战，是研究者认为正确的假设。在 A/B 测试进行的过程中，需要收集足够的证据支持所提出的替代假设，否定零假设。当没有足够的证据能够支持替代假设时，则不能否定零假设。

2．创建对照组和测试组

在产品测试背景下，当完成了零假设和替代假设后，下一步是决定将参加测试的客户群体。与通常的控制变量方法相同，A/B 测试需要设置对照组和测试组。在样本的选择中应当注意随机抽样原则，以消除抽样偏差。不言而喻，在 A/B 测试中，消除抽样偏差相当重要，因为希望的 A/B 测试结果应当能够代表整个用户群体而不是单次测试样本本身。

3．数据分析

在进行数据分析的过程中，常常引入转化率（ROI）的概念。ROI 全称 Return on Investment，在经济学中常称为投资回报率，是一种用来理解投资的盈利能力的指标。ROI=（投资现值-投资成本）/投资成本。例如，使用 A/B 测试对广告投送进行数据分析，转化率即通过广告营销带来的收益，通过公式可以很直观地得到某项投资的盈利能力。

在 A/B 测试中，为了验证测试结果的可信程度，常用的统计学工具有 Z 检验、t 检验及曼-惠特尼 U 检验等。当样本数较少时（通常少于 30），通常选用 t 检验；当样本数较大时（通常大于 30），一般使用 Z 检验；当处理离散数据时，使用曼-惠特尼 U 检验是更好的选择。

确定好统计学工具后，就可以计算出相应的 p 值，从而与所设定的置信区间（或阈值）进行比较，最后得出结论"在相应的置信区间内，无法拒绝零假设"，即没有足够的证据表明替代假设可以获得更高的转化率，或者"可以使用替代假设代替零假设"，即有足够的证据表明替代假设可以获得更高的转化率。

在 A/B 测试中，应注意避免以下几个常见错误。

（1）无效假设。在 A/B 测试过程中，假设是最为关键且核心的步骤，整个测试的结果都取决于假设。如何设定测试的变量、变量设置的理由及预期结果都围绕假设展开，如果在测试开始之前提出的假设并不恰当，那么测试成功的可能性将会大幅降低。

（2）测试元素过多。A/B 测试是单一变量测试，如果在测试过程中错误地改变了多个变量，就会难以确定究竟是哪些元素的变化影响了测试的成功或失败。因此，通常在 A/B 测试开始前，要确定测试内容或元素的优先级。

（3）主观感觉影响。个人的主观感觉对于 A/B 测试毫无意义，甚至会产生与主观常识完全相反的结果（如提高产品价格导致销售量增加）。因此，无论测试成功还是失败，都应使得测试贯穿始终，从而达到测试的统计学意义，并为后续的测试提供数据支撑，这在数据分析中显得尤为重要。

（4）忽视外部因素。A/B 测试的本质是控制变量的测试，严格控制变量在测试阶段显得尤为重要。然而，由于缺乏对外部因素的考量，测试常常出现具有误差的结果。例如，将处于流量高峰期的网站流量与因销售或假日等外部因素而处于流量低谷期的网站流量进行比较是不公平的。因此，测试应该在可比较的阶段运行，测试前应综合评估外部因素对测试的影响，以产生有意义的结果。

接下来通过具体案例，学习如何使用 A/B 测试对产品优化进行效果评估。

以网站页面的两种不同设计效果为例，进行 A/B 测试，包括提出假设、进行测试和数据分析等流程。其中，数据分析工具采用 Python 软件，数据集来源于 Kaggle，如图 7.38 所示。

```
In [2]: import pandas as pd
        import numpy as np
        df = pd.read_csv('D:/ab_data.csv')
        print(df.head())
           user_id                   timestamp      group landing_page  converted
        0   851104  2017-01-21 22:11:48.556739    control     old_page          0
        1   804228  2017-01-12 08:01:45.159739    control     old_page          0
        2   661590  2017-01-11 16:55:06.154213  treatment     new_page          0
        3   853541  2017-01-08 18:28:03.143765  treatment     new_page          0
        4   864975  2017-01-21 01:52:26.210827    control     old_page          1

In [3]: print(df.info())
        <class 'pandas.core.frame.DataFrame'>
        RangeIndex: 294478 entries, 0 to 294477
        Data columns (total 5 columns):
        user_id         294478 non-null int64
        timestamp       294478 non-null object
        group           294478 non-null object
        landing_page    294478 non-null object
        converted       294478 non-null int64
        dtypes: int64(2), object(3)
        memory usage: 11.2+ MB
        None
```

图 7.38　使用 Python 对数据集进行预览

其中，user_id 代表用户 ID，即 A/B 测试的测试样本；timestamp 表示测试的时间戳；group 表示测试的组别（对照组、测试组）；landing_page 表示每个用户在测试中看到的设计方案（old_page、new_page）；converted 表示测试是否以转换结束（0 表示未转换、1 表示转换）。转换意味着用户对该设计方案的认可，即该方案带来了转化率的增长。

首先，提出假设。由于新设计是否优于或差于当前设计（或与当前设计相同）是未知的，故应选择检验 $\begin{cases} H_0: p = p_0 \\ H_a: p \neq p_0 \end{cases}$，其中 p 和 p_0 分别代表新旧设计的转化率。此外，还应当设定置信度 α，通常可设 $\alpha = 0.05$。这表明当测试结果低于 α 时，就有 95% 的置信度支持 H_a。

其次，对数据进行测试。由于数据集中已经划分了对照组和测试组，故创建对照组和测试组可以省去。由于样本数较大，因此本案例采用 Z 检验进行数据分析。在 Python 中，通过对 SciPy 库的调用可以很容易地构建双边 Z 检验模型，随后将数据读入创建的双边 Z 检验模型，即可得到相应的 Z 值和 p 值。Python 完整代码如下。

```python
import pandas as pd
import numpy as np
df = pd.read_csv('ab_data.csv')
print(df.head())
print(df.info())
d1 = df.query('group=="control"').converted    #对照组
d2 = df.query('group=="treatment"').converted  #测试组
def TwoSampZ(X1, X2, sigma1, sigma2, N1, N2):  #定义双边Z检验模型
    from numpy import sqrt, abs, round
    from scipy.stats import norm
    ovr_sigma = sqrt(sigma1**2/N1 + sigma2**2/N2)
    z = (X1 - X2)/ovr_sigma
    pval = 2*(1 - norm.cdf(abs(z)))
    return z, pval
m1, m2 = d1.mean(), d2.mean()
sd1, sd2 = d1.std(), d2.std()
n1, n2 = d1.shape[0], d2.shape[0]
z, p = TwoSampZ(m1, m2, sd1, sd2, n1, n2)
z_score = np.round(z,8)
p_val=np.round(p,8)
print(z_score,p_val)
if (p_val<0.05):
    Hypothesis_Status = '能够拒绝零假设'
else:
    Hypothesis_Status = '无法拒绝零假设'
print (Hypothesis_Status)
```

最后，对数据进行分析。在 Python 环境下运行，可以得到如下结果："1.23691911 0.21611712 无法拒绝零假设"。可以看出，由于通过 Z 检验得到的 p 值大于 0.05，故得出"无法拒绝零假设"的结论。就本案例而言，网站页面的新设计并不能带来比旧设计更高的转化率，因此没有必要对网站页面进行更新（或应当寻求新的网站页面设计方案）。

参考文献

[1] [美]杰夫·索罗. 一本书读懂大数据客户分析[M]. 北京：中国工信出版集团，2016.

[2] 史燕军. 数字化客户管理：数据智能时代如何洞察、连接、转化和赢得价值客户[M]. 北京：清华大学出版社，2018.

[3] 卢辉. 数据挖掘与数据化运营实战思路、方法、技巧与应用[M]. 北京：机械工业出版社，2013.

[4] 赵宏田，江丽萍，李宁. 数据化运营：系统方法与实践案例[M]. 北京：机械工业出版社，2018.

[5] 黄成明. 数据化管理：洞悉零售及电子商务运营[M]. 北京：电子工业出版社，2014.

[6] 孙允午. 统计学：数据的搜集、整理和分析[M]. 上海：上海财经大学出版社，2006.

[7] 吴健安，钟育赣，胡其辉. 市场营销学[M]. 北京：高等教育出版社，2011.

[8] 张虹，肖强. 基于大数据思维的商业智能应用前景[J]. 物流工程与管理，2020（8）：152-155.

[9] 马俊，周建波. 国外商业智能创新研究进展与展望[D]. 哈尔滨：哈尔滨商业大学，2018.

[10] 智冬晓，许晓娟，张皓博. Z 检验与 t 检验方法的比较[J]. 统计与决策，2014（20）:31-34.

[11] 强晟. 基于 SWOT 的公司竞争能力分析研究——以宝马、丰田为例[J]. 经济研究导刊，2021（8）：32-34.

[12] 赵靖，杜荔红，谭婷婷. 基于 SWOT 分析的恒大新能源汽车发展构想[J]. 经营与管理，2020（12）：73-77.

[13] 刘春雄. 触点，触点，触点！[J]. 销售与市场（管理版），2021（6）：27-29.

[14] 胡世忠. 开启大数据之旅（上）[J]. 软件和信息服务，2014（8）：66.

[15] 詹新惠. 基于互动的用户运营[J]. 新闻战线，2018（8）：89-92.

[16] 冉植权. App 非法获取其用户数据的刑法适用研究[J]. 西部学刊，2020(24)：110-112.

[17] 孙宁，葛如海，丁仁凯，等. 基于 KANO 模型的汽车市场需求特征分析方法研究与应用. 中国汽车工程学会.2015 中国汽车工程学会年会论文集（Volume4）[C]//中国汽车工程学会：中国汽车工程学会，2015：125-129.

[18] 刘延凤. 基于用户需求获取的个性化定制方法研究[D]. 西安：西安电子科技大学，2020.

[19] 2019 年中国商业智能研究报告[R]. 艾瑞咨询研究院自主研究及绘制，2019.